Methodenintegrative Sozialforschung

Reihe herausgegeben von

Andrea Hense, Soziologisches Forschungsinstitut Göttingen (SOFI), Göttingen, Deutschland

Felix Knappertsbusch, Bundeszentrale für politische Bildung, Bonn, Deutschland

Susanne Vogl, Universität Stuttgart, Stuttgart, Deutschland

Die Lehrbuchreihe führt in Grundlagen, Praxis und Forschungsfelder von Mixed Methods (qualitative und quantitative Methoden) und Multimethodischer Forschung ein (mehrere qualitativer oder quantitative Verfahren). „Methodenintegrative Forschung" verstehen wir als Überbegriff und legen damit den Fokus auf die Verflechtungen zwischen unterschiedlichen methodischen Zugängen sowie die Zusammenführung von Einsichten, die mittels differenter Methoden gewonnen wurden. Die Reihe vermittelt methodologisches Hintergrundwissen und zeichnet aktuelle Entwicklungen und Debatten nach. Konkrete empirische Beispiele stellen Anwendungsbezüge her, illustrieren methodische und methodologische Grundlagen und bieten Hilfestellungen für die eigene Forschungspraxis.

Die Reihenpublikationen widmen sich drei Themenschwerpunkten: Sie führen erstens in unterschiedliche Kombinationen qualitativer und/oder quantitativer Methoden ein. Sie vermitteln zweitens Einblicke in die methodenintegrative Forschungspraxis verschiedener Fachdisziplinen und Forschungsfelder. Sie diskutieren drittens allgemeine Aspekte empirischer Forschungsprozesse sowie methodologische bzw. wissenschaftstheoretische Hintergründe.

Die Reihe richtet sich an fortgeschrittene Studierende, Forschende und Lehrende, die über basale Kenntnisse in Methoden der qualitativen oder quantitativen Sozialforschung verfügen, jedoch nicht notwendigerweise Forschungserfahrung hinsichtlich der Kombination unterschiedlicher Verfahren mitbringen.

Herausgegeben von
Dr. Andrea Hense, SOFI Göttingen
Dr. Felix Knappertsbusch, Bundeszentrale für politische Bildung, Bonn
Prof. Dr. Susanne Vogl, Universität Stuttgart, Institut für Sozialwissenschaften

Gerda Hagenauer ·
Andreas Gegenfurtner ·
Michaela Gläser-Zikuda

Grundlagen und Anwendung von Mixed Methods in der empirischen Bildungsforschung

Gerda Hagenauer
Universität Salzburg
Salzburg, Österreich

Andreas Gegenfurtner
Universität Augsburg
Augsburg, Deutschland

Michaela Gläser-Zikuda
Friedrich-Alexander-Universität
Erlangen-Nürnberg
Nürnberg, Deutschland

ISSN 2662-6888 ISSN 2662-6896 (electronic)
Methodenintegrative Sozialforschung
ISBN 978-3-658-31147-6 ISBN 978-3-658-31148-3 (eBook)
https://doi.org/10.1007/978-3-658-31148-3

Die Deutsche Nationalbibliothek verzeichnet diese Publikation in der Deutschen Nationalbibliografie; detaillierte bibliografische Daten sind im Internet über http://dnb.d-nb.de abrufbar.

© Der/die Herausgeber bzw. der/die Autor(en), exklusiv lizenziert an Springer Fachmedien Wiesbaden GmbH, ein Teil von Springer Nature 2023

Das Werk einschließlich aller seiner Teile ist urheberrechtlich geschützt. Jede Verwertung, die nicht ausdrücklich vom Urheberrechtsgesetz zugelassen ist, bedarf der vorherigen Zustimmung des Verlags. Das gilt insbesondere für Vervielfältigungen, Bearbeitungen, Übersetzungen, Mikroverfilmungen und die Einspeicherung und Verarbeitung in elektronischen Systemen.
Die Wiedergabe von allgemein beschreibenden Bezeichnungen, Marken, Unternehmensnamen etc. in diesem Werk bedeutet nicht, dass diese frei durch jedermann benutzt werden dürfen. Die Berechtigung zur Benutzung unterliegt, auch ohne gesonderten Hinweis hierzu, den Regeln des Markenrechts. Die Rechte des jeweiligen Zeicheninhabers sind zu beachten.
Der Verlag, die Autoren und die Herausgeber gehen davon aus, dass die Angaben und Informationen in diesem Werk zum Zeitpunkt der Veröffentlichung vollständig und korrekt sind. Weder der Verlag noch die Autoren oder die Herausgeber übernehmen, ausdrücklich oder implizit, Gewähr für den Inhalt des Werkes, etwaige Fehler oder Äußerungen. Der Verlag bleibt im Hinblick auf geografische Zuordnungen und Gebietsbezeichnungen in veröffentlichten Karten und Institutionsadressen neutral.

Planung/Lektorat: Katrin Emmerich
Springer VS ist ein Imprint der eingetragenen Gesellschaft Springer Fachmedien Wiesbaden GmbH und ist ein Teil von Springer Nature.
Die Anschrift der Gesellschaft ist: Abraham-Lincoln-Str. 46, 65189 Wiesbaden, Germany

Das Papier dieses Produkts ist recyclebar.

Inhaltsverzeichnis

1 Einleitung 1
2 Empirische Bildungsforschung und Mixed Methods 5
   2.1 Entwicklung der empirischen Bildungsforschung in deutschsprachigen Ländern 7
   2.2 Gegenstandsbereiche 14
   2.3 Zur Relevanz von Mixed-Methods-Zugängen in der empirischen Bildungsforschung 16
   2.4 Fazit und Ausblick 20
   Weiterführende Literatur 23

3 Grundlagen von Mixed Methods in der empirischen Bildungsforschung 25
   3.1 Definition von Mixed Methods 25
   3.2 Wissenschaftstheoretische Grundlagen 30
   3.3 Mixed-Methods-Forschungsfragen 36
   3.4 Begründungen für Mixed Methods („rationale") 43
   3.5 Designarten 50
      3.5.1 Das parallele Design 52
      3.5.2 Das explorative sequentielle Design (Verallgemeinerungsdesign) 55
      3.5.3 Das explanative sequentielle Design (Vertiefungsdesign) 57
      3.5.4 Das Mixed-Methods-Interventionsdesign 60
      3.5.5 Transfer Design 62
      3.5.6 Komplexe Designformen 63
   3.6 Stichprobenziehung 65

	3.6.1	Grundlegende Formen der Stichprobenziehung	66
	3.6.2	Formen der Stichprobenkombination in Mixed-Methods-Studien	67
	3.6.3	Beispiele der Stichprobenziehung aus Mixed-Methods-Studien der Bildungsforschung	72
3.7	Datenerhebungsmethoden		73
	3.7.1	Grundlegende Möglichkeiten der Datenerhebung	75
	3.7.2	Datenerhebungsmethoden in Mixed-Methods-Projekten in Form einer Zwischenstrategie	79
3.8	Datenanalyse, Interpretation und Ergebnisdarstellung		82
	3.8.1	Strategien für die Datenanalyse in Mixed-Methods-Studien	84
	3.8.2	Ergebnisdarstellung in Mixed-Methods-Studien	89
3.9	Integration und Metainferenzen		93
	3.9.1	Integration in Mixed-Methods-Projekten	94
	3.9.2	Integration auf Ebene der gemeinsamen Schlussfolgerung – die Metainferenz	99
3.10	Gütekriterien		106
Weiterführende Literatur			108

4 Anwendungsbeispiele: Mixed-Methods-Studien aus der empirischen Bildungsforschung 113
    4.1 Schul- und Unterrichtsforschung: Die Lehrer:innen-Schüler:innen-Beziehung 114
    4.2 Fachdidaktische Professionalisierungsforschung: Das Lernen von angehenden Biologielehrkräften 119
    4.3 Professionsforschung: Emotionen von Lehrpersonen in Change-Prozessen 124
    4.4 Hochschulforschung: Akademische Langeweile von Hochschulstudierenden 129
    Weiterführende Literatur 133

5 Planung und Realisierung einer Mixed-Methods-Studie 133
    5.1 Schritte im Forschungsprozess 134
    5.2 Aktuelle Mixed-Methods-Projekte – Erfahrungen und Lessons Learned 142
        5.2.1 Motivation von Mentoren und Mentorinnen im Schulpraktikum (Clara Kuhn) 142

	5.2.2	Wie genderkompetent sind Physiklehrer:innen? – Erhebungen des professionellen Wissens und der Einstellungen zu gendergerechter Unterrichtsgestaltung sowie deren Glauben an Geschlechterstereotype (Verena Auer) 145
	5.2.3	Online- und Präsenzlehre aus Sicht von Lehramtsstudierenden – Eine Mixed-Methods-Studie zu emotionalen und motivationalen Effekten (Melanie Stephan) 147
	5.2.4	Ein Mixed-Methods-Design zur Untersuchung der Implementation eines nationalen Schulentwicklungsprojekts für Schulen mit besonderen Herausforderungen (Matteo Carmignola) 150
6	**Entwicklungen und Ausblick**	157
Literatur	....	169

Einleitung 1

Mit dem Begriff „Mixed Methods" hat ein Diskurs aus dem angloamerikanischen Kontext in die Sozial- und Erziehungswissenschaften Einzug gehalten, der seit Ende der 1990er Jahre, konkret seit dem Erscheinen des Bandes *Mixed Methodology* von Abbas Tashakkori und Charles Teddlie (1998) sehr verbreitet ist. Diese Entwicklung aufgreifend ist es das Ziel des vorliegenden Buches, eine Einführung in die Mixed-Methods-Zugänge in der Bildungsforschung zu geben. Dabei verbinden wir die Grundlagen der Mixed-Methods-Forschung mit konkreten Anwendungsbeispielen aus der nationalen und internationalen empirischen Bildungsforschung („educational research"). Die Bildungsforschung ist international betrachtet eine der führenden Disziplinen bezogen auf die Anzahl durchgeführter und publizierter Mixed-Methods-Projekte (siehe z. B. Fetters und Molina-Azorin 2017, die das *Journal of Mixed Methods Research* im Hinblick auf die dort publizierten empirischen Studien in den Jahren 2007–2016 durchsuchten und den jeweiligen Disziplinen zuordneten). Diese hohe Affinität von Bildungsforscherinnen und Bildungsforschern zu Mixed-Methods-Ansätzen liegt wohl in der Komplexität des zu untersuchenden Phänomens begründet: Bildung und Bildungsprozesse über die Lebensspanne (siehe Kap. 2 für eine ausführliche Argumentation sowie Mejeh et al. 2023).

Die Zielgruppe des vorliegenden Bandes sind Studierende und Promovierende im Feld der empirischen Bildungsforschung (z. B. Bildungswissenschaften, Erziehungswissenschaft, Fachdidaktik, Pädagogische Psychologie, Soziologie), sowie generell Personen, die sich empirisch mit Fragen der Erziehung und Bildung beschäftigen. Das Buch ist so konzipiert, dass die einzelnen Schritte, die in einem Mixed-Methods-Projekt umgesetzt werden, allgemein dargestellt und

© Der/die Autor(en), exklusiv lizenziert an Springer Fachmedien Wiesbaden GmbH, ein Teil von Springer Nature 2023
G. Hagenauer et al., *Grundlagen und Anwendung von Mixed Methods in der empirischen Bildungsforschung*, Methodenintegrative Sozialforschung,
https://doi.org/10.1007/978-3-658-31148-3_1

mit Beispielen der empirischen Bildungsforschung illustriert werden. Durch die Lektüre sollten Forscher:innen folglich darin unterstützt werden, eigene Mixed-Methods-Forschungsprojekte zu planen und reflektiert durchzuführen. Dieses Buch stellt eine Einführung dar. Am Ende jedes Kapitels werden weiterführende Literaturempfehlungen gegeben, die zu einem vertieften Studium anregen sollen.

Zu Beginn des Buches geben wir in *Kap. 2* eine allgemeine Übersicht zu der Frage, womit sich empirische Bildungsforschung beschäftigt und wie sie sich in den letzten Jahrzehnten im deutschsprachigen Raum entwickelt hat.

Danach schließt mit *Kap. 3* das umfangreichste Kapitel des Bandes an, in dem wir den Forschungsprozess und die einzelnen Schritte in einem Mixed-Methods-Projekt erläutern und mit Beispielen untermauern. Dieses Kapitel ist auch das Herzstück des Buches, wenn es darum geht, ein Verständnis der Grundlagen von Mixed Methods zu gewinnen. Es wird beispielsweise diskutiert, was unter Mixed Methods zu verstehen ist und wie dieser Begriff von anderen Begriffen, wie z. B. Multiple Methods, abzugrenzen ist. Ebenso wird dargestellt, wie Mixed-Methods-Ansätze begründet werden, welche Designs angewandt werden können und wie Schritte der Datenanalyse und -interpretation erfolgen können. Abschließend gehen wir auf das Qualitätsmerkmal der Integration ausführlich ein.

Nach der Darstellung der grundlegenden Schritte im Detail werden in *Kap. 4* Studien aus der empirischen Bildungsforschung exemplarisch analysiert. Es wird aufgezeigt, wie genau die Forschenden den Mixed-Methods-Ansatz in ihrer Studie realisiert haben. Diese Darstellung soll helfen, einen Einblick in die Realisierung komplexer Mixed-Methods-Studien zu erhalten.

Diese Zielsetzung wird in *Kap. 5* weitergeführt. Nach einer kurzen Zusammenfassung der einzelnen Schritte im Forschungsprozess werden vier aktuelle Dissertationsstudien, in denen ein Mixed-Methods-Design zur Anwendung kommt, vorgestellt. Die Forschenden beschreiben ihr Dissertationsprojekt und geben ihre „Lessons Learned" an die Leserin bzw. den Leser dieses Buches weiter.

Wir schließen diesen Band in *Kap. 6* mit Überlegungen zu aktuellen Entwicklungen in der empirischen Bildungsforschung und deren Implikationen für die Mixed-Methods-Forschung ab. So kann z. B. die zunehmende Technologisierung der zur Verfügung stehenden Forschungs- und Analysemethoden wichtige Impulse für die Realisierung von Mixed-Methods-Projekten liefern. Aber auch die Interdisziplinarität der empirischen Bildungsforschung kann sehr gewinnbringend für Fragestellungen, die eines Mixed-Methods-Ansatzes bedürfen, genutzt werden.

Wir hoffen, der Leserin bzw. dem Leser dieses Buches erste Anregungen für die Planung und Umsetzung eines Mixed-Methods-Projekts geben zu können. Die Mixed-Methods-Landschaft ist sehr komplex und heterogen; und dieser

Band soll einen Einblick in das Feld geben. Wir möchten jedoch erwähnen, dass für eine methodisch fundierte Umsetzung eines Mixed-Methods-Projekts auch auf vertiefende Literatur zurückgegriffen werden sollte. Mixed Methods ist mehr als „nur" die Kombination von qualitativen und quantitativen Forschungszugängen. Wie beim Erwerb der Forschungskompetenz in qualitativer und quantitativer Forschungsmethodologie braucht auch der Erwerb von Expertise im Mixed-Methods-Ansatz ein umfassendes Literaturstudium der methodologischen Grundlagen, um adäquate Entscheidungen treffen und das Projekt mit entsprechender Güte umsetzen zu können.

Wir hoffen des Weiteren, dass wir mit dieser Einführung das Interesse der Leserin bzw. des Lesers am Mixed-Methods-Ansatz wecken konnten und freuen uns, wenn in der empirischen Bildungsforschung auch künftig Mixed-Methods-Forschungsprojekte realisiert werden.

Gerda Hagenauer, Andreas Gegenfurtner und Michaela Gläser-Zikuda
Dezember, 2023

Empirische Bildungsforschung und Mixed Methods

2

> **Lernziele**
>
> Sie können
>
> - empirische Bildungsforschung definieren,
> - verschiedene Phasen der Entwicklung der empirischen Bildungsforschung als Disziplin beschreiben und diese in Bezug auf wesentliche Aspekte unterscheiden,
> - die unterschiedlichen Entwicklungen der empirischen Bildungsforschung im deutschsprachigen Raum beschreiben und deren Relevanz für die Entwicklung der Bildungsforschung beurteilen,
> - Argumente für die Relevanz von Mixed-Methods-Zugängen in der empirischen Bildungsforschung nennen. ◄

Bildung gilt als wichtigste Ressource der Wissensgesellschaft (OECD 2019a). In Bildungsinstitutionen erwerben Menschen sowohl Wissen und Kompetenzen als auch Einstellungen, Werte und Normen. Im Bildungssystem werden gleichzeitig die Leistungen der Schüler:innen bewertet und diese eröffnen Zugangsmöglichkeiten zu bestimmten Bildungsgängen. Schulen und Ausbildungsinstitutionen tragen somit dazu bei, die Bildungs- und Teilhabechancen von Individuen zu strukturieren. Lernen endet allerdings nicht mit dem Verlassen des allgemeinen und beruflichen Bildungssystems, sondern Menschen eignen sich während ihres gesamten Lebens kontinuierlich neues Wissen und neue Kompetenzen an (Baumert et al. 2003).

Bedingt durch die zunehmende Technologisierung, Digitalisierung sowie Globalisierung kommt sozialen, kommunikativen und stärker an Problemlösungen orientierten Kompetenzen eine zunehmende Bedeutung zu. Die Nachfrage nach hochqualifizierten Arbeitskräften steigt und erhöht den Wert von Bildung und Ausbildung in der Gesellschaft (OECD 2019a).

Insbesondere deutschsprachige Schulleistungsvergleichsstudien wie MARKUS, IGLU sowie die internationalen Studien PISA und TIMSS (z. B. Baumert et al. 2001; Bos et al. 2008; Klieme et al. 2010) führten dazu, dass Fragen der Bildungsqualität in der breiten Öffentlichkeit stärker in den Fokus gerückt sind und die empirische Bildungsforschung so eine höhere Aufmerksamkeit erfuhr. Gleichzeitig hat die Bildungsforschung auch wissenschaftlich einen starken Aufschwung erfahren (Prenzel 2005, 2012).

Definition empirische Bildungsforschung
Unter „Bildungsforschung" wird seit den 1970er Jahren (Deutscher Bildungsrat 1974) bis heute ein Forschungsbereich verstanden, in dem aus der Perspektive verschiedener Disziplinen (insbesondere der Erziehungswissenschaft, Psychologie, Soziologie, Philosophie, Fachdidaktiken, Rechtswissenschaft, Ökonomie) Fragen bezogen auf Bildung und Erziehung, Lernen und Entwicklung, die Struktur von Bildungsinstitutionen sowie die Bedeutung pädagogischer Professionalität bearbeitet werden. Unter „Bildungsforschung" wurden zunächst Untersuchungen über die „Voraussetzungen und Möglichkeiten von Bildungs- und Erziehungsprozessen im institutionellen und gesellschaftlichen Kontext" verstanden (Deutscher Bildungsrat 1974, S. 16). Das Rahmenprogramm des Bundesministeriums für Bildung und Forschung zur Förderung der empirischen Bildungsforschung fokussiert allerdings nicht mehr nur auf institutionelle Kontexte, sondern bezieht in einem breiteren Verständnis auch explizit Bildungsprozesse in non-formalen und informellen Zusammenhängen ein (BMBF 2008). Eine aktuelle Definition der empirischen Bildungsforschung stammt von Gräsel (2011). Sie weist darauf hin, dass die empirische Bildungsforschung „im Kern [fragt], wie Bildungsprozesse verlaufen, wer welche Qualifikationen und Kompetenzen im Bildungssystem erwirbt, wovon dieser Qualifikations- und Kompetenzerwerb abhängig ist, und welche Auswirkungen er hat" (Gräsel 2011, S. 13). Dieser Definition folgend gelten Problemorientierung, Interdisziplinarität und Verwendung empirischer Forschungsmethoden als Kernmerkmale der empirischen Bildungsforschung (Gräsel 2011). Auf die Bedeutung des institutionellen sowie sozialen und gesamtgesellschaftlichen Kontexts für das Verständnis von Bildungsforschung weist Baumert (2016) hin. Empirische Bildungsforschung bezieht sich auf

Bildungsprozesse – einschließlich ihrer Ziele und Ergebnisse – (...) nicht nur auf individueller Ebene, sondern auch in sozialen Zusammenhängen, die eine Mehrebenenstruktur aufweisen und von der sozialen Nahumwelt wie der Familie und dem Freundeskreis über institutionelle Kontexte bis zu gesamtgesellschaftlichen Zusammenhängen und ihren Veränderungen reichen. (...) In der Forschungspraxis behandelt die empirische Bildungsforschung in der Regel spezifische Fragen, die im Anschluss an die einschlägige Forschungsliteratur und oftmals auch in Referenz zu politischen oder praktischen Problemlagen theoretisch entwickelt und begründet werden. (Baumert 2016, S. 217)

2.1 Entwicklung der empirischen Bildungsforschung in deutschsprachigen Ländern

Das beschriebene Verständnis empirischer Bildungsforschung ist das Ergebnis einer Entwicklung über nun mehr als sechzig Jahre. Wirft man exemplarisch einen Blick auf die Anfänge der empirischen Bildungsforschung in Deutschland, so ist zunächst bis in die 1960er Jahre hinein eine geisteswissenschaftliche Orientierung in der Pädagogik bestimmend. Empirische Forschung zu Bildung und Erziehung findet nur in sehr geringem Maße statt und darüber hinaus eher außerhalb der Erziehungswissenschaft, vor allem in der Psychologie und Soziologie. Versucht man die Entwicklung der empirischen Bildungsforschung überblicksartig zusammenzufassen, so kann man drei Phasen charakterisieren: eine sogenannte *Aufbruch-, eine Latenz- und eine Hochphase* (Fend 1990; Ritzi und Wiegmann 2010; Terhart 2016, S. 74).

Eine *Aufbruchphase* der empirischen Bildungsforschung von etwa 1960 bis 1980 kann durch eine sozialwissenschaftliche Theorie- und Methodenorientierung – auch in der Erziehungswissenschaft – charakterisiert werden (Terhart 2016, S. 75). Es lassen sich zahlreiche Bestrebungen ausmachen, „das textorientierte geisteswissenschaftlich-hermeneutische Selbstverständnis der akademischen Pädagogik zu ergänzen oder nach anderer Sichtweise zu ersetzen durch ein empirisch sozialwissenschaftliches Selbstverständnis" (Fatke und Oelkers 2014, S. 8). Heinrich Roth (1963) plädierte in seiner Antrittsvorlesung an der Universität Göttingen im Jahr 1962 für eine „realistische Wendung in der pädagogischen Forschung", die sich zunehmend auch „empirische[n] Methoden zur Beschreibung der Erziehungswirklichkeit" bedienen sollte (Fatke und Oelkers 2014, S. 8–9). Studien zum Zugang zu Bildung zeigten eine geringe Bildungsbeteiligung von Arbeiterkindern, Mädchen, Katholikinnen und Katholiken sowie einen Rückstand Deutschlands im Vergleich zu anderen Ländern (Peisert 1967). Eine „deutsche

Bildungskatastrophe" wurde festgestellt (Picht 1964). Mit diesem Schlagwort, das der Öffentlichkeit die im internationalen Vergleich dramatisch geringe Zahl von Abiturientinnen und Abiturienten in Deutschland bewusst machte, wurde ein volkswirtschaftlich begründeter Impuls für die erste Bildungsexpansion der Nachkriegszeit gesetzt.

Im Zeitraum von etwa 1970 bis 1975 entwickelten sich dann Ansätze der kritischen Erziehungswissenschaft, beispielsweise von Klaus Mollenhauer (Aßmann 2013) sowie der Aktionsforschung (Altrichter und Posch 2008), die empirische, hermeneutische und kritische Zugänge integrieren. Anfang bis Ende der 1970er wurden vor allem im angloamerikanischen Raum bedeutsame interpretative bzw. qualitative Ansätze und Methoden entwickelt und publiziert (z. B. Glaser und Strauss 1967; Lazarsfeld 1972), die dann vor allem ab 1990 intensiv im deutschsprachigen Raum rezipiert wurden und zum Teil auch Eingang in die Bildungsforschung fanden (z. B. Bohnsack 1991; Flick et al. 1991; Mayring 1990). Beispielsweise führte eine Arbeitsgruppe um Dieter Ulich eine Längsschnittstudie u. a. basierend auf qualitativen biografischen Interviews mit arbeitslosen Lehrkräften durch (Mayring 1985; Ulich et al. 1985).

Von 1980 bis 1995 folgte dann eine *Latenzphase,* die auf das Auslaufen der Bildungsreform und die sehr hohe Lehrer:innenarbeitslosigkeit zurückgeführt werden kann (Terhart 2016, S. 75). Köller (2014) konstatiert, dass die von Heinrich Roth propagierte realistische Wendung kaum umgesetzt wurde und „zum Beginn der 1990er Jahre das Hauptinteresse erziehungswissenschaftlicher Forschung auf der Entwicklung und Erprobung von Modellen zur Optimierung der Arbeit in Einzelschulen und dem Entwurf didaktischer Modelle und deren Einführung in die Unterrichtspraxis lag" (Köller 2014, S. 102). Zudem war eine deutliche Reduktion der Anzahl an Professuren in der Erziehungswissenschaft (sog. *Kontraktionsphase und Bedeutungsschwund*) zu beobachten (Weishaupt et al. 1991).

Die dritte *Hochphase etwa von 1995 bis heute* zeichnet sich durch die wissenschaftliche Fokussierung und starke gesellschaftliche Wahrnehmung von internationalen Schulleistungsvergleichsstudien wie insbesondere TIMSS und PISA aus. In der Folge kam es – u. a. durch den Beschluss der Kultusministerkonferenz, dass Deutschland sich zukünftig an internationalen Schulleistungsstudien beteiligen solle – zu einer zweiten empirischen Wende bzw. *realistischen Wendung* (Roth 1963) hin zu einer „evidence-based education" (Gräsel 2011) in der erziehungswissenschaftlichen Forschung (Köller 2014). Im Zuge dessen wurden Professuren mit entsprechender Denomination eingerichtet (Schmidt-Hertha und Tippelt 2014) und die Forschungsförderung im Bildungsbereich intensiviert

(Köller 2014; vgl. Schmidt-Hertha und Müller 2020). Die Deutsche Forschungsgemeinschaft (DFG) legte die beiden Programme „Bildungsqualität von Schule" (BIQUA, von 1999–2006) und „Kompetenzmodelle zur Erfassung individueller Lernergebnisse und zur Bilanzierung von Bildungsprozessen" (2007–2015) auf (Westphal und Zawatzki-Richter 2021). Außerdem startete das Bundesministerium für Bildung und Forschung (BMBF) mit entsprechenden Förderinitiativen, wie das „Rahmenprogramm Bildungsforschung", um zum einen spezifische Forschungsvorhaben zu unterstützen, zum anderen aber insbesondere auch das gesamte Forschungsfeld strukturell zu fördern.

Damit ging eine Abnahme der Bedeutung der Soziologie in der empirischen Bildungsforschung und eine starke Bedeutungszunahme der Psychologie einher, und zwar speziell der Psychologie des Lehrens und Lernens (bzw. Unterrichtspsychologie) und der Diagnostik (vor allem bezüglich standardbezogener Kompetenztests) sowie der psychologisch orientierten fachdidaktischen Lehr-Lern-Forschung. Ebenso hat der Einfluss der Bildungsökonomie (vor allem im Hinblick auf das Qualitätsmonitoring) zugenommen. Es kann also insgesamt von *einer zweiten, massiven Expansions- und Konsolidierungsphase der empirischen Bildungsforschung gesprochen werden* (Terhart 2016; Westphal und Zawatzki-Richter 2021).

Die genannten drei Phasen der Entwicklung der empirischen Bildungsforschung decken sich zeitlich weitgehend mit staatlich gesteuerten strukturellen und inhaltlich ausgerichteten Bildungsreformen in Deutschland, Österreich sowie der Schweiz. Vor allem nach den ernüchternden Ergebnissen von TIMSS 1995 und PISA 2000 reagierte die Bildungspolitik mit einer zuvor nicht gekannten Modernisierung des Schulsystems (Terhart 2014). Diese bestand zum einen aus schulstrukturellen Maßnahmen (z. B. Ganztagsschule), die aus dem bestehenden bildungspolitischen Repertoire stammten, sowie der Entwicklung von Konzepten zur Leseförderung (vgl. Deutsches PISA-Konsortium 2003; Tillmann et al. 2008). Zum anderen wurde die Steuerung und Koordination des Schulsystems grundlegend verändert. Durch eine verstärkte Ergebnis- und Entwicklungsorientierung des Unterrichts entlang an klaren Zielsetzungen (z. B. durch Bildungsstandards), eine verbesserte Diagnose der Zielerreichung (durch Kompetenztests) sowie eine Verpflichtung zur Rechenschaftslegung auf Einzelschulebene wurde die Informationsgrundlage für eine datengestützte Steuerung im Schulwesen geschaffen („Monitoring"; Haider et al. 2003; Husfeldt 2011), was den engen Bezug zwischen Bildungsforschung und Bildungspolitik sehr deutlich macht. Für die Schweiz sind insbesondere die Studie „Transitionen von der Erstausbildung ins Erwerbsleben" (TREE) sowie die Erhebungen im Zusammenhang mit der „Überprüfung der Grundkompetenzen" (ÜGK) relevant (Maag

Merki 2021, S. 44; Scharenberg et al. 2017). Im Rahmen der TREE-Studie handelt es sich um eine gesamtschweizerische und repräsentative längsschnittlich angelegte Befragung von über 6000 Jugendlichen, die im Jahr 2000 am Projekt PISA (Programme for International Student Assessment) teilgenommen hatten und im selben Jahr aus der obligatorischen Schulpflicht entlassen wurden. In einem Multi-Kohorten-Design (= mehrere Kohorten an Personen werden bei TREE über mehrere Jahre hinweg im Längsschnitt befragt) lässt sich so die Transition von Jugendlichen von der Schule ins Erwachsenenleben analysieren (z. B. Hupka-Brunner et al. 2022). Die Überprüfung der Grundkompetenzen (ÜGK) trägt dazu bei abzuklären, wie gut Schüler:innen in der Schweiz Grundkompetenzen in vier Fachbereichen (Schulsprache, Mathematik, Naturwissenschaften und Fremdsprachen) erzielen, und mündet in eine nationale Berichterstattung über das Erreichen der nationalen Bildungsziele von Schülerinnen und Schülern ein (vgl. https://www.uegk-schweiz.ch).

Zur Bearbeitung der vielfältigen Forschungsthemen werden in der empirischen Bildungsforschung – nicht zuletzt aufgrund des interdisziplinären Forschungsfelds – unterschiedliche theoretische Bezüge und empirische Forschungsmethoden verwendet (im Überblick Tippelt und Schmidt 2010). Insbesondere Forschungsmethoden, die aus Psychologie und Ökonomie stammen, finden in der Bildungsforschung vermehrt Anwendung (Fatke und Oelkers 2014; Gräsel 2011). In der Schul- und Unterrichtsforschung sowie der Lehrer:innenbildungsforschung beispielsweise werden seit geraumer Zeit verstärkt Videoanalysen eingesetzt (Dalehefte und Kobarg 2012). Um empirisch fundierte Erkenntnisse darüber zu erlangen, wie Unterricht als komplexes Interaktionsgeschehen abläuft, wie unterrichtet und gelernt wird und welche begünstigenden oder hemmenden Bedingungen dabei eine Rolle spielen, bieten sich videobasierte Analysen des Unterrichtsgeschehens an. Zu methodisch qualitativen Ansätzen videobasierter Unterrichtsforschung, die oft auf rekonstruierenden oder ethnografischen Verfahren basieren, finden sich Einführungen und Übersichtsbeiträge beispielsweise bei Bohnsack (2009), Dinkelaker und Herrle (2009) oder Reh et al. (2015). Zu methodisch quantitativen Ansätzen videobasierter Unterrichtsforschung sei auf die Beiträge von Hugener et al. (2006) oder Dalehefte und Kobarg (2012) verwiesen. Als Beispiele für größer angelegte Videostudien im schulischen Unterricht sind die TIMSS-Videostudie (Stigler et al. 1999) oder die IPN-Videostudie (Seidel et al. 2006) zu nennen. Im Überblick finden sich bei Pauli und Reusser (2006) sowie Janik und Seidel (2009) weiterführende Informationen.

Aber auch der Schwerpunkt der soziologisch verorteten Bildungsforschung hat sich sichtbar entwickelt. Dies lässt sich zum einen exemplarisch am „Zentrum für Schul- und Bildungsforschung" (ZSB) in Halle verdeutlichen (Helsper et al. 2015). Durch die dort betriebene Forschung im Schwerpunkt qualitative Kindheits- und Jugendforschung, durch die mikrosoziologisch-ethnografischen Studien zur Schul- und Unterrichtskultur, zur Elitenformation und Reproduktion durch Bildung, finden dort bildungssoziologische Theorien und Forschungsmethoden Eingang in die empirische Bildungsforschung. Ethnografische Forschung zielt auf die Entdeckung neuer, unbekannter Kulturen oder Praktiken sowie überraschender Einsichten. Es geht um die Erkundung und Interpretation sozialer Welten und um eine Beschreibung von Phänomenen (Breidenstein et al. 2015). Ethnografische Ansätze finden seit geraumer Zeit zunehmend bei der Analyse unterrichts- und schulrelevanter Fragestellungen Verwendung (Friebertshäuser 2008).

Zum anderen ist durch die Einrichtung des Bamberger Leibniz-Instituts für Bildungsverläufe (LIfBi), welches das Nationale Bildungspanel (NEPS) zentral organisiert, eine völlig neue Situation für die Bildungssoziologie entstanden, da dieses Panel ermöglicht, nicht nur Beschreibungen, sondern auch Erklärungen für Bildungsprozesse und -verläufe vom frühen Kindes- bis zum höheren Erwachsenenalter zu liefern (Blossfeld et al. 2011).

Die Sichtbarkeit der empirischen Bildungsforschung lässt sich darüber hinaus an der Gründung im Jahr 1965 und der nachfolgenden positiven Entwicklung der Sektion „Empirische Bildungsforschung" (vgl. https://www.dgfe.de/sektionen-kommissionen/sektion-4-empirische-bildungsforschung.html) in der Deutschen Gesellschaft für Erziehungswissenschaft (DGfE) erkennen (Zlatkin-Troitschanskaia und Gräsel, 2011). Auf europäischer Ebene ist die Gründung der European Association of Research on Learning and Instruction (EARLI) zu erwähnen. Ein weiterer Beleg für den Aufschwung der empirischen Bildungsforschung ist die seit 2012 bestehende Gesellschaft für empirische Bildungsforschung (GEBF) (vgl. https://www.gebf-ev.de/). Schließlich zeigt sich die höhere Präsenz empirischer Bildungsforschung auch in der nationalen wie internationalen Publikationslandschaft (Gräsel 2011). Beispielsweise wurden einschlägige Zeitschriften aufgelegt, so die *Zeitschrift für Bildungsforschung, Swiss Journal of Educational Research (Schweizerische Zeitschrift für Bildungswissenschaften), Frontline Learning Research* oder *Educational Research Review*.

Als Reaktion auf die zunehmende Bedeutung der Steuerung im Schulsystem wurde 2004 in Deutschland das Institut zur Qualitätsentwicklung im Bildungswesen in Berlin (IQB) gegründet. Diese Entwicklung ist teilweise auch in Österreich zu beobachten (Maag Merki 2021). So wurde das Bundesinstitut für Bildungsforschung, Innovation & Entwicklung des österreichischen Schulwesens (BIFIE), das im Rahmen von PIRLS, PISA, TIMMS etc. oder der Nationalen Bildungsberichte umfangreiche Auftragsforschung leistet, umbenannt in Institut des Bundes für Qualitätssicherung im österreichischen Schulwesen (IQS). In der Schweiz werden die internationalen vergleichenden Schulleistungsstudien und das nationale Bildungsmonitoring (z. B. Überprüfung der Grundkompetenzen; ÜGK) vom Interfaculty Centre for Educational Research (ICER) organisiert und durchgeführt, das 2018 gegründet wurde und an der Universität Bern verankert ist (https://www.icer.unibe.ch/).

Auch wissenschaftspolitisch hat die empirische Bildungsforschung mit Prof. Dr. Manfred Prenzel als Vorsitzendem des Wissenschaftsrats von 2014 bis 2017 an Sichtbarkeit gewonnen. Der Wissenschaftsrat ist das älteste wissenschaftspolitische Beratungsgremium in Europa und wurde 1957 in der Bundesrepublik Deutschland von Bund und Ländern auf der Grundlage eines Verwaltungsabkommens gegründet. Er berät die Bundesregierung und die Regierungen der Länder in allen Fragen der inhaltlichen und strukturellen Entwicklung der Wissenschaft, der Forschung und des Hochschulbereichs. Der Wissenschaftsrat berät ferner bei wichtigen wissenschaftspolitischen Themen, wie Bildungsexpansion und Ausweitung des Hochschulsystems, Effektivität in Wissenschaft und Forschung, Differenzierung und Internationalisierung des Wissenschaftssystems (https://www.wissenschaftsrat.de).

Der Aufschwung der Bildungsforschung fand seinen Niederschlag nicht zuletzt in einer stärker wissenschaftlich ausgerichteten Lehrer:innenbildung in allen deutschsprachigen Ländern. Für Österreich ist im Bereich der Lehrer:innenbildung die Ablösung der seit 1962 bestehenden Pädagogischen Akademien durch die Pädagogischen Hochschulen im Jahr 2007 besonders zu erwähnen. Mit der Aufwertung der Aus- und Weiterbildungsinstitutionen zu Hochschulen wurden die Lehre und das Recht auf wissenschaftliche Forschung bezogen auf das Berufsfeld von Lehrkräften verbunden (Patry und Thonhauser 2016). Im Zuge verschiedener Reformschritte haben sich Pädagogische Hochschulen mittlerweile den Universitäten angenähert und bieten auch gemeinsame Studien mit Universitäten und anderen Hochschulen an. Das Lehramtsstudium Sekundarstufe wird von Pädagogischen Hochschulen und den Universitäten gemeinsam angeboten. Im Gegensatz zu den Universitäten und vergleichbaren Einrichtungen in Deutschland besitzen die Pädagogischen Hochschulen in Österreich allerdings keine volle Autonomie und haben auch nicht das Promotionsrecht.

In der Schweiz wurden strukturelle Maßnahmen und finanzielle Ressourcen deutlich weniger umgesetzt, zu erkennen ist aber eine stärkere Evidenzorientierung in der Bildungspolitik und -administration sowie eine Intensivierung der empirischen Forschung in der Erziehungswissenschaft und den Fachdidaktiken an Universitäten sowie Pädagogischen Hochschulen (Maag Merki 2021). Die

2.1 Entwicklung der empirischen Bildungsforschung in deutschsprachigen ...

Lehrer:innenbildung findet seit Beginn der 2000er Jahre überwiegend an Pädagogischen Hochschulen in den verschiedenen Schweizer Kantonen statt und wurde bis dahin an Lehrer:innenseminaren durchgeführt, die keine wissenschaftliche Ausrichtung hatten. Die Pädagogischen Hochschulen in der Schweiz entwickeln sich derzeit als eigenständiger Hochschultypus neben Fachhochschulen und Universitäten, indem sie ihre berufsfeldbezogene Forschung fortsetzen und den wissenschaftlichen Nachwuchs sowohl forschungs- als auch berufsfeldbezogen fördern (Criblez und Lehmann 2016).

In Deutschland hingegen vollzog sich die strukturelle Veränderung der Lehrer:innenbildung bereits wesentlich früher. So wurden nach dem Zweiten Weltkrieg beispielsweise in Niedersachsen und Nordrhein-Westfalen Pädagogische Akademien nach dem preußischen Vorbild der Weimarer Republik gegründet, die eine hochschulmäßige Ausbildung der Volksschullehrer:innen gewährleisten sollten. Diese wurden dann in den 1960er Jahren zu Pädagogischen Hochschulen umbenannt und dann Mitte bis Ende der 1970er Jahre in Universitäten integriert. Mit dem Diplomierungs-, Promotions- und Habilitationsrecht wurden sie wissenschaftliche Hochschulen (Blömeke 2004). Diese Entwicklung vollzog sich in allen deutschen Bundesländern – mit einer Ausnahme: In Baden-Württemberg existieren bis heute Pädagogische Hochschulen, und zwar mit uneingeschränktem Promotions- und Habilitationsrecht. Eine besondere Entwicklung, die im Zuge der durch das BMBF geförderten „Qualitätsoffensive Lehrerbildung" stattfand, bezieht sich beispielsweise auf die Gründung der „Professional School of Education Stuttgart-Ludwigsburg (PSE)" im Jahr 2016 im Rahmen des Verbundprojekts „Lehrerbildung PLUS". Es handelt sich um einen Zusammenschluss von fünf beteiligten lehrer:innenbildenden Hochschulen: der Pädagogischen Hochschule Ludwigsburg, der Universität Stuttgart, der Universität Hohenheim, der Staatlichen Akademie der Bildenden Künste Stuttgart sowie der Staatlichen Hochschule für Musik und Darstellende Kunst Stuttgart (https://www.pse-stuttgart-ludwig sburg.de/ueber-uns/). Die Einrichtung von Schools of Education, also eigener Fakultäten für Lehrer:innenbildung (die erste dieser Art wurde an der Technischen Universität München im Jahre 2009 gegründet), markiert einen wichtigen Wandel in der Verortung und Sichtbarkeit der Lehrer:innenbildung innerhalb universitärer Strukturen. Primäres Ziel ist eine stärkere Vernetzung von Fachwissenschaften, Fachdidaktiken und Bildungswissenschaften. Auch in Österreich wurden Schools of Education eingerichtet.

Empirischer Bildungsforschung kommt somit eine hohe Bedeutung zu, da von Gesellschaft und Politik erwartet wird, dass mittels entsprechender forschungsmethodischer Verfahren Entwicklungen im Bildungssystem und in pädagogischen Handlungsfeldern beschrieben, erklärt und basierend auf den empirischen Erkenntnissen optimiert werden können. Dies wird vor allem in denjenigen Gegenstandsbereichen deutlich, die einen wesentlichen Einfluss auf die Sicherstellung von Bildungsgerechtigkeit nehmen, und zwar in der Unterrichtsforschung, der fachdidaktischen Lehr-Lern-Forschung sowie der Lehrer:innenbildung.

2.2 Gegenstandsbereiche

Insgesamt ist die empirische Bildungsforschung sehr stark auf den institutionalisierten, formellen Bereich von Bildung, Lernen und Sozialisation – also jegliche schulische und formale Aus- und Weiterbildung – ausgerichtet. Die Bereiche informellen Lernens und der ungeregelten Sozialisation werden bisher kaum bearbeitet und, wenn überhaupt, nur am Rande thematisiert (Zedler 2013a, b).

Die empirische Bildungsforschung beschäftigt sich dementsprechend intensiv mit der Analyse von Bedingungen und Prozessen in Bildungssystemen sowie deren Auswirkungen. Um Wirkungen von Bildungssystemen beurteilen zu können, müssen die Ergebnisse von Bildungsangeboten und deren Nutzung, also der „Output", einbezogen werden, um zu verstehen, wie diese mit dem „Input" und den Prozessen auf der Ebene der einzelnen Person und der Institution zusammenhängen (Helmke 2009). In Bezug auf die Akteurinnen und Akteure im Bildungssystem wird häufig zwischen drei Ebenen unterschieden (Fend 2008): a) dem Bildungssystem als Ganzes, b) Bildungsinstitutionen (Schulen, Hochschulen etc.) und c) den Bedingungen in diesen Bildungseinrichtungen (Klassen, Lehrkräfte, Räume und weitere Ausstattungsmerkmale). Das Unterrichtsangebot an einer Schule wird durch die Akteurinnen und Akteure (z. B. Lehrer:innen, Schüler:innen), aber auch von der Schule als sich stetig entwickelnde Organisation (z. B. Schulleitung bzw. Leadership) sowie dem Bildungssystem (z. B. Zwei- oder Dreigliedrigkeit) und der Bildungspolitik beeinflusst (Drewek 2013). Auf der Makroebene geht es um die bildungspolitische und administrative Steuerung durch Gesetzgebung, Ressourcenzuweisung, Personalausbildung etc. (Altrichter und Maag Merki 2010; Maag Merki et al. 2014). Das prominente *Angebots-Nutzungs-Modell* (Fend 1982) gilt als zentraler konzeptioneller Rahmen für die empirische Unterrichtsforschung (Helmke 2009; Seidel 2014).

Unterricht wird gemeinhin anhand der zentralen Kategorien Lernen und Lehren definiert. Aus einer eher pädagogischen Sicht kann Lernen als die „innere Organisation der sinnverstehenden Auseinandersetzung des Menschen mit seiner Umwelt" betrachtet werden (Kron 2001, S. 69). Der Erwerb von Wissen, Kompetenzen sowie Persönlichkeitsbildung als Ergebnis des Lernens vollzieht

2.2 Gegenstandsbereiche

sich weitgehend über die aktive Auseinandersetzung mit der Lebensumwelt und damit im formalen Bildungskontext über die Auseinandersetzung mit gesellschaftlich relevanten Sachproblemen, denen gegenüber sich das Individuum öffnet und diese durchdringt, ebenso wie es durch sie dabei beeinflusst wird (Klafki 1985). Dieser doppelseitige Auseinandersetzungs- und Aneignungsprozess dient sowohl der weiteren und ausdifferenzierten Persönlichkeitsbildung als auch dem fachlichen Kompetenzerwerb und -aufbau (Klafki 1985). Im konkreten Übertragungsprozess konstruieren Lehrende und Lernende gemeinsam (ko-konstruktiv) die Kompetenzen und Wissensformen. Somit leistet Schule nicht zuletzt mit dem ihr gesellschaftlich überantworteten Bildungsauftrag (durch entsprechenden Unterricht in Fächern sowie aus fächerübergreifender Perspektive) einen wesentlichen Beitrag zur Orientierung in der Welt. In diesem Sinne werden in der empirischen Bildungsforschung – u. a. im Rahmen der bereits erwähnten internationalen Vergleichsstudien (TIMSS, PISA) – die Ergebnisse des schulischen Bildungsangebots auf Seiten der Schüler:innen sowie die jeweiligen individuellen, sozialen, schul- und unterrichtsbezogenen sowie gesellschaftlichen Bedingungen des Lernerfolgs in der Schule – auch bezogen auf bestimmte Domänen bzw. Modi der Weltaneignung und -verarbeitung (Baumert 2002) – untersucht.

Lehrer:innen kommt bezüglich der Erfüllung des gesellschaftlich überantworteten Bildungsauftrags im Rahmen der Schule eine zentrale Rolle zu (Terhart et al. 2014). Professionelle Lehrpersonen werden als Expertinnen und Experten für die Planung und Gestaltung von Lehr- und Lernprozessen verstanden (Bromme 2001; Terhart 2000). Wie Lehrpersonen Lerngelegenheiten – auch unter fachlichen Gesichtspunkten – einerseits initiieren und gestalten und andererseits wahrnehmen, interpretieren, beurteilen und weiter fördern, wird als wesentliche Bedingung für erfolgreiche Lernprozesse von Schülerinnen und Schülern betrachtet (Darling-Hammond und Brandsford 2005; Gegenfurtner et al. 2020).

Um der Komplexität der Schul- und Lehrer:innenbildungsforschung – einem zentralen Bereich der empirischen Bildungsforschung – gerecht zu werden, kommen häufig verschiedene Perspektiven zum Einsatz, die ihren Niederschlag beispielsweise in verschiedenen theoretischen und methodischen Zugängen finden.

Ein besonderer Forschungsfokus richtet sich auf die Bedingungen des Erlernens professioneller Handlungskompetenzen, wobei vor allem schulpraktischen Lerngelegenheiten eine wichtige Bedeutung zukommt. Dort lernen Lehramtsstudierende die Gestaltung schulischer Bildungsprozesse (insbesondere im Unterricht, aber auch im Austausch mit Mentorinnen und Mentoren) kennen und werden angeregt, ihre Berufswahl sowie ihre individuelle Kompetenzentwicklung zu reflektieren (Ulrich und Gröschner 2020). Ebenso sind Fragen effektiven

Lehrer:innenhandelns mit der Bedeutung und Qualität von Fort- und Weiterbildungsangeboten für die professionelle Gestaltung von Unterricht in Schule und Hochschule mit dem Ziel verbunden, Bildungserfolge der Lernenden sicherzustellen. Forschungsbefunde weisen auf die Bedeutung von qualitativ hochwertigen Fortbildungen für die Kompetenzentwicklung von Lehrpersonen hin (Lipowsky 2009; Timperley et al. 2007). Darüber hinaus wird in den vergangenen Jahren die Entwicklung hochschuldidaktischer Formate sowie das Potential digitaler Lehre in der Hochschullehre (Bedenlier et al. 2021; Brendel et al. 2019) sowie entsprechender Konzepte in der Erwachsenenbildung hervorgehoben (Gegenfurtner et al. 2020).

Für die erwähnten Phasen der Professionalisierung von Lehrerinnen und Lehrern wurden u. a. auch medientechnologisch basierte Tools (z. B. zur videogestützten Diagnostik) entwickelt, um die Entwicklung von Wahrnehmungs- und Handlungskompetenzen bei (angehenden) Lehrkräften zu unterstützen (Stürmer und Seidel 2015). Im Gegensatz zu Verfahren in der Lehrer:innenforschung, die zwar häufig zur Erfassung professioneller Kompetenzen eingesetzt werden, wie z. B. standardisierte Fragebogenverfahren (Frey 2006), aber den Nachteil haben, dass sie auf subjektiven Selbsteinschätzungen der Befragten beruhen und losgelöst vom Kontext des Unterrichtsgeschehens erfolgen, bieten videogestützte Tools Vorteile, da videografierte Unterrichtssequenzen und zudem die Kombination mit standardisierten Rating-Items ein inhaltlich valides Instrument zur Erfassung professionellen Kompetenzen darstellen. Ein bekanntes Beispiel ist „Observer" (Seidel und Stürmer 2014), das für die Erfassung professioneller Wahrnehmungskompetenz (Borko 2004) von (angehenden) Lehrpersonen entwickelt wurde.

2.3 Zur Relevanz von Mixed-Methods-Zugängen in der empirischen Bildungsforschung

In Studien der empirischen Bildungsforschung, die sich mit den Themen Schule, Unterricht, Diagnostik, Kompetenz sowie Professionalisierung beschäftigen, ist häufig ein eher empirisch-quantitativer Forschungsansatz zu finden. Die leitende Fragestellung ist oftmals die Wirksamkeit von Schule und Unterricht und die dominierende Forschungsmethode ist die „Messung" (z. B. Friebertshäuser et al. 2013; Tippelt und Schmidt 2010). Forschungsprojekte, die hingegen Schule mit Blick auf die Bedeutung von Sozialisation und Kommunikation, auch mit einem Fokus auf Kooperation zwischen Schule und anderen Bildungsinstitutionen, beleuchten, rekurrieren eher auf soziologische Ansätze (z. B.

2.3 Zur Relevanz von Mixed-Methods-Zugängen in der empirischen ...

Kelle et al. 2017) und bedienen sich dabei auch verschiedenster qualitativer Forschungsmethoden. Prominente Themen sind hier beispielsweise Lehrer:innen-Schüler:innen-Interaktion, kulturelle Praktiken, bildungsbiografische Verläufe, Heterogenitätskonstruktionen, Inklusion und Exklusion sowie Innovation als kultureller Wandel innerhalb und außerhalb der Schule (Friebertshäuser et al. 2013; Gibson und Helsper 2018; Hartinger et al. 2022). Die Zielsetzung ist häufig auf die Beschreibung und Rekonstruktion von Schul- und Unterrichtskultur ausgerichtet und die präferierte Forschungshaltung ist die der „Deutung bzw. Interpretation". Sichtet man beispielsweise die Journale *Zeitschrift für interpretative Schul- und Unterrichtsforschung (ZISU)* oder die *Zeitschrift für Qualitative Forschung (ZQF)*, so stößt man überwiegend auf die genannten Themen und methodischen Schwerpunkte. Einen ähnlichen Eindruck gewinnt man, wenn man die Beiträge in einschlägigen englischsprachigen Journals, wie *International Journal of Qualitative Studies in Education, Qualitative Research Journal* oder *Ethnography and Education* sichtet.

Der Bildungsbereich und ganz zentral die Schule stellen ein komplexes Forschungsfeld dar, denn in der Schule interagieren Akteurinnen und Akteure auf unterschiedlichen Ebenen miteinander. Nicht nur der Unterricht als zentrales Handlungsfeld in der Schule mit verschiedensten, sich wechselseitig beeinflussenden Akteurinnen und Akteuren (z. B. Lehrkräfte, Schulsozialarbeiter:innen, Schüler:innen, Eltern; Mikroebenen), sondern auch die Schule als Organisation (und deren Schulkultur; Mesoebene) sowie das Bildungssystem und die Bildungspolitik (Makroebene) stehen in einem engen Bezug zueinander. Die Mikro-, die Meso- und die Makroebene (Fend 2008) sind somit in der empirischen Bildungsforschung zu betrachten (Mejeh und Hagenauer 2022).

Für die forschungsbezogene Bearbeitung dieser Komplexität bedarf es einer adäquaten Forschungsmethodik (Cohen et al. 2017), wobei die Gegenstandsangemessenheit (Steinke 1999) bei der Wahl und Zusammenstellung des forschungsmethodischen Zugangs zentral ist. Im Zuge der Anwendung verschiedener Forschungsmethoden – im Sinne der Kombination von quantitativen und qualitativen Zugängen – hat sich seit Ende der 1980er Jahre ein methodologischer Diskurs entwickelt, der insbesondere im angloamerikanischen Sprachraum unter dem Begriff „Mixed Methods Research" bekannt geworden ist (Creswell und Plano Clark 2007; Teddlie und Tashakkori 2010) und seit einigen Jahren auch im deutschsprachigen Raum, siehe z. B. Baur et al. (2017) sowie Knappertsbusch et al. (2023), intensiver diskutiert wird.

Unter Mixed Methods wird „üblicherweise die Kombination qualitativ und quantitativer Forschungsmethoden in einem Untersuchungsdesign verstanden" (Kelle 2014, S. 153). Ein zentrales Anliegen von Mixed-Methods-Studien ist es, ein umfassenderes und tieferes Verständnis des Forschungsgegenstands zu erlangen (für eine differenzierte Darstellung der diversen Zielsetzungen, siehe Abschn. 3.4). Speziell bezogen auf die empirische Bildungsforschung wird betont, dass dieses komplexe Forschungsfeld offen für verschiedenste Forschungszugänge sein sollte, um Bedingungen, Prozesse und Ergebnisse von Bildung verstehen und erklären zu können (Gläser-Zikuda et al. 2012; Hagenauer und Gläser-Zikuda 2019; Hagenauer und Gläser-Zikuda 2022).

Hinzu kommt, dass gerade für die im Bildungsbereich professionell Tätigen der Transfer wissenschaftlicher Erkenntnisse sehr bedeutsam ist. Die Kooperation zwischen empirischer Bildungsforschung und Praxis sollte demzufolge unterstützt werden, weil Transfer häufig auch abhängig von Forschungsabsichten und -designs ist. Prominente Beispiele sind auf der einen Seite die kompetenzorientierte Professionalisierungsforschung, die eher auf (z. T. kurzzeitige und methodisch-quantitativ anspruchsvolle und kontrollierte) Lehrer:innentrainings setzt. Demgegenüber werden in der strukturtheoretisch orientierten Professionsforschung (Helsper 2014) eher fallbezogene, rekonstruktiv ausgerichtete Zugänge sowie kontinuierliche Reflexionsangebote präferiert.

Der kompetenzorientierte Professionalisierungsansatz (Baumert und Kunter 2006) identifiziert Wissensdomänen sowie Fähigkeiten und Fertigkeiten, Orientierungen und Haltungen, die den Erfolg von (angehenden) Lehrpersonen vor allem bezogen auf den Lernprozess und den -erfolg von Schülerinnen und Schülern wahrscheinlicher machen. Professionalität markiert ein hinreichendes Akkumulieren professioneller Kompetenzen sowie deren Verfügbarkeit im Kontext pädagogischen Handelns. Der strukturtheoretische Ansatz rekurriert auf widersprüchliche Handlungsanforderungen in Schule und Unterricht. Professionalität wird als das Vermögen definiert, mit diesen antinomischen Spannungen (Helsper 2004) adäquat umzugehen, diese wahrzunehmen, zu reflektieren (Fallverstehen) und im sozialen Gefüge im Kontext von Schule in Balance zu bringen.

Eine Zusammenführung der zwei exemplarisch genannten Perspektiven in der Professionsforschung sowie mit Blick auf die Unterrichtsentwicklung an Schulen erfolgt beispielsweise im Rahmen von Aktionsforschung (Altrichter und Posch 2008; Altrichter et al. 2010), indem die beiden konzeptionellen Stränge sowie quantitativ-kompetenzorientierte Ansätze mit qualitativ-fallbasierten Zugängen kombiniert werden. Aktionsforschung zielt darauf ab, Lehrer:innen dabei zu unterstützen, Probleme in der Praxis selbst zu bewältigen, innovative Konzepte zu entwickeln und selbst zu überprüfen. Aktionsforschung kann auch der Weiterentwicklung der eigenen „praktischen Theorien" und damit der Professionalitätsentwicklung der beteiligten Lehrpersonen dienen (Altrichter und Posch 2008).

2.3 Zur Relevanz von Mixed-Methods-Zugängen in der empirischen ...

Betont wird, dass dabei „nicht so sehr einzelne Methoden und Forschungsinstrumente (…) für Aktionsforschung charakteristisch [sind], sondern deren Einbindung in eine übergreifende Forschungsstrategie" (Altrichter et al. 2010, S. 805). Unter der Überschrift „Teacher Practitioner", die als „umbrella term" zu denken sei, unterscheidet Cain „experimental approaches", „case studies", „action research" und „self studies" (Cain 2014, S. 90–93). Im Hinblick auf die Professionalisierung angehender Lehrkräfte werden die genannten Zugänge hinsichtlich ihrer Vor- und Nachteile näher charakterisiert und diskutiert. Ein experimenteller Ansatz basiert auf dem Vergleich von z. B. Lernergebnissen einer Experimental- und Kontrollgruppe, ein fallbasierter Ansatz widmet sich dem Verstehen individueller Besonderheiten und subjektiver Perspektiven, im Action-Research-Ansatz werden praxisorientierte Unterrichtskonzepte z. B. von Lehrkräften gemeinsam erprobt, evaluiert und weiterentwickelt, und mit „self studies" werden angehende Lehrer:innen angeregt, sich selbstreflexiv in den Blick zu nehmen und kontinuierlich an ihrer professionellen Weiterentwicklung zu arbeiten. Dabei unterscheidet Cain (2014) in seiner Systematik nicht explizit zwischen qualitativen oder quantitativen Methoden oder Forschungsgegenständen, sondern betont vielmehr das Potential des jeweiligen Ansatzes für die Lehrer:innenbildung. Friebertshäuser et al. (2010) hingegen differenzieren nicht nach methodischen Zugängen, sondern nach der Qualität des Verhältnisses zwischen Lehrkräften und Forschenden. Sie schlagen eine Typisierung von Handlungs-, Praxis- und Evaluationsforschung vor. Im Rahmen von Aktionsforschung forschen Wissenschaftler:innen gemeinsam mit Lehrkräften mit dem Ziel der Optimierung des Unterrichts, während in der Praxisforschung Lehrkräfte selbstständig, mit nur gelegentlicher Unterstützung durch Wissenschaftler:innen forschen.

Seit einigen Jahren ist die Entwicklung und Etablierung prozessorientierter Entwicklungsforschung („Design-based Research"; Anderson und Shattuck 2012; Reinmann 2005) zu beobachten. Design-based Research ist in der pädagogisch und vor allem fachdidaktisch ausgerichteten Lehr-Lern-Forschung verbreitet (vor allem in der mathematikdidaktischen Unterrichtsforschung, z. B. Hußmann et al. 2013; Prediger et al. 2012) und zielt explizit darauf ab, die Schulpraxis in den Forschungsprozess einzubeziehen, indem identifizierte Probleme von Forschenden sowie Praktikerinnen und Praktikern gemeinsam bearbeitet werden, so dass daraus in mehrfacher Überarbeitung Unterrichtseinheiten oder andere Praxislösungen in die Schule zurückfließen können. Häufig werden im Sinne von Mixed Methods Research sowohl qualitative (Interviews, teilnehmende Beobachtungen) als auch quantitative (Fragebögen, Kompetenztests) Verfahren genutzt. Durch die Generierung, Pilotierung, Evaluation und Weiterentwicklung von Lehr-Lern-Konzepten findet ein iterativer Prozess statt, an dem Wissenschaft und Praxis gleichermaßen beteiligt sind. So verfolgt Design-based Research einerseits die „Qualitätssteigerung von Unterricht und das Bestreben nach Praxisveränderung durch Entwicklung von Lernumgebungen und Design-Prinzipien" (Hußmann et al. 2013, S. 28), andererseits aber auch theoriegenerierende bzw. -prüfende Ergebnisse.

2.4 Fazit und Ausblick

Bei der empirischen Bildungsforschung handelt es sich um einen stark wachsenden und sehr erfolgreichen Forschungsbereich, der in bedeutsamer Weise zur Erweiterung der Erkenntnisse im Bildungsbereich beigetragen hat. Besonders deutlich zeigt sich dies in Studien, die sich mit Schule und Unterricht (auch aus fachdidaktischer Perspektive) sowie Lehrer:innenbildung bzw. der Professionalisierung von Lehrkräften beschäftigen.

Durch die Fokussierung auf die Erarbeitung wissenschaftlicher Erkenntnisse, die interdisziplinäre Ausrichtung sowie den zunehmenden multimethodischen Zugängen hat die empirische Bildungsforschung ihre Position innerhalb des Wissenschaftssystems, der Politik sowie in der breiten Öffentlichkeit gefestigt. Wie dargestellt, handelt es sich bei empirischer Bildungsforschung um einen theorie- und methodenpluralen interdisziplinären Forschungsbereich. Qualitative und quantitative Forschungsverfahren werden eingesetzt und, wo immer es der Forschungsgegenstand erfordert, auch im Sinne von Mixed Methods Research kombiniert (Gläser-Zikuda et al. 2012). Betont wird, dass empirische Bildungsforschung nicht primär auf ein standardisiertes methodisches Vorgehen begrenzt ist (Baumert 2016, S. 217).

Kyriakides und Creemers (2009) zufolge wird es künftig noch relevanter sein, Veränderungen bezogen auf Bildungsverläufe und -ergebnisse nicht nur mittels einer linearen Logik, sondern auch unter Berücksichtigung nichtlinearer Zusammenhänge und der Qualitäten von Handlungen und Prozessen (und nicht nur deren Häufigkeiten) zu untersuchen. Die Durchführung von ökologisch validen Interventionsstudien, also der Frage nach der Übertragbarkeit der Intervention auf den Alltag bzw. die Lebenswelt der Zielgruppe, ist in der empirischen Bildungsforschung üblich, um Ursache-Wirkungs-Zusammenhänge sowie komplexere Verläufe über die Zeit identifizieren zu können.

Sekundäranalysen sind eine in der empirischen Bildungsforschung verstärkt gewählte Forschungsstrategie, die bereits existierende quantitative oder qualitative Daten nutzt, um neue Fragestellungen zu untersuchen oder vorherige Studien zu reanalysieren. In Deutschland werden beispielsweise Daten aus den PISA- und

2.4 Fazit und Ausblick

TIMSS-Studien für Sekundäranalysen herangezogen (Hopfenbeck et al. 2017). Datenzentren am DIPF (Leibniz-Institut für Bildungsforschung und Bildungsinformation), GESIS (Leibniz-Institut für Sozialwissenschaften) und IQB (Institut zur Qualitätsentwicklung im Bildungswesen) bieten einen zentralen Zugang zu Forschungsdaten der empirischen Bildungsforschung an. Auch in der Schweiz wird vermehrt auf bereits bestehende Datensätze zurückgegriffen (Maag Merki 2021). Entwicklungen bezüglich der Bereitstellung verfügbarer Daten für die Sekundäranalyse bestehen bereits seit längerem (für die Schweiz, https://forsbase.unil.ch/).

Methodologischen Neu- und Weiterentwicklungen kommt ebenfalls eine wesentliche Bedeutung zu. Zu nennen sind hier beispielsweise Event-und-Time-Sampling-Methoden. Hierbei handelt es sich um zwei Grundtypen der Verhaltensbeobachtung. Beim Event Sampling wird ein Event, ein Ereignis wie z. B. aggressives Verhalten von Schülerinnen und Schülern, kodiert, sobald und so häufig es auftritt. Beim Time Sampling hingegen gibt es vorher festgelegte Zeiteinheiten, wobei in jeder Zeiteinheit für die Beobachtung eine Kodierung erfolgt (Greve und Wentura 1997; Pauli 2012).

Des Weiteren ist die soziale Netzwerkanalyse zu nennen (Jansen 2006). Diese gilt als Verfahren zur Auswertung relationaler Daten bestehend aus Einheiten von Beziehungen, z. B. in Schulen oder Klassen. Die Beziehungen können gerichtet oder symmetrisch oder nach Intensität bzw. Häufigkeit bewertet sein. Schließlich wird die Analyse von Big Data (z. B. Educational Data Mining, Learning Analytics) in der empirischen Bildungsforschung seit geraumer Zeit zunehmend angewandt. Als Data Mining wird das Datensammeln, die Auswertung und die Interpretation einer sehr großen Anzahl von (zum Teil unspezifisch) erfassten Daten und deren (mögliche) und daraus entstehende Konsequenzen bezeichnet. Geschieht dies im Bildungskontext, spricht man von Educational Data Mining (Romero und Ventura 2007). Die zunehmende Digitalisierung (nicht nur) des Bildungsbereichs und eine damit verbundene erhöhte Interaktivität sowie die zunehmende Nutzung sozialer Netzwerke führen dazu, dass fast beliebig Daten gesammelt werden, welche Prozesse (wie z. B. das Lernen von Studierenden) beschreiben. Unter „Learning Analytics" versteht man das Sammeln, Analysieren und Berichten von Daten über Lernende und deren Kontexte, um das Lernen (z. B. von Studierenden) und die Umgebungen (z. B. Lehrveranstaltungen in der Universität), in denen es stattfindet, zu verstehen und zu optimieren (Ebner et al. 2013).

Künftig wird sich empirische Bildungsforschung voraussichtlich weiterhin auf institutionelle Kontexte beziehen, aber Bildungsprozesse in non-formalen und informellen Zusammenhängen stärker untersuchen (Lewalter et al. 2021; Otto und

Rauschenbach 2012), da sich Bildungsangebote durch digitale Transformation (Petko et al. 2018) und nicht zuletzt aufgrund der COVID-19-Pandemie verändern, wie beispielsweise neueste Studien zur Wahrnehmung von Distanzunterricht zeigen (z. B. Helm et al. 2021). Vor allem wird das Zusammenwirken von formaler, non-formaler und informeller Bildung noch stärker betrachtet. Formale Bildung bezieht sich auf Bildungsprozesse durch das staatliche Bildungssystem. Informelle Bildung bezieht sich auf lebenslange Lernprozesse in der Lebenswelt und in der täglichen Erfahrung, mit Hilfe derer Menschen Haltungen, Werte, Wissen und Fähigkeiten erwerben. Non-formale Bildung umfasst außerhalb des formalen Curriculums geplante Bildungsformen und Bildungsangebote zur persönlichen und sozialen Bildung, welche der Verbesserung bestimmter Fähigkeiten und Kompetenzen dient (Lange et al. 2018).

Schließlich ist davon auszugehen, dass empirische Bildungsforschung künftig noch stärker international, kooperativ (im Sinne der Zusammenarbeit von Forschung, Bildungspolitik und Bildungspraxis) und interdisziplinär ausgerichtet sein wird. In einer Publikation des Bundesministeriums für Bildung und Forschung mit dem Titel „Bildungsforschung 2020" spiegeln sich einige dieser Tendenzen (Terhart 2016). Auch aktuelle Ausschreibungen des Bundesministeriums für Bildung und Forschung zur Stärkung der europäischen Kooperation in der Bildungsforschung sind hier zu nennen, wie z. B. „Die europäische Innovationsunion – Deutsche Impulse für den Europäischen Forschungsraum" (Richtlinie zur Förderung von Projekten für die grenzüberschreitende Vernetzung und Entwicklung von Projektvorschlägen für Verbundvorhaben des EU-Rahmenprogramms für Forschung und Innovation Horizont Europa).

> **Zusammenfassung**
>
> Die empirische Bildungsforschung hat sich im deutschsprachigen Raum seit über 60 Jahren zwar in unterschiedlichen Dynamiken, aber kontinuierlich und im Zuge der internationalen Schulleistungsvergleichsstudien vor allem in den letzten Jahrzehnten sehr stark zu einem interdisziplinären, methodenpluralen und international sichtbaren Forschungsfeld entwickelt, das auch in Form von wissenschaftlichen Organisationen und Institutionen vertreten wird. Dabei legt es die Komplexität der Forschungsgegenstände im Bildungsbereich nahe, dass neben verschiedensten qualitativen und quantitativen Forschungsmethoden seit geraumer Zeit – nicht zuletzt im Zuge des internationalen Diskurses – auch zunehmend die Kombination dieser Verfahren im Sinne von Mixed-Methods-Designs Eingang in empirische Studien finden. Empirische Bildungsforschung trägt entscheidend zur Erweiterung der Erkenntnisse im Bildungsbereich bei

und bietet eine evidenzbasierte Ausgangslage für weitere wissenschaftliche, aber auch bildungspolitische Entwicklungen.◄

Weiterführende Literatur

Cohen, L., Manion, L., & Morrison, K. (2017). *Research Methods in Education.* Routledge.
Reinders, H., Ditton, H., Gräsel, C., & Gniewosz, B. (Hrsg.). (2015). *Lehrbuch Empirische Bildungsforschung* (2. aktual. Aufl.). Springer.
Reinders, H., Bergs-Winkels, D., Prochnow, A., & Post, I. (Hrsg.). (2022). *Empirische Bildungsforschung. Eine elementare Einführung.* Springer VS.
Terhart, E. (2016). Empirische Bildungsforschung und ihre Disziplinen – Wandlungsprozesse und Konfliktlinien in instabilen Expertenkulturen. *Zeitschrift für Erziehungswissenschaft, 19*(S31), 73–87. https://doi.org/10.1007/978-3-658-13785-4_5.

Grundlagen von Mixed Methods in der empirischen Bildungsforschung 3

In den folgenden Abschnitten werden die methodischen und methodologischen Grundlagen von Mixed Methods erläutert und mit Beispielen der empirischen Bildungsforschung illustriert.

3.1 Definition von Mixed Methods

Lernziele

Sie können

- zentrale Bestimmungsstücke, wodurch sich eine Mixed-Methods-Studie beschreiben lässt, benennen,
- empirische Studien dahingehend einordnen, ob der gewählte methodische Ansatz und die Begründungen der Kombination der Forschungsfrage angemessen sind,
- Mixed-Methods-Studien von ähnlichen Zugängen und Konzepten (z. B. Multi-Methods-Studien, Triangulation) abgrenzen. ◄

Sieht man in die Grundlagenliteratur von Mixed Methods, so ist es aufgrund der Heterogenität der Definitionen nicht einfach, die zentralen Bestimmungsstücke von Mixed Methods klar und eindeutig herauszuarbeiten (im Überblick Johnson et al. 2007; siehe auch Schreier und Echterhoff 2013; Schreier und Odağ

2020). In Tab. 3.1 werden einige Definitionen von führenden Mixed-Methods-Forscherinnen und Forschern dargestellt.

Gemeinsam ist diesen Definitionen, dass es für den Mixed-Methods-Ansatz bestimmend ist, qualitative *und* quantitative Zugänge in einem Forschungsprojekt zu kombinieren, um einen umfassenderen Einblick in das interessierende Phänomen zu gewinnen, welcher über die alleinige Anwendung eines qualitativen *oder* quantitativen Zugangs nicht möglich wäre. Die spezifischeren Zielsetzungen von Mixed-Methods-Ansätzen werden in Abschn. 3.3 behandelt. Eine alleinige Datentransformation (z. B. durch die Quantifizierung qualitativer Daten) stellt nach dieser Definition keinen Mixed-Methods-Ansatz dar, auch wenn solche Arbeiten in einzelnen Publikationen fallweise als Mixed Methods bezeichnet werden (Mayring 2012; zur Abgrenzung hierzu: siehe das Transfer Design; Abschn. 3.5).

Ebenso ist es essentiell, dass in Mixed-Methods-Projekten eine *Integration oder das so genannte „Mixing"* erfolgt (siehe im Detail, Abschn. 3.9). Bleiben die quantitativen und qualitativen Stränge unverbunden, so liegen Einzelstudien vor, die nicht als Mixed-Methods-Studie klassifiziert werden sollten. Als Mixed-Methods-Forschung werden dagegen Studien bezeichnet, die unterschiedliche qualitative und quantitative Forschungszugänge (z. B. Erhebungsmethoden, Stichproben-/Fallgewinnung, Datenanalyse) innerhalb eines Rahmens verbinden. In diesem Band nehmen wir folglich ein Verständnis von Mixed Methods ein, wie es Kuckartz (2014) in seiner Definition zusammenfasst (siehe auch Mejeh und Hagenauer 2022).

So würde man z. B. eine Studie, die sich das Ziel setzt, die Qualität des Dialogs im Unterricht mit Hilfe einer standardisierten Videobeobachtung und vertiefenden Leitfadeninterviews mit Schülerinnen und Schülern und Lehrkräften zu erforschen, als Mixed-Methods-Studie beschreiben, da qualitative und quantitative Zugänge verbunden werden. Hinzukommen muss jedoch auch, dass diese beiden Zugänge sinnvoll und gewinnbringend miteinander verbunden werden (z. B. in der abschließenden Ergebnisinterpretation oder in der Auswahl der Teilnehmenden für die Interviewstudie; „Mixing"/Integration) und dass eine adäquate Zielsetzung für den Mixed-Methods-Zugang formuliert wird. In diesem Beispiel könnte diese darin liegen, ein umfassenderes Bild über den Unterrichtsdialog durch die Nutzung der Komplementarität der methodischen Zugänge zu gewinnen, indem die Außenperspektive (Beobachtung) und die Innenperspektive (Interviews) auf den Forschungsgegenstand verbunden werden.

Tab. 3.1 Auswahl an Definitionen zu Mixed Methods im Überblick. (Eigene Darstellung)

Mixed method inquiry is an approach to investigating the social world that ideally involves more than one methodological tradition and thus more than one way of knowing, along with more than one kind of technique for gathering, analyzing, and representing human phenomena, all for the purpose of better understanding.	Jennifer Greene in Johnson et al. (2007, S. 119)
I see mixed methods research as an approach to research in the social, behavioral, and health sciences in which the investigator gathers both quantitative (closed-ended) and qualitative (open-ended) data, integrates the two, and then draws interpretations based on the combined strengths of both sets of data to understand research problems.	Creswell (2015a, S. 2)
Mixed methods research is the type of research in which a researcher or team of researchers combines elements of qualitative and quantitative research approaches (e.g., use of qualitative and quantitative viewpoints, data collection, analysis, inference techniques) for the broad purposes of breadth and depth of understanding and corroboration.	Johnson et al. (2007, S. 123)
Unter Mixed Methods wird die Kombination und Integration von qualitativen und quantitativen Methoden im Rahmen eines Forschungsprojekts verstanden. Es handelt sich also um eine Forschung, in der die Forschenden im Rahmen ein- oder mehrphasig angelegter Designs sowohl qualitative als auch quantitative Daten sammeln. Die Integration beider Methodenstränge, d. h. von Daten, Ergebnissen und Schlussfolgerungen, erfolgt je nach Design in der Schlussphase des Forschungsprojekts oder bereits in früheren Projektphasen.	Kuckartz (2014, S. 33)
Mixed method research is „a systematic approach to data collection and analysis that combines different sources of data and quantitative and qualitative analytical procedures with the intention to engage multiple perspectives in order to more fully understand complex social phenomenon".	Creamer (2022, S. 7)
Mixed methods research refers to the integrated use of qualitative and quantitative approaches in a sustained program of inquiry with due consideration of philosophical, methodological, and approaches in practice.	Fetters (2020, S. 2)

Die Prämisse, dass Mixed-Methods-Ansätze sich sowohl des qualitativen als auch des quantitativen Forschungsparadigmas bedienen, grenzt sie auch von Multi-Methods-Ansätzen ab. In Multi-Methods-Zugängen werden ebenfalls verschiedene Methoden angewandt, allerdings innerhalb eines Forschungsparadigmas (Creswell 2015a; Schoonenboom und Johnson 2017)[1]. Forscher:innen wenden z. B. mehrere quantitative Methoden (z. B. Tests und standardisierte Beobachtungen) oder mehrere qualitative Methoden an (z. B. ethnografische Beobachtungen und qualitative Interviews), um ein Thema zu erforschen. Würden im vorhin genannten Beispiel zum Forschungsgegenstand „Qualität des Unterrichtsdialogs" z. B. qualitative Beobachtungen mit qualitativen Interviews verknüpft werden, so würde eine Multi-Methods-Studie vorliegen, da beide Zugänge dem qualitativen Forschungsparadigma folgen. Auch hier gilt natürlich, dass die Methodenkombination begründet sein muss („rationale") und eine Integration erfolgt. Creamer (2022, S. 2) versteht unter „multi method research" den Einbezug mehrerer Datenquellen und Methoden, die allerdings nicht substantiell verbunden werden. Dieses Verständnis von Multi Methods verfolgen wir nicht in diesem Band.

Zu betonen ist ebenso, dass Mixed Methods nicht mit dem im deutschsprachigen Raum sehr prominenten Konzept der „Triangulation" (Flick 2011, 2020) gleichgesetzt werden sollte. Triangulation bedeutet, dass verschiedene Perspektiven auf den Forschungsgegenstand zur Beantwortung der Forschungsfragen gerichtet sind (Flick 2020, S. 189). Dabei können neben Methoden und Daten auch Theorien und Forscher:innen-Perspektiven trianguliert werden (Denzin 1978; Flick 2007). Die Triangulation von Methoden muss folglich nicht zwingend einen Mixed-Methods-Ansatz darstellen, sondern kann auch einem Multi-Methods-Ansatz entsprechen. Beruft man sich auf das Konzept der Triangulation im Zuge von Mixed-Methods-Ansätzen, so erscheint die Unterscheidung von Denzin (1978) zwischen „within methods triangulation" und „between methods triangulation" sinnvoll. Während die „within methods triangulation" sich

---

[1] Nicht alle Autorinnen und Autoren stützen diese Unterscheidung zwischen Mixed Methods und Multi Methods bzw. Multiple Methods. Morse (2015) beispielsweise bezeichnet als Multiple-Methods-Studie all jene Studien, bei denen zwei Ansätze gleichgewichtet durchgeführt werden. Sie argumentiert, dass in einem Mixed-Methods-Projekt immer ein Zugang im Vordergrund steht, und der zweite Zugang diesen Zugang stützt: „The supplemental component is used to enhance the description of the core component. The components cannnot be equally weighted" (S. 219).

3.1 Definition von Mixed Methods

auf die Verwendung mehrerer Zugänge innerhalb des qualitativen oder quantitativen Paradigmas bezieht, greift die „between methods triangulation" die Idee auf, einen Gegenstand sowohl mittels qualitativer als auch quantitativer Ansätze zu erforschen, und entspricht somit dem Mixed-Methods-Gedanken (siehe auch Kuckartz 2014 für eine vertiefte Diskussion des Verhältnisses von Mixed Methods und Triangulation, S. 44–50; Flick 2020).

Abschließend sei an dieser Stelle betont, dass die Unterscheidung qualitative versus quantitative Forschung und die damit einhergehenden Dichotomisierungen spezifischer Charakteristika von vielen Forschenden kritisch hinterfragt werden. So wird der qualitativen Forschung beispielsweise häufig ein induktiver Zugang und der quantitativen Forschung ein deduktiver Zugang zugeschrieben. Eine weitere Dichotomisierung betrifft die Qualität des Forschungsprozesses: Während der Forschungsprozess in einem quantitativen Zugang linear wäre, wäre dieser in einem qualitativen Zugang zirkulär. Ebenso wird regelmäßig argumentiert, dass lediglich im Zuge der quantitativen Forschung eine Generalisierung der Ergebnisse erreicht werden könne (auf Basis statistischer Hypothesentests), dies jedoch kein Ziel der qualitativen Forschung sei bzw. sein könne (z. B. auf Basis geringer Fallzahlen und der hohen Subjektivität der Forschung). Diese Dichotomisierungen, die sich im direkten Vergleich qualitative versus quantitative Forschungszugänge in der Literatur ausmachen lassen (siehe z. B. Schnapp et al. 2006), sind jedoch bei genauerer Betrachtung nicht haltbar. So gibt es auch qualitative Forschungszugänge, die sich an einer eher linearen Forschungslogik orientieren, während sich eine Zirkularität auch in quantitativen Datenanalysen beobachten lässt. Auch die Deduktion ist nicht ausschließlich der quantitativen Forschung und die Induktion der qualitativen Forschung zuordenbar (usw.). Kritische Diskussionen zu dieser Thematik für das Feld der Bildungsforschung findet man beispielsweise bei Baur (2019) oder Ercikan und Roth (2006). Des Weiteren beschäftigt sich Allwood (2012) kritisch mit der Kontrastierung von qualitativer und quantitativer Forschung und zeigt auf, wie groß die Heterogenität innerhalb qualitativer Forschungsansätze, bezogen auf die Epistemologie oder die Generalisierbarkeit der Befunde etc., ist. Onwuegbuzie und Leech (2005) plädieren für eine Offenheit für qualitative und quantitative Ansätze in der Hochschullehre und in der Ausbildung von Promovierenden, die sich *nicht* auf diese übersimplifizierten Dichotomien stützt.

In diesem Band, der sich als Einführung in die Mixed-Methods-Forschung im Feld der Bildungsforschung versteht, halten wir an der Unterscheidung qualitative und quantitative Forschungszugänge fest, da sich Mixed-Methods-Ansätze als die Verbindung von qualitativen und quantitativen Zugängen innerhalb eines Forschungsprojekts verstehen. Allerdings gilt es zu betonen, dass sich sowohl qualitative als auch quantitative Zugänge auf einem Kontinuum zwischen „low-level inference" (z. B. hohe Kontextabhängigkeit) und „high-level inference" (hohe Standardisierung, hohe Allgemeingültigkeit) bewegen können (siehe Ercikan und Roth 2006) und sich in einem solchen Verständnis klare Dichotomisierungen verschiedener Merkmale qualitativer und quantitativer Forschung (z.B linearer versus zirkulärer Forschungsprozess; Baur 2019) nicht ableiten lassen.

> **Zusammenfassung**
>
> Mixed-Methods-Studien zeichnen sich dadurch aus, dass sie sowohl qualitative als auch quantitative Forschungszugänge vereinen. Es ist zentral, dass diese Zugänge zusammengeführt werden, dass folglich eine Integration/ ein „Mixing" stattfindet (siehe Abschn. 3.9). Multi-Methods-Studien grenzen sich von Ansätzen insofern ab, als in Multi-Methods-Studien mehrere methodische Zugänge innerhalb eines Forschungsparadigmas (qualitativ oder quantitativ) gewählt werden. Mixed Methods sollte nicht mit dem Begriff der „Triangulation" gleichgesetzt werden.◄

3.2 Wissenschaftstheoretische Grundlagen

> **Lernziele**
>
> **Sie können**
>
> - zentrale wissenschaftstheoretische Positionen der Mixed-Methods-Strömung benennen,
> - die Bedeutung der wissenschaftstheoretischen Grundlagen für Forschungsprojekte verstehen,
> - die zentralen Fragen, die es in Paradigmen im Hinblick auf Ontologie, Epistemologie, Methodologie, Ätiologie und Rhetorik zu reflektieren gibt, benennen und erläutern.◄

Wird eine Forschungsarbeit geplant, so ist das nicht ohne wissenschaftstheoretische Grundannahmen möglich. Es müssen Fragen über unser Verständnis der Wirklichkeit bzw. der Welt beantwortet werden *(Ontologie)*, woran sich die

3.2 Wissenschaftstheoretische Grundlagen

Frage anschließt, wie man diese Wirklichkeit am besten wissenschaftlich erforschen kann *(Epistemologie)*. In der Bildungspolitik beispielsweise wird häufig auf „große" Zahlen vertraut, die auf Basis von kontrollierten und standardisierten Messungen gewonnen wurden. Das heißt, in bildungspolitische Entscheidungen gehen eher Ergebnisse ein, die auf großen (repräsentativen) nationalen und internationalen Studien beruhen (z. B. PISA; Überprüfung von Bildungsstandards). Dahinter verbirgt sich ein wissenschaftstheoretisches Verständnis, das dem Postpositivismus zuzuordnen ist: Es wird von einer (einzigen) Wirklichkeit ausgegangen, die man mit entsprechenden Forschungsansätzen (relativ) objektiv (d. h. mit wenigen Fehlern) messen kann. Befragt man eine ausreichend große Gruppe, die eine Repräsentation der Grundgesamtheit darstellt, so ist es diesem Grundverständnis nach möglich, (Wahrscheinlichkeits-)Aussagen für die Grundgesamtheit (z. B. alle 15-jährigen Schüler:innen in Deutschland) zu treffen.

Nicht alle Forschenden würden diesem Wissenschaftsverständnis zustimmen. Eine Gegenposition wäre die Annahme multipler Wirklichkeiten, die es zu rekonstruieren gelte. Im Vordergrund steht die individuelle Sichtweise von Subjekten, die in einen soziokulturellen und historischen Kontext eingeordnet ist. Um diese subjektiven Sichtweisen zu erforschen, nutzen Bildungsforscher:innen den intensiven Kontakt mit diesen Fällen. Eine „standardisierte" Forschungsmethodik wird abgelehnt, da nach diesem Wissenschaftsverständnis eine „objektive" Forschung (d. h. eine von der Forscherin bzw. vom Forscher unabhängige Erkenntnisgewinnung) nicht möglich und auch nicht sinnvoll ist. Dieser Ansatz entspräche der wissenschaftstheoretischen Positionierung des Konstruktivismus. Üblicherweise wird der Postpositivismus eher dem quantitativen und der Konstruktivismus dem qualitativen Zugang zugeordnet (siehe z. B. Creswell und Plano Clark 2018; Säljö, 2021).

„Paradigmen" – oder der im angloamerikanischen Raum häufig benutzte Begriff der „worldviews" (Creswell und Plano Clark 2018, S. 35) – beschreiben die zentralen geteilten Grundannahmen und Werte, die im Hinblick auf die Ontologie, die Epistemologie, die Methodologie und die Axiologie als gültig betrachtet werden. Coates (2021) hält fest: „The idea that philosophical assumptions underlie every decision within the research process has arguably become common-sense" (S. 172).

- Die *Ontologie* beschreibt unser Verständnis und unsere Überzeugungen über die Wirklichkeit/Realität: Gibt es die „eine" Wirklichkeit oder existieren „multiple" Realitäten? Biesta spricht in diesem Zusammenhang auch von einer *mechanistischen* und einer *sozialen* Ontologie: „Whereas the first would approach the system in deterministic terms, that is, as a system in which there are causes and effects and deterministic connections between the two, the second would see the world as a world of meaning and interpretation" (Biesta 2010, S. 102). Typischerweise wird das erste Verständnis eher mit der quantitativen Forschung in Verbindung gebracht, während das zweite eher mit der qualitativen Forschung assoziiert ist.

- Die *Epistemologie* befasst sich mit der Frage, was wir wissen können und wie wir zur Erkenntnis gelangen, und definiert das Verhältnis zwischen Forscher:in und Forschungsgegenstand: Ist Erkenntnis „objektiv" möglich? Oder ist Erkenntnis durch die subjektive Konstruktion von Wirklichkeit nur dadurch möglich, dass man die Distanz zu den Forschungssubjekten reduziert?
- Die *Methodologie* beschreibt und definiert die Methoden, die für den Erkenntnisgewinn anzuwenden sind (z. B. die Art und Weise, wie Daten erhoben werden, wie Stichproben/Fälle gewonnen werden, wie sich der Forscher bzw. die Forscherin im Forschungsprozess verhält). Sie ergibt sich aus den ontologischen und epistemologischen Grundannahmen.
- Die *Axiologie* befasst sich mit den ethischen Grundlagen und den Werten, die an die Forschung geknüpft sind, und beantwortet beispielsweise Fragen, inwieweit die Unabhängigkeit des Forschers/der Forscherin im Prozess ein zentraler Wert ist, wodurch sich unterschiedliche Gütekriterien ergeben (z. B. Fetters 2020). Auch diese werden von der Ontologie und Epistemologie beeinflusst und liefern selbst wiederum wesentliche Informationen für die Methodologie.
- Fetters (2020) und auch Creswell und Plano Clark (2018) schlagen zudem vor, auch die *Rhetorik* in die Beschreibung von Paradigmen einzubeziehen, also die Frage, wie Studien und deren Ergebnisse berichtet werden (formalisierte/standardisierte Sprache: Dies wird eher dem quantitativen Paradigma zugeschrieben; offene/personalisierte Schreibweise: Dies wird eher dem qualitativen Paradigma zugeschrieben).

Jeder wissenschaftstheoretische Ansatz beantwortet diese vier Aspekte unterschiedlich. Es existieren zahlreiche Überblickstabellen oder narrative Beschreibungen, die verschiedene Paradigmen und ihre Grundannahmen über Ontologie, Epistemologie, Methodologie, Axiologie (und Rhetorik) zusammenfassend darstellen (z. B. Creswell und Plano Clark 2018, S. 38; Fetters 2020, S. 33–38; Schoonenboom 2019a, S. 296 f.).

3.2 Wissenschaftstheoretische Grundlagen

Lange Zeit herrschte auf Basis der wissenschaftstheoretischen Positionen die „Inkompatibilitätsthese" vor: die Überzeugung, dass quantitative und qualitative Forschungszugänge aufgrund inkompatibler „worldviews" nicht vereinbar wären (im Detail dazu Bergman 2009). Diese „Inkompatibilitätsthese" wird von Vertreterinnen und Vertretern des Mixed-Methods-Ansatzes nicht unterstützt. Auch diese stellen sich die Fragen nach den wissenschaftstheoretischen Grundlagen, deren Antworten in der Folge für die Umsetzung der Mixed-Methods-Forschungsprojekte tragend sind. In zahlreichen Publikationen wird der Mixed-Methods-Ansatz daher neben dem qualitativen und quantitativen Paradigma als „drittes" Paradigma bezeichnet (z. B. Johnson und Onwuegbuzie 2004; für eine kritische und differenzierte Diskussion des Begriffs „Paradigma", siehe z. B. Biesta 2010; Ghiara 2020). Während – wie einleitend erwähnt – qualitative Forschung häufig mit dem Konstruktivismus und quantitative Forschung mit dem Postpositivismus in Verbindung gebracht wird, ist die wissenschaftstheoretische respektive philosophische Fundierung der Mixed-Methods-Ansätze deutlich unklarer, wobei verschiedene Ansätze koexistieren (Fetters 2020; Ghiara 2020).

Mixed-Methods-Projekte werden häufig in drei Kategorien eingeordnet:

1. aparadigmatisch,
2. Vorherrschen eines Paradigmas,
3. Kombination mehrerer Paradigmen (siehe auch Teddlie und Tashakkori 2003).

„Aparadigmatisch" bedeutet, dass sich die Forschenden keinem Paradigma verschreiben und im Grunde davon ausgehen, dass die wissenschaftstheoretischen Grundlagen unabhängig von den verwendeten Methoden zu betrachten sind. Es werden jene Methoden angewandt, die für die jeweilige Forschungsfrage am passendsten erscheinen, ohne explizite wissenschaftstheoretische Überlegungen anzustellen (Teddlie und Tashakkori 2003).

Der *Pragmatismus* ist die wissenschaftstheoretische Grundlage, die in Mixed-Methods-Arbeiten der Bildungsforschung („education") am häufigsten angeführt wird (Coates 2021). Er ist ein eigenständiges, oft im Zuge von Mixed-Methods-Forschung postuliertes Paradigma (oder ein „worldview"). Hierbei ist zu erwähnen, dass es nicht „den" Pragmatismus an sich gibt, sondern sich dieser je nach Vertreter:in in wesentlichen Grundannahmen durchaus unterscheiden kann. Ein sehr bekannter Vertreter des Pragmatismus war beispielsweise John Dewey (1922; für eine Diskussion der wissenschaftstheoretischen Ideen von John Dewey siehe Biesta 2010), der auch im Feld der Bildungsforschung sehr prominent ist.

Im Pragmatismus wird die „Inkompatibilitätsthese" abgelehnt. Stattdessen wird argumentiert, dass es wünschenswert sei, qualitative und quantitative Ansätze zu verbinden, da diese komplementär seien und folglich auf objektives *und* subjektives Wissen zu setzen sei. Entsprechend dem Pragmatismus gibt es keine bevorzugte Wissensform, vielmehr ergebe sich das Wissen aus dem Zugang, den wir wählen (Biesta 2010). Zudem setzt der Pragmatismus die Forschungsfrage und die Konsequenzen der Forschung ins Zentrum des Interesses (z. B. Teddlie und Tashakkori 2003; für eine ausführliche Diskussion siehe Morgan 2007).

Neben dem Pragmatismus wird auch das *Transformative Paradigma* (z. B. Mertens 2007 2009) als philosophische Grundlage von Mixed Methods angeführt und diskutiert, das insbesondere bei Forschungsfragen zur Anwendung kommt, die sich mit gesellschaftlichen Themen befassen, wie z. B. Gerechtigkeit und Demokratie. Teddlie und Tashakkori halten fest: „The paradigm places central importance on the experiences of individuals who suffer from discrimination or oppression" (S. 21). In diesem Forschungszugang wird explizit das Ziel verfolgt, diese Diskriminierung zu reduzieren (siehe Axiologie).

Für die Kombination verschiedener Paradigmen stellt der *dialektische Pluralismus,* der von Johnson (2017) als Metaparadigma vorgestellt wird, ein sehr prominentes Beispiel dar (Vorläufer davon z. B. Greene 2007). Er findet nach Johnson (2017) vor allem bei Designs Anwendung, bei denen die qualitativen und quantitativen Stränge gleichgewichtet sind. Im dialektischen Pluralismus wird davon ausgegangen, dass die Realität pluralistisch sei (Ontologie). Im Hinblick auf Epistemologie, Methodologie und Axiologie liegt ein dialektisches Verständnis zugrunde; d. h., bei der dialektischen Position werden verschiedene Paradigmen wertgeschätzt, und es wird versucht, diese „dialektisch" aufeinander zu beziehen. Creswell und Plano Clark (2018) fassen zusammen:

> These contradictions, tensions, and oppositions reflect different ways of knowing about and valuing the social world, which can contribute to new and different insights. This stance emphasizes using multiple worldviews (e.g., constructivism and postpositivism) in a dialogue during the study instead of using a single worldview, such as pragmatism. (S. 41)

Ein solcher Dialog kann dabei helfen, den Mono-Method-Studien impliziten „Reduktionismus nach oben" und „Reduktionismus nach unten" (Lehtinen 2012) zu minimieren.

3.2 Wissenschaftstheoretische Grundlagen

Angelehnt an die Grundannahmen des dialektischen Pluralismus, stellte kürzlich Schoonenboom (2019a) das *Performative Paradigma* als weitere mögliche philosophische Grundlage von Mixed Methods vor. In diesem Ansatz werden eine Ontologie und Epistemologie zugrunde gelegt, die dem dialektischen Pluralismus entspricht. Im Zentrum steht das Konzept der „mangles of practice" (Pickering 1995), durch das Objektivität als zentrales Ziel von Forschung erreicht werden kann (bis sich die Realität erneut verändert). Nach Schoonenboom (2019a) sind "mangles" „rounds of feedback, in which the researcher listens to the created world's feedback and adapts his or her research models accordingly" (S. 295). Das dialogische Element im Forschungsprozess wird betont (für einen Überblick über wissenschaftstheoretische Grundlagen siehe Fetters 2020, Kap. 4).

Für Forscher:innen in der empirischen Bildungsforschung, die Mixed-Methods-Projekte konzipieren und durchführen, ist es wesentlich, ein grundlegendes Verständnis dieser verschiedenen wissenschaftstheoretischen Ansätze zu erwerben. Zudem ist es unabdingbar, Bildung, Erziehung, Sozialisation und Lernen als grundlegende Phänomene der Bildungsforschung zu verstehen, die als komplexe Phänomene zu begreifen sind und entsprechend theoretisch unterschiedlich konzeptionalisiert und definiert werden (z. B. Lehtinen 2012; Säljö 2021). Die grundlegenden wissenschaftstheoretischen und theoretischen Annahmen, die eine Forscherin bzw. ein Forscher hat, stellen die Basis für alle darauffolgenden methodischen Entscheidungen dar (Creswell und Plano Clark 2018, S. 35 f.). Vor der Anwendung eines Mixed-Methods-Projekts sollte folglich der eigene „worldview" reflektiert werden, da diese Einstellungen die wesentlichen Projektentscheidungen mitbestimmen (für konkrete Übungen hierzu siehe Fetters 2020, Kap. 4). Diese wissenschaftstheoretischen Positionierungen werden in empirischen Mixed-Methods-Arbeiten im Bereich „education" bisher eher selten expliziert (Coates 2021).

Eine Ausnahme stellt die Studie von Haynes-Brown (2022) dar, in der die Forscherin die Überzeugungen von Lehrpersonen zum Einsatz von Technologie im Unterricht untersuchte. Basierend auf einem theoretischen Modell wurden die Zusammenhänge zwischen den technologischen und den pädagogischen Überzeugungen sowie dem Einsatz von Technologien im Unterricht zuerst quantitativ getestet. Da die Varianzaufklärung des Modells nicht sehr hoch war und sich zudem unerwartete Befunde ergaben, entschloss sich die Autorin, eine qualitative Studie (Beobachtung und Interviews basierend auf den Beobachtungen) vertiefend anzuschließen (explanatives sequentielles Design, siehe Abschn. 3.5). Die Autorin legt offen, dass ihr wissenschaftstheoretisches Verständnis im Mixed-Methods-Projekt auf dem Postpositivismus gründet. Sie hält fest:

I align my perspective of developing and implementing the theoretical model of this study with a postpositivist stance. […] Post-positivism is often associated with quantitative approaches owing to its claim that knowledge is based on cause and effect thinking, narrow selection of variables, empirical observation and measurement, and theory verification […]. Post-positivism also acknowledges the increased use of qualitative methods as a means of collecting more situational information. (Haynes-Brown 2022, S. 16)

> **Zusammenfassung**
>
> Nicht nur mit quantitativen oder qualitativen Ansätzen, sondern auch mit Mixed-Methods-Ansätzen, wird nach den wissenschaftstheoretischen/ philosophischen Grundannahmen gefragt, die in die Bereiche Ontologie, Epistemologie, Methodologie, Ätiologie (und Rhetorik) untergliedert werden können. Es existieren zahlreiche Philosophien oder „Paradigmen", die für die Mixed-Methods-Forschung angewandt werden könnten. In der Bildungsforschung wurde bisher der Pragmatismus am häufigsten rezipiert. Wissenschaftstheoretische Grundannahmen sollten in jedem Forschungsprojekt reflektiert werden, da sie neben den theoretischen Überlegungen alle methodischen Entscheidungen des Projekts bestimmen. ◄

3.3 Mixed-Methods-Forschungsfragen

> **Lernziele**
>
> **Sie können**
>
> - qualitative, quantitative und integrative Mixed-Methods-Forschungsfragen formulieren,
> - die Bedeutung von Forschungsfragen für den Mixed-Methods-Forschungsprozess und die Integrationsleistung verstehen. ◄

Die Ausgangslage einer jeden Forschungsfrage stellt ein theoretisches und/ oder praktisches Problem dar (für eine umfassende Darstellung siehe Teddlie und Tashakkori 2009, Kapitel 6). Ein solches Problem könnte beispielsweise die Lesekompetenz der Schüler:innen sein. Die PISA-Studie – als eine der großen Studien

3.3 Mixed-Methods-Forschungsfragen

der international vergleichenden Bildungsforschung – stellte wiederholt fest, dass viele Schüler:innen der Leserisikogruppe zuzuordnen sind; also nur unzureichend sinnzusammenhängend lesen können (OECD 2019b). Daraus könnte das Anliegen resultieren, die Lesekompetenz bereits in der Grundschule weitergehend zu fördern und ein theoretisch fundiertes Lesekompetenztraining bezogen auf dessen Wirksamkeit zu überprüfen (= Zielsetzung, engl.: purpose der Studie). Die konkrete Forschungsfrage könnte also lauten: Verbessert sich die Lesekompetenz von Grundschülerinnen und Grundschülern durch das Lesekompetenztraining? Nach Plano Clark und Badiee (2010) bilden Forschungsfragen somit immer eine Teilmenge der Zielsetzung, während diese wiederum die Schnittmenge eines übergeordneten Themas darstellen.

Wie könnte diese Forschungsfrage nun überprüft werden? Dazu gäbe es natürlich mehrere Möglichkeiten. Ein häufig eingesetzter methodischer Zugang wäre die Durchführung einer quasi-experimentellen Interventionsstudie, in welcher die Kinder in der Experimentalgruppe und in der Kontrollgruppe vor und nach der Intervention im Hinblick auf ihre Lesekompetenz getestet werden. Die Kinder in der Experimentalgruppe erhalten ein spezifisches Lesetraining; die Kinder in der Kontrollgruppe nehmen nicht an diesem Lesetraining teil. Das Design heißt *quasi-experimentell,* weil keine zufällige (d. h. randomisierte) Zuordnung der Kinder in die Experimental- und Kontrollgruppe erfolgt, sondern mit natürlichen Gruppen/Klassen gearbeitet wird. Das heißt, ganze Schulklassen nehmen am Lesetraining teil (= Experimentalgruppe) oder nicht (= Kontrollgruppe) (zur Erklärung von quasi-experimentellen Designs siehe Stein 2014). Die formulierte Forschungsfrage, die der „Wirkung" des Lesekompetenztrainings nachgeht, ist folglich dem quantitativen Forschungsparadigma zuzuordnen. In diesem Fall wäre es (noch) nicht angebracht, sich eines Mixed-Methods-Ansatzes zu bedienen, da die Forschungsfrage klar quantitativ ausgerichtet ist. Gehen wir nun aber weiter davon aus, dass es außerdem interessiert, wie die Kinder die Intervention erleben (z. B. welche Elemente ihnen Freude bereiten und welche nicht). Die daraus resultierende Forschungsfrage könnte also sein: Wie erleben die Kinder das Lesekompetenztraining? Hier kommt ein weiterer Aspekt ins Spiel, den man beispielsweise durch den Einsatz von qualitativen Interviews überprüfen könnte. Durch den Erlebensaspekts wird die Prozessperspektive berücksichtigt; es geht also nicht mehr nur um die reine Wirkungsfrage, sondern um das individuelle Erleben der Intervention durch den/die Schüler:in.

Bringt man diese beiden Fragestellungen nun zusammen, so könnte die übergreifende Fragestellung sein: Kann die Lesekompetenz der Schüler:innen durch das Lesekompetenztraining verbessert werden und welche Elemente werden dabei von den Schülerinnen und Schülern besonders positiv oder negativ erlebt? Diese Forschungsfrage würde nun einen Mixed-Methods-Ansatz nahelegen, da quantitative und qualitative Elemente der Intervention (quantitativ = Leistungseffekt; qualitativ = subjektives Erleben der Interventionselemente) untersucht werden. In diesem Beispiel würde die Komplementarität der Zugänge zu einem besseren Verständnis der Intervention führen, indem zum einen kausale Beziehungen getestet werden sowie das Prozessverständnis erhöht wird (siehe auch Abschn. 3.4: Zielsetzungen).

Aus diesem Beispiel sollte Folgendes hervorgehen: Die Begründung, ob ein Mixed-Methods-Ansatz angemessen ist, wird durch die Zielsetzung/die Forschungsfrage(n) der jeweiligen Studie bestimmt (Plano Clark und Badiee 2010). Eine Methodenkombination stellt nicht den besseren respektive qualitativ hochwertigeren Forschungszugang per se dar (Bergman 2009), vielmehr gilt es, die Kombination von verschiedenen methodischen Zugängen mit Rückbezug zur Zielsetzung/zu den Forschungsfragen zu begründen (siehe z. B. die Ausführungen von Patry, 2008 zum Kritischen Multiplizismus oder Tashakkori und Creswell 2007 zu Mixed-Methods-Fragestellungen). In diesem Zusammenhang sollte auch bedacht werden, dass Forschungsarbeiten, die sich mehrerer Methoden bedienen, auch höhere Ressourcen und Kompetenzen benötigen (Lund 2012).

Was charakterisiert eine Mixed-Methods-Forschungsfrage? Creswell (2009) unterscheidet hier zwei Formen:

1. *Formulierung einer integrierten Forschungsfrage:* Eine integrierte Forschungsfrage enthält sowohl qualitative und quantitative Elemente. Sie wird im Anschluss durch spezifische quantitative und qualitative Subfragestellungen weiter spezifiziert.
2. *Formulierung von eigenständigen qualitativen und quantitativen Forschungsfragen:* Formulierung einer *verbindenden und integrativen Mixed-Methods-Frage*, welche die Integration weiter spezifiziert (z. B. Wie tragen die qualitativen Ergebnisse dazu bei, die quantitativen Zusammenhänge vertiefter zu verstehen?)

Bei diesen beiden Möglichkeiten ist zentral, dass die Integrationsleistung bereits bei der Forschungsfrage mitbedacht wird. Ansonsten besteht die Gefahr, dass die Teilstränge der qualitativen und quantitativen Teilstudien nicht oder nur lose

3.3 Mixed-Methods-Forschungsfragen

verbunden werden, womit im Endeffekt die für Mixed-Methods-Studien notwendige Integration/das „Mixing" fehlen würde. Bei sequentiellen Designs (siehe Abschn. 3.5) können Forschungsfragen zum Teil auch erst im Prozess der Studie entwickelt werden, wenn z. B. das Ziel darin besteht, unerwarteten Befunden der quantitativen Studie durch eine darauffolgende vertiefende qualitative Studie weiter nachzugehen (siehe auch Teddlie und Tashakkori 2009, sowie Tashakkori und Creswell 2007).

Im Folgenden zeigen wir drei Beispiele aus Studien der empirischen Bildungsforschung und deren Umgang mit Mixed-Methods-Forschungsfragen auf, um zu illustrieren, welche unterschiedlichen Zugangsweisen zur Formulierung von Forschungsfragen in Mixed-Methods-Studien angewandt werden.

Studie 1: Bildung für nachhaltige Entwicklung in der Lehrer:innenbildung
Brandt et al. (2019) untersuchten die Entwicklung von Lehramtsstudierenden in Deutschland während zweier Module an der Universität im Hinblick auf deren Kompetenzentwicklung im Bereich „Bildung für nachhaltige Entwicklung". Sie formulierten drei Forschungsfragen bzw. Aspekte, die sie mit ihren Forschungsfragen adressierten:

Forschungsfrage 1: What do students bring to the two courses under investigation (i.e. relevant non-cognitive dispositions)? [Welche individuellen Voraussetzungen bringen die Studierenden in die Lehrveranstaltungen mit, z. B. bezogen auf ihre nicht-kognitiven Dispositionen?]

Forschungsfrage 2: What do students learn in the two courses under investigation (or more specifically, what impact do the two modules have on students' abilities, knowledge and attitudes)? [Was lernen die Studierenden in den zwei Lehrveranstaltungen oder spezifischer, welchen Einfluss haben die zwei Module auf die Fähigkeiten, das Wissen und die Überzeugungen der Studierenden?]

Forschungsfrage 3: How do students perceive their learning process in connection with their learning outcomes? [Wie nehmen Studierende den Lernprozess in Verbindung mit den Lernergebnissen wahr?] (Brandt et al. 2019, S. 633).

Während die ersten beiden Fragen die quantitativen Forschungsfragen abbilden und unter dem Einsatz von Fragebögen und Tests untersucht wurden, stellt die dritte Frage die qualitative Forschungsfrage dar, in der es darum geht, Wissen über die subjektiven Erfahrungen, die die Studierenden im Lernprozess gemacht haben, zu generieren. Diese Fragestellung wurde durch begleitende Gruppendiskussionen und individuelle schriftliche Reflexionen von Studierenden überprüft. Eine integrative Mixed-Methods-Fragestellung wurde nicht explizit formuliert, geht jedoch implizit aus dem Design hervor. Eine Möglichkeit für eine integrative Fragestellung wäre z. B.: Wie können die qualitativen Daten dazu beitragen, das

Lernen und Erleben der Studierenden in den beiden Modulen und folglich auch die Prozesse, die zur „Interventionswirkung" geführt haben, besser zu verstehen?

Studie 2: Digitalisierung in der Lehrer:innenbildung
Ebenso im Kontext der Lehrer:innenbildung – spezifisch im Zusammenhang mit der Ausbildung künftiger Sportlehrer:innen – ist die Studie von Calderon et al. (2020; Spanien) zu verorten. Sie nimmt sich dem Thema Digitalisierung in der Lehrer:innenbildung an und stellt die Frage, ob durch den Einsatz digitaler Technologie, die aktives Lernen fördert, positive Effekte (z. B. im Hinblick auf die intrinsische Motivation und Leistung) zu erreichen sind. Ähnlich wie in der Studie von Brandt et al. (2019) formulieren die Autorinnen und Autoren mehrere Fragestellungen, abweichend davon wird manchen dieser Fragen jedoch qualitativ und quantitativ nachgegangen.

Aus den vier formulierten Fragestellungen greifen wir an dieser Stelle zwei heraus, die von den Autorinnen und Autoren in einer Überblickstabelle direkt mit den Datenerhebungsmethoden und der Datenanalyse verknüpft werden:

Forschungsfrage 1: What is the relationship between the student-centred digital technology approach and the pre-service teachers' intrinsic motivation? [Wie hängt der studierendenorientierte Einsatz digitaler Technologien mit der intrinsischen Motivation von Lehramtsstudierenden zusammen?]

Datenerhebungsmethoden: Fragebogen zur Evaluation der Aufgaben (QUAN), Tweets von Studierenden (QUAL), Blogeinträge von Studierenden (QUAL)

Datenanalyse: Deskriptive Statistiken, Multivariate Varianzanalyse (MANOVA) und Effektstärke (Eta^2); Thematisches Kodieren

Forschungsfrage 2: What is the relationship between the student-centred digital technology approach and the pre-service teachers' academic achievement? [Wie hängt der studierendenorientierte Einsatz digitaler Technologien mit der Leistung von Lehramtsstudierenden zusammen?]

Datenerhebungsmethoden: Abschlussprüfung (für beide Stichproben – aktivierend und nicht-aktivierend) (QUAN), Tweets von Studierenden (QUAL), Blogeinträge von Studierenden (QUAL)

Datenanalyse: Deskriptive Statistiken, Multivariate Varianzanalyse (MANOVA) und Effektstärke (Eta^2); Thematisches Kodieren (siehe Calderon et al. 2020, S. 249).

3.3 Mixed-Methods-Forschungsfragen

Diese Integrationsleistung, die bereits bei den Fragestellungen und in der Beschreibung der Methodik erbracht wurde, kommt auch im Ergebnisteil zum Ausdruck, in dem quantitative und qualitative Ergebnisse einer Forschungsfrage integriert dargestellt werden. Bezogen auf die Forschungsfrage 2 „Zusammenhang von technologieunterstützter Lehr-Lern-Umgebung und Leistung" zeigen die Ergebnisse beispielsweise eine höhere Leistung derjenigen Studierenden, die in dieser spezifischen Lernumgebung lernen, gegenüber einer Gruppe, bei der diese Elemente nicht eingesetzt werden (QUAN). Die Studierenden begründen ihren Lernzuwachs mit den spezifischen Lernaktivitäten, die gesetzt wurden, mit dem Einsatz eines Self-Assessments und dem regelmäßigen Feedback, das sie erhalten haben (QUAL).

Dieses Beispiel verdeutlicht, wie gut durchdachte qualitative und quantitative Elemente in den Forschungsfragen bereits frühzeitig dazu führen können, dass eine entsprechende Integrationsleistung in den Ergebnissen und deren Interpretationen gelingt.

Studie 3: Freizeitgestaltung von Schülerinnen und Schülern in acht- oder neunjährigen Bildungsgängen
Einem Aspekt auf Bildungssystemebene widmeten sich Blumentritt et al. (2014). Die Autorinnen waren an der Ausgestaltung von Freizeit durch die Schüler:innen an acht- und neunjährigen Bildungsgängen (G8 vs. G9) interessiert. Dabei griffen sie im Hinblick auf die Stichprobe auf Schüler:innen zurück, die den G9-neu-Schulversuch in Nordrhein-Westfalen besuchten. Der G9-neu-Bildungsgang umfasst 31,3 Wochenstunden (im Gegensatz zu 29,8 Wochenstunden in regulären G9-Bildungsgängen). Die Vergleichsgruppe bestand aus Schülerinnen und Schülern, die einen G8-Bildungsgang besuchten, der 32,6 Wochenstunden/Schuljahr umfasst (Blumentritt et al. 2014, S. 358). Methodisch wurde eine standardisierte Befragung (z. B. Zeittagebücher) mit Gruppendiskussionen verknüpft.

Die diesem Forschungsprojekt zugrunde gelegte Problemlage betrifft die Frage nach der zeitlichen Belastung von Schülerinnen und Schülern in verkürzten Bildungsgängen und dem möglicherweise veränderten Freizeitverhalten. Die Autorinnen arbeiteten die quantitativen und qualitativen Fragestellungen klar heraus:

1. Inwiefern unterscheidet sich umfänglich die Zeit, die Schülerinnen und Schülern im G9-neu-Bildungsgang nach der Schule zur Verfügung steht, von der Zeit, die Schülerinnen und Schülern im Bildungsgang G8 nach der Schule bleibt?

2. Wie wird die zur Verfügung stehende außerschulische Freizeit von Schülerinnen und Schülern beider Bildungsgänge ausgestaltet?
3. Wie bewerten Schülerinnen und Schüler die zur Verfügung stehende außerschulische Freizeit hinsichtlich ihrer individuellen Interessen, wie etwa Zeit mit Freunden zu verbringen oder sich zu erholen?
4. Wie verhandeln Schülerinnen und Schüler der sechsten Jahrgangsstufe die erwartete Differenz zwischen den Bildungsgängen G8 und G9-neu? (Blumentritt et al. 2014, S. 359)

Während die ersten drei Fragen quantitativ (statistisch) überprüft wurden, wurde die vierte mit Hilfe einer interpretativen Datenanalyse auf Basis der dokumentarischen Methode beantwortet. Eine integrative Mixed-Methods-Forschungsfrage wurde nicht angeboten; dennoch wurden die Ergebnisse in der Interpretation und der Diskussion aufeinander bezogen, woraus sich eine gemeinsame Schlussfolgerung ableiten ließ.

Diese drei Beispiele sollten die Notwendigkeit des Aufstellens quantitativer und qualitativer Forschungsfragen in Mixed-Methods-Studien an praktischen Beispielen verdeutlichen. Zwei der drei Beispiele verzichteten dabei auf integrative Mixed-Methods-Forschungsfragen; dennoch ist den Forscherinnen und Forschern eine integrierende Schlussfolgerung gelungen; die Ergebnisse selbst wurden jedoch parallel dargestellt. Die stärkste Integration erfolgte in der Studie von Calderon et al. (2020). Darin wurde von Beginn an die integrierte Forschungsfrage expliziert und der Integrationsgedanke konsequent von der Methodenanlage bis zu der Ergebnisdarstellung, Interpretation und Schlussfolgerung umgesetzt.

Unabhängig davon, ob die Integration/das „Mixing" erst am Ende bei der gemeinsamen Schlussfolgerung oder bereits früher im Studienablauf erfolgen soll, empfehlen wir, wo immer möglich, eine integrative Mixed-Methods-Fragestellung mitzudenken und auch zu explizieren.

> **Zusammenfassung**
>
> Forschungsfragen, die quantitative und qualitative Elemente enthalten, implizieren die erforderliche Anwendung eines Mixed-Methods-Designs. Die Formulierung von Forschungsfragen in einem Mixed-Methods-Projekt kann dabei unterschiedlich erfolgen, z. B. durch eine integrative Forschungsfrage, die sowohl qualitative als auch quantitative Elemente enthält, oder durch separate quantitative und qualitative Forschungsfragen. Bei der zweiten Variante wird empfohlen, zusätzlich eine integrierende Forschungsfrage zu formulieren, um

ein separates und unverbundenes Führen der qualitativen und quantitativen Stränge zu verhindern. ◄

3.4 Begründungen für Mixed Methods („rationale")

Lernziele

Sie können

- zentrale Begründungen für Mixed-Methods-Ansätze benennen,
- die Bedeutung von Begründungen („rationale") für Mixed-Methods-Projekte verstehen,
- passende Begründungen für das eigene Mixed-Methods-Projekt ableiten. ◄

Die Forschungsfragen sind eng mit den Begründungen für den Einsatz von Mixed Methods verwoben. Diese Begründungen für Mixed-Methods-Studien oder nach Kuckartz (2014 S. 69) auch „Motivationen", warum Mixed-Methods-Studien durchgeführt werden, werden in internationalen englischsprachigen Publikationen als „rationale" (oder auch „purposes for mixing") bezeichnet: „Rationales are the explicit arguments that explain why scholars choose to use mixed methods research" (Plano Clark und Ivankova 2016, S. 101). Diese Begründungen gilt es in Mixed-Methods-Studien zu explizieren. In einem Mixed-Methods-Projekt können eine oder auch mehrere Begründungen/Motivationen für den Einsatz von Mixed Methods angeführt werden (Greene et al. 1989; Plano Clark und Ivankova 2016).

Im Rahmen des in Abschn. 3.3 zu Beginn aufgeworfenen Beispiels zur Lesekompetenz von Schülerinnen und Schülern könnte die Begründung für einen Mixed-Methods-Ansatz beispielsweise in der *Komplementarität* der Methoden liegen. Komplementarität bedeutet, dass die Unterschiedlichkeit der verwendeten methodischen Zugänge genutzt wird, um unterschiedliche Teilbereiche des Forschungsgegenstands zu explorieren und damit ein vollständigeres Bild über den Untersuchungsgegenstand zu gewinnen (Greene et al. 1989; Plano Clark und Ivankova 2016, S. 85). Durch qualitative und quantitative Zugänge werden Ergebnisse zu einem Phänomen somit besser (d. h. elaborierter, vertiefter) verstanden (Kuckartz 2014). Bezogen auf das konkrete Beispiel zur Förderung der Lesekompetenz können in der quantitativen Teilstudie Wirkungen von Programmen getestet werden, während die qualitative Teilstudie einen vertieften und elaborierten Einblick in das subjektive Empfinden der Schüler:innen während der Intervention erlaubt. Veränderungen der Lesekompetenz der Schüler:innen können somit besser – d. h. vertiefter – verstanden werden. Die Nutzung der Komplementarität der methodischen Zugänge ist ein sehr häufiges Argument, das zur Begründung eines Mixed-Methods-Ansatzes angeführt wird (Greene et al. 1989).

Eine weitere Begründung oder Motivation für den Einsatz von Mixed Methods bezieht sich auf unterschiedliche *Stärken und Schwächen* von methodischen Zugängen. Dadurch gelingt es beispielsweise, sowohl eine ausreichende Breite (Generalisierung; quantitativ) als auch Tiefe (Kontextverständnis; situative Perspektive; qualitativ) zu gewinnen (Plano Clark und Ivankova 2016). Wenn etwa das emotionale Erleben von Schülerinnen und Schülern beim Übergang Grundschule – Sekundarschule im Zentrum einer Forschungsarbeit steht, so kann eine längsschnittlich konzipierte Fragebogenuntersuchung basierend auf einer repräsentativen Stichprobe dazu beitragen, dass Befunde generalisiert werden können (z. B. über Verläufe, wechselseitige Beziehungen zwischen Merkmalen oder Gruppenunterschiede). Dieser Stärke des quantitativen Ansatzes steht jedoch die Schwäche gegenüber, dass kontextuelle oder individuelle Besonderheiten bzw. atypische Verläufe ausgeblendet werden. Zum Ausgleich dieser Schwäche kann eine qualitative Teilstudie ergänzend darauf zielen, durch die Analyse qualitativer Interviewdaten und Tagebucheinträge die spezifischen Entwicklungsverläufe einzelner ausgewählter Schüler:innen nachzuzeichnen. Die unterschiedlichen Stärken und Schwächen von qualitativen und quantitativen Zugängen würden sich durch diesen Mixed-Methods-Zugang ausgleichen (für die unterschiedlichen Stärken und Schwächen von qualitativen und quantitativen Forschungszugängen siehe Fetters 2020, Kap. 1). Kelle (2017) fasst zusammen:

> Ein anerkanntes Grundprinzip von Mixed-Methods-Forschung lautet, dass die Schwächen, die beide Ansätze haben, durch jene Stärken, die den Verfahren aus der jeweils anderen Methodentradition zu eigen sind, ausgeglichen werden können. Stärken und Schwächen haben Methoden aber immer nur in Bezug auf konkrete Untersuchungsgegenstände. (S. 41)

Es macht folglich nur bedingt Sinn, die Stärken oder Schwächen eines methodischen Zugangs isoliert zu betrachten, vielmehr sollte man diese immer mit Bezug zum jeweiligen Forschungsgegenstand und der dahinterliegenden Theorie diskutieren.

In einigen Studien wird als Begründung für Mixed-Methods-Ansätze die *Triangulation* im Sinne einer wechselseitigen Validierung der Ergebnisse angegeben.

3.4 Begründungen für Mixed Methods („rationale")

Würden unterschiedliche methodische Ansätze, die *dasselbe* Phänomen untersuchen,[2] zu ähnlichen Ergebnissen kommen – die Ergebnisse folglich konvergent sein –, so würde das die Validität der Schlussfolgerungen erhöhen. Dahinter steht die Annahme, dass alle Forschungszugänge mit Fehlern behaftet sind (Greene et al. 1989). Divergenten – also nicht übereinstimmenden – Ergebnissen müsste dahingegen nachgegangen werden, und sie könnten wesentliche Impulse für die weitere Theorieentwicklung geben (z. B. Lund 2012; Prein und Erzberger 2000; Plano Clark und Ivankova 2016). Führt eine Forscher:innengruppe beispielsweise eine Mixed-Methods-Untersuchung zum Zusammenhang von Lehrer:innenkompetenzen und Unterrichtshandeln (Performanz) durch, so würde eine Konvergenz der Ergebnisse vorliegen, wenn dieser Zusammenhang sowohl auf Basis standardisierter Schüler:innen- und Lehrer:innenbefragungen als auch in begleitenden Unterrichtsbeobachtungen durch Expert:innen sichtbar wird. Das Vertrauen in die Ergebnisse und Schlussfolgerungen würde in diesem Fall gestärkt, da diese Zusammenhänge sowohl in der Innen- als auch in der Außenperspektive erscheinen (Selbst- und Fremdeinschätzung) und sowohl in der Situation als auch generell (über Situationen und Kontexte hinweg) gültig sind. Zeigt sich dieser Zusammenhang jedoch nur in den standardisierten Befragungen und nicht in den Unterrichtsbeobachtungen, so sollte diesen divergierenden Ergebnissen weiter nachgegangen werden.

Triangulation kann jedoch nicht nur im Sinne einer wechselseitigen Validierung beschrieben werden. Kelle (2017) argumentiert, dass Triangulation auch im Sinne der Generierung eines breiteren und tieferen Verständnisses über den Forschungsgegenstand verstanden werden kann, wodurch im Endeffekt auch die Validität der Erkenntnisse positiv beeinflusst wird (siehe auch Flick 2007, 2011 sowie zusammenfassend Knappertsbuch et al., 2021 und Abschn. 3.1 in diesem Band).

Plano Clark und Ivankova (2016, S. 88–92) listen verschiedene Klassifikationssysteme von Begründungen, die bisher in der Literatur postuliert wurden. Auch Bryman (2006) diskutiert die unterschiedlichen Motivationen für Mixed-Methods-Ansätze, die in empirischen Studien von Forscherinnen und Forschern angeführt werden. Greene et al. (1989; S. 259) postulieren fünf Hauptgründe für den Einsatz von Mixed Methods (für eine weitere Ausdifferenzierung siehe z. B. Schoonenboom et al. 2018):

---

[2] Um Konvergenz prüfen zu können, sollte jeweils *dasselbe* Phänomen mit qualitativen und quantitativen Zugängen erforscht werden. Im Vergleich dazu zielt die Komplementarität der Methoden darauf ab, *unterschiedliche Facetten eines Phänomens* mit qualitativen und quantitativen Zugängen zu untersuchen (z. B. Effekt und Prozess eines Interventionsprogramms; siehe Greene et al. 1989).

1. *Triangulation:* Triangulation wird dabei im ursprünglichen Sinne verstanden. Es geht um die Frage der Konvergenz und die Bestätigung der durch unterschiedliche methodische Zugänge erzielten Ergebnisse (wechselseitige Validierung).
2. *Komplementarität:* Diese Begründung zielt auf ein elaborierteres und besseres Verständnis des Gegenstands ab, indem mehrere methodische Zugänge kombiniert werden, die sich wechselseitig ergänzen.
3. *Development:* Diese Begründung wird insbesondere in sequentiellen Designs verwendet, wenn der eine methodische Zugang eine wichtige Information für den darauffolgenden Zugang bereithält. Das kann z. B. der Fall sein, wenn aus der ersten Teilstudie ein gezieltes Sampling für die zweite Teilstudie erfolgt oder auch, wenn aus den Ergebnissen der ersten Teilstudie ein Messinstrument in der zweiten Teilstudie konstruiert wird.
4. *Initiation:* Diese Begründung wird dann verwendet, wenn unerwartete Befunde der ersten Teilstudie eine weitere Teilstudie anregen. Diese Zielsetzung ist aber in der Regel schwer planbar und daher nicht bereits in der Design-Phase zu argumentieren.
5. *Expansion:* Hier geht es darum, durch unterschiedliche methodische Zugänge die Reichweite und inhaltliche Breite (Kuckartz 2014, S. 58) zu erhöhen. Greene et al. (1989) führen als konkretes Beispiel einer *Expansion* an, dass Programm*effekte* beispielsweise quantitativ getestet werden, während Programm*prozesse* qualitativ erforscht werden. Unseres Erachtens ist dieses Beispiel jedoch auch unter der Begründung/Motivation der Komplementarität der Methoden einzuordnen. Eine klare inhaltliche Trennung dieser beiden Begründungen ist nicht ersichtlich. In aktuelleren Publikationen (z. B. Plano Clark und Ivankova 2016) wird die Begründung der Expansion auch nicht weiter aufgegriffen und geht im „Komplementaritätsargument" auf.

In der empirischen Bildungsforschung kommen unterschiedliche Begründungen zum Einsatz, wobei nicht in allen Studien die Begründung bzw. die Motivation für ein Mixed-Methods-Projekt auch explizit berichtet wird. Manchmal geht sie implizit aus der Argumentation hervor; in manchen Studien fehlt sie ganz. Es wird an dieser Stelle nochmals hervorgehoben, dass es für die Qualität von Mixed-Methods-Studien unabdingbar ist, klar zu begründen, *warum* man eine Methodenkombination einsetzt und welchen Mehrwert man sich davon verspricht und errreicht. Dadurch kann von Beginn an verhindert werden, dass methodische Zugänge unreflektiert eingesetzt und kombiniert werden. Der Mehrwert von Mixed Methods wird klar definiert. In manchen Projekten (z. B. bei „emergent designs"; siehe Abschn. 3.5) kann sich die Zielsetzung auch erst im Laufe des

3.4 Begründungen für Mixed Methods („rationale")

Projekts ergeben (z. B. rationale „Initiation"). Zu betonen ist des Weiteren, dass auch mehrere Begründungen in einem Projekt zum Tragen kommen können (siehe im Detail, Schoonenboom et al. 2018).

Im Folgenden werden vier konkrete Beispiele aus der empirischen Bildungsforschung angeführt, und es wird illustriert, wie in diesen konkreten Studien der Mixed-Methods-Ansatz begründet wurde.

Studie 1: Zugehörigkeitsgefühl an Hochschulen
Ein Beispiel aus der *empirischen Hochschulforschung*, in dem die Begründung für den Mixed-Methods-Ansatz verdeutlicht wird, stellen Zumbrunn et al. (2014) vor. Sie setzten sich das Ziel, das Konzept „sense of belonging", das eng mit der Motivation von Studierenden und dem Verbleib an der Hochschule („retention") verbunden ist, an einer US-amerikanischen Universität zu erforschen. Hierzu kombinierten sie eine schriftliche, standardisierte Befragung mit vertiefenden, qualitativen Interviews und nutzten die Komplementarität der Methoden. Während die quantitative Befragung ermöglicht, generelle Beziehungen zwischen den Merkmalen („Variablen") zu testen, ermöglichen die qualitativen Interviews ein vertieftes Verständnis des Erlebens der sozialen Eingebundenheit von Studierenden. Die Zielsetzungen/Fragestellungen (siehe Abschn. 3.3) wurden gleichermaßen expliziert. Die Autorinnen und Autoren fassen zusammen:

> The present study combined both quantitative and qualitative data using an explanatory sequential mixed methods design (Creswell and Plano Clark 2010) to provide an extra dimension of description and understanding of college student belongingness. In the initial quantitative phase, two models representing the two possible sequences of linkages [...] were tested using structuring equation modelling [...]. Qualitative explorations and student voices are largely missing from the belonging literature and likely would add to quantitative findings (Anderman and Kaplan 2008), and thus, the second purpose of the present study was to explore student belonging perceptions in relation to their classroom experience. (Zumbrunn et al. 2014, S. 656 f.)

Studie 2: Studienverbleib bzw. -abbruch von Doktorierenden
Ebenso der *empirischen Hochschulforschung* zuzuordnen ist die Studie von Crede und Borrego (2013), die sich der Problemstellung des Studienverbleibs bzw. -abbruchs von Doktorierenden im Studienfach Ingenieurwissenschaften in den USA widmeten. Da Fachkräfte in den STEM-Fächern (Science, Technology, Engineering, Mathematics; im Deutschen: MINT-Fächer: Mathematik, Informatik, Naturwissenschaft, Technik) fehlen, welche für die

wirtschaftlich-technologische Entwicklung eines Landes eine hohe Relevanz aufweisen, hat diese Fragestellung bildungspolitisch eine große Bedeutung. Der Autor und die Autorin führten zuerst eine ethnografische Studie durch (Beobachtung und Interviews über neun Monate), auf Basis derer sie ein standardisiertes Messinstrument für eine anschließende schriftliche Befragung entwickelten. Die Begründung für den Mixed-Methods-Ansatz ist mehrschichtig und erstreckt sich über die Kompensation der Schwächen der einen durch die andere Methode, über die Komplementarität der Methoden bis hin zur Instrumentenentwicklung. Die Autorinnen und Autoren begründen dies im Detail wie folgt:

> This approach afforded the research team depth of understanding from the qualitative data while maintaining broad applicability with the quantitative results. The ethnographic observations and interviews gave voice to the students, which provided rich detail on participant language, cultural considerations, and helped formulate hypotheses for the survey. The survey enabled the research team to consider a larger and more diverse sample reflective of the graduate population in engineering as a whole. In short, we were able to capitalize on the strengths of both qualitative and quantitative approaches. (Crede und Borrego S. 66 f.)

Studie 3: Einstellungen von Lehramtsstudierenden zum Thema Inklusion
Ein Beispiel aus der *Lehrer:innenbildungsforschung* zum Thema „Inklusion" stellen Hecht et al. (2016) vor. In ihrer Studie sollten die Einstellungen von Lehramtsstudierenden zur Inklusion untersucht werden. Quantitativ kam eine schriftliche Befragung zum Einsatz, die qualitativ durch Gruppendiskussionen ergänzt wurde. Die Autorinnen und Autoren argumentieren für den Einsatz von Mixed Methods auf Basis der Begründungen Komplementarität und Validierung.

> Bis auf wenige Ausnahmen liegen zur Forschung inklusionsbezogener Selbstwirksamkeitsüberzeugungen überwiegend quantitative Befunde vor (Hecht 2014; Kopp 2009). Die Autoren der Originalskala (Sharma et al. 2011) sehen in der Kombination quantitativer und qualitativer Daten ein großes Potenzial, um ein vertieftes Verständnis über Faktoren zu erhalten, welche die Generierung bzw. Stabilisierung der Überzeugungen befördern. Diesem Desiderat wurde mittels eines Mixed-Methods-Designs (Flick 2008) aus Fragebogenerhebung und Gruppendiskussionen Rechnung getragen, das „der wechselseitigen *Ergänzung von Forschungsergebnissen*" (Kelle, S. 54, 2008; kurs. im Orig.) diente. (Hecht et al. 2014, S. 90 f.)

3.4 Begründungen für Mixed Methods („rationale")

Studie 4: Übergänge im Bildungssystem
Als letztes Beispiel an dieser Stelle sei auf die Studie von Gaupp (2013) verwiesen, die sich der Thematik der *Übergänge im Bildungssystem* widmete – konkret dem Übergang von der Schule in das Berufsleben. Hier wurde eine quantitative Panelstudie mit einer qualitativen Einzelfallanalyse basierend auf Interviewdaten (biografisches Interview) verbunden. Die Autorin argumentiert für den Mehrwert des Einsatzes von Mixed Methods auf Basis der Komplementaritätsannahme von qualitativen und quantitativen Methoden:

> Aus einer überwiegend qualitativen Perspektive steht häufig die Person als handelndes Subjekt im Mittelpunkt [in der Übergangsforschung]. Unter dieser Akteursperspektive interessieren die individuellen Motive, Bildungsaspirationen, Handlungen und Strategien der Subjekte [...]. Die quantitativ orientierte Übergangsforschung richtet ihren Blick dagegen eher auf sozialstrukturelle und institutionelle Bedingungen, die den Verlauf von Übergängen von der Schule in den Beruf rahmen und strukturieren (Abs. 3). [...]. Eine notwendige methodisch-integrative Sicht auf die Übergänge junger Menschen ist selten (Abs. 4). [...].
>
> In der logischen und zeitlichen Folge wurde zusätzlich zu den bisherigen Erhebungs- und Auswertungsstrategien des Übergangspanels ein qualitatives Ergänzungsprojekt konzipiert. Um bisher nicht beantwortbare Fragen zu klären, waren biografieorientierte Informationen notwendig, wie sie über qualitative, auf Narrationen abzielende Interviews generiert werden können. Ziel der Studie war ein differenzierter Blick auf die subjektive Sicht der jungen Erwachsenen auf ihre Übergangsverläufe (Abs. 18). [...]
>
> In einem solchen sich ergänzenden Verhältnis von qualitativen und quantitativen Daten adressieren die verschiedenen Methoden unterschiedliche Aspekte des interessierenden sozialen Phänomens und ergeben zusammen ein vollständigeres Bild des Gegenstandes, als es eine Methode allein vermag (Abs. 49). (Gaupp 2013)

Zusammenfassung

Der Mehrwert, den man sich von einem Mixed-Methods-Ansatz verspricht, sollte expliziert werden („rationale"), damit eine systematische und durchdachte Methodenverknüpfung stattfindet. Je nach Forschungsfrage und -ziel können verschiedene Begründungen für die Kombination unterschiedlicher Methoden zum Tragen kommen. Sehr häufig finden sich die Argumente Komplementarität, Validierung/Triangulation und Ausgleich von forschungsmethodischen Schwächen durch die Stärken des jeweils anderen forschungsmethodischen Zugangs. Für sequentielle Projekte – also Mixed-Methods-Studien, in denen die qualitativen und quantitativen Zugänge nacheinander erfolgen (siehe

Abschn. 3.5) – lassen sich auch Begründungen wie Instrumentenentwicklung oder Erklärung unerwarteter Befunde ableiten. In den Studien der empirischen Bildungsforschung werden die Begründungen („rationale") zum Teil nicht expliziert; sie finden sich jedoch vielfach implizit im Text. Es wird empfohlen, in Mixed-Methods-Studien die Gründe für den Einsatz von Mixed Methods jedenfalls explizit zu nennen und bereits von Studienbeginn an mitzudenken. Natürlich können sich im Forschungsprozess auch Änderungen ergeben (z. B. Initiation).◄

3.5 Designarten

Lernziele

Sie können

- die Notation von Mixed-Methods-Studien anwenden,
- verschiedene Designformen für Mixed-Methods-Projekte benennen und unterscheiden,
- beurteilen, inwieweit eine Designform sich zur Überprüfung spezifischer Fragestellungen der empirischen Bildungsforschung eignet,
- ein Design für das eigene Projekt auf Basis der Forschungsfrage(n) entwickeln.◄

Ist die Zielsetzung des Projekts festgelegt und sind die Fragestellungen spezifiziert, müssen in einem nächsten Schritt Überlegungen zum Design der Studie getroffen werden. Wie bereits erwähnt, setzt ein Mixed-Methods-Projekt voraus, dass zumindest ein qualitativer Strang und ein quantitativer Strang sinnvoll kombiniert werden. Je nach Komplexität der Fragestellung lassen sich auch mehrere qualitative und quantitative Teilstudien miteinander verknüpfen. Dabei können die Forschenden auf in der Literatur beschriebene Designarten zurückgreifen; diese lassen sich jedoch beliebig erweitern und sollen keinesfalls als Korsett dienen. Das Design für eine Mixed-Methods-Studie kann entweder vor der Studie geplant werden, es kann sich aber auch erst während der Durchführung der Studie herauskristallisieren bzw. entwickeln („*planned vs. emergent design*"; Creswell und Plano Clark 2011; Schoonenboom und Johnson 2017).

3.5 Designarten

Mixed-Methods-Designs werden in der Literatur nicht immer mit denselben Begrifflichkeiten beschrieben. Daher ist es zentral, bei der Benennung des Designs auch den Autor/die Autorin (die Quelle) anzuführen, woraus klar hervorgeht, auf welches Klassifikationssystem man sich stützt. Insbesondere aber ist das Design möglichst präzise zu beschreiben, damit es nachvollziehbar ist.

Trotz der zum Teil bestehenden Heterogenität der Begrifflichkeiten lassen sich Gemeinsamkeiten der Designs festhalten, die der Klassifikation zugrunde liegen. Jedes Design lässt sich im Hinblick auf die zeitliche Reihenfolge und die Priorität (bzw. das Gewicht oder auch die Dominanz der Zugänge) einordnen. Während in der zeitlichen Reihenfolge angegeben wird, wie die Teilstudien zeitlich zueinander konzipiert sind, legt man durch das Prioritätskriterium fest, welche Teilstudie stärker bzw. schwächer gewichtet wird oder ob eine Gleichgewichtung stattfindet (z. B. Morse 2003).

Bezogen auf das Differenzkriterium der zeitlichen Sequenz sind zwei Designarten zu unterscheiden: Finden die qualitativen und quantitativen Teilstudien der Mixed-Methods-Studie gleichzeitig statt, spricht man von einem *parallelen* Design (Notation: +); erfolgen sie nacheinander, liegt ein *sequentielles* Mixed-Methods-Design (Notation: →) vor.

Zusätzlich ist die *Priorität* der Zugänge festzulegen. Wenn ein Design stärker von einer quantitativen (QUAN/qual) oder qualitativen Forschungslogik (QUAL/quan) geprägt ist, spricht man von einem *quantitativ-dominierten* bzw. einem *qualitativ-dominierten* Mixed-Methods-Forschungsprojekt. Werden beide Zugänge gleichgewichtet, liegt ein Mixed-Methods-Projekt mit *gleichwertigem Status* der quantitativen und qualitativen Forschungszugänge vor (Schoonenboom und Johnson 2017). Auch die Entscheidung bezüglich der Priorisierung wird in der Notation des Designs durch Verwendung von durchgehend Groß- versus Kleinbuchstaben transparent. Allerdings muss auch bei der Priorisierung eines Zugangs beachtet werden, dass beide Zugänge nach den methodologischen und methodischen Grundprinzipien korrekt ausgeführt werden und dass kein Zugang lediglich „zur Hilfskonstruktion der jeweils anderen Methode degradiert [wird]" (Grecu und Völcker 2018, S. 243).

In Tab. 3.2 sind die gängigen Notationen angeführt und mit Designbeispielen illustriert.

Im Folgenden werden Designarten für Mixed-Methods-Projekte vorgestellt, die häufig in der Literatur vorgeschlagen und auch in der empirischen Bildungsforschung vielfach umgesetzt werden. Diese Designarten werden mit Beispielen aus der empirischen Bildungsforschung illustriert. Mixed-Methods-Forscher:innen raten an, die Mixed-Methods-Designs in den Publikationen auch grafisch darzustellen, da so das angewandte – meist komplexe Design – dem

Tab. 3.2 Notationssystem für Mixed-Methods-Studien.

Abkürzung	Bedeutung	Zentrale Quelle
QUAL	Qualitativer Part der Studie	Morse (2003)
QUAN	Quantitativer Part der Studie	
qual	Qualitativer Part (untergeordnet)	
quan	Quantitativer Part (untergeordnet)	
+	Paralleles Design	
→	Sequentielles Design	
Beispiele	**Erläuterung**	
QUAL + QUAN	Es liegt ein paralleles Design vor mit einem qualitativen und einem quantitativen Part, die gleichgewichtet sind.	Morse (2003) Creswell und Plano Clark (2018)
QUAL → QUAN	Es liegt ein sequentielles Design vor mit einem qualitativen und einem quantitativen Part, die gleichgewichtet sind.	
QUAL + quan	Es liegt ein paralleles Design vor, in dem der qualitative Teil Priorität hat und von einem quantitativen Teil begleitet wird.	
QUAL + QUAN → QUAL	Dieses Design besteht aus drei Elementen: Zuerst werden eine qualitative und eine quantitative Studie (gleichwertig) parallel durchgeführt. An diese beiden Studien wird eine qualitative (gleichwertige) Studie zur Vertiefung angeschlossen (sequentiell).	

Leser/der Leserin im Überblick zugänglich gemacht wird (z. B. Morse 2010, 2015).

3.5.1 Das parallele Design

In einem parallelen Design werden die qualitativen und die quantitativen Teile/ Stränge (im internationalen Diskurs auch als „*strand*" bezeichnet) des Forschungsprojekts zeitlich parallel geplant, durchgeführt, analysiert und interpretiert. Die Bezeichnung „paralleles Design" wird von Kuckartz (2014) verwendet. Im angloamerikanischen Raum wird diese Designform alternativ als „convergent

3.5 Designarten

design" (Creswell 2015a; Creswell und Plano Clark 2018) oder als „concurrent design" (Plano Clark und Ivankova 2016) bezeichnet. Mayring (2001) benennt das parallele Design als „Triangulationsmodell" (zur Bedeutung des Begriffs der Triangulation siehe Abschn. 3.1 in diesem Band). Wir empfehlen, den Begriff „Triangulationsdesign" zu vermeiden, da die Triangulation nur eine mögliche Begründung für den Einsatz eines parallelen Mixed-Methods-Designs ist und der Begriff zudem vielschichtig und heterogen in der Literatur verwendet wird.

Zentral beim parallelen Mixed-Method-Design ist, dass die einzelnen Stränge üblicherweise zunächst (größtenteils) getrennt voneinander ausgeführt werden. Hier ist insbesondere für den qualitativen Zugang anzumerken, dass die Schritte Datenanalyse und -interpretation auch verschränkt erfolgen können und der Forschungsprozess des qualitativen Strangs durchaus auch zyklisch sein kann. Dies muss bei der Betrachtung der Ablaufdiagramme von Mixed-Methods-Designs (siehe Abb. 3.1, 3.2, 3.3 und 3.4) mitbedacht werden, die aufgrund der besseren und einfacheren Lesbarkeit der einzelnen Ablaufschritte „linear" illustriert sind. Spätestens nach der getrennten Analyse der qualitativen und quantitativen Daten und deren Interpretation muss jedoch eine Integration der Erkenntnisse/ Interpretationen erfolgen und eine gemeinsame Schlussfolgerung abgeleitet werden. Natürlich kann eine Verschränkung/Integration der beiden Stränge auch schon früher im Zuge des Forschungsprozesses umgesetzt werden, indem z. B. während der Datenanalyse qualitative Daten quantifiziert werden oder umgekehrt und mit diesem neuem Datensatz erweiterte Analysen durchgeführt werden. Dieser Schritt der Integration auf Ebene der Datenanalyse ist in Abb. 3.1 strichliert dargestellt: Eine Integration auf Datenanalyse ist wünschenswert, sofern eine sinnvolle Verknüpfung möglich ist und diese zu vertieften/erweiterten Erkenntnissen führt; sie ist jedoch nicht zwingend erforderlich, um eine Studie als parallele Mixed-Methods-Studie einordnen zu können. Eine Zusammenführung der qualitativen und der quantitativen Einzelinterpretationen und die Ableitung einer gemeinsamen Schlussfolgerung am Ende müssen jedoch erfolgen, damit die Studie als eine Mixed-Methods-Studie klassifiziert werden kann (siehe Abb. 3.1).

In der empirischen Bildungsforschung gibt es viele mögliche Anwendungsfelder und Fragen, die anhand eines parallelen Designs erforscht werden können.

So gingen beispielsweise Elstrodt-Wefing et al. (2019) der Frage nach, inwieweit Sprachförderung in der Primarschule in den Unterricht integriert wurde und von welchen Faktoren diese Integration abhing. Dazu wurden Lehrpersonen mit Hilfe eines standardisierten Fragebogens befragt ($N = 44$), begleitet von Vignetten-Interviews ($N = 13$). Quantitativ konnte die Frage beantwortet werden, welche Faktoren die sprachliche Förderung (sog. „Scaffolding") im Unterricht beeinflussen (z. B. die Selbstwirksamkeit der Lehrkräfte oder der

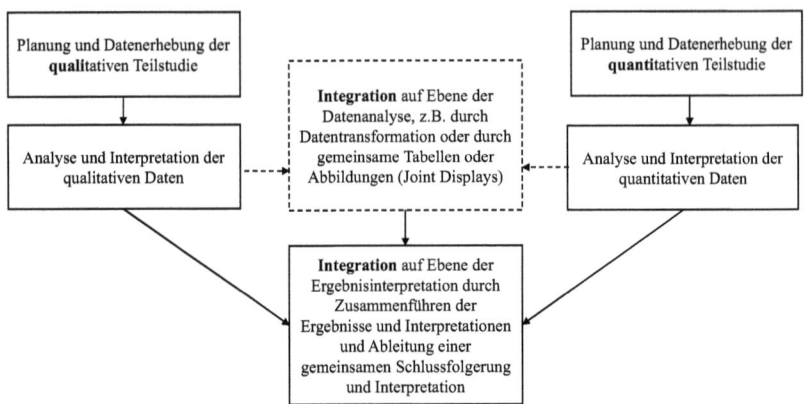

Abb. 3.1 Paralleles Mixed-Methods-Design (QUAL + QUAN) (in Anlehnung an Plano Clark und Ivankova 2016, S. 121 und Creswell und Plano Clark 2018, S. 70). (Eigene Darstellung)

wahrgenommene Nutzen für die Kinder). Qualitativ wurden diese Bedingungsfaktoren bestätigt sowie weiter ausdifferenziert, und ein vertieftes Bild über die Art der Umsetzung von Scaffolding-Maßnahmen im Unterricht wurde gewonnen. Das parallele Mixed-Methods-Design unter Anwendung einer quantitativen und einer qualitativen Studie ermöglichte folglich die wechselseitige Validierung der Ergebnisse sowie ein breiteres Verständnis über sprachliches Scaffolding im Unterricht.

Auch Jang et al. (2008) stützten sich auf ein paralleles Design. Ihr Ziel war es, zu erforschen, unter welchen Bedingungen Schulentwicklung an städtischen „Brennpunktschulen" in Ontario (Kanada) gelingen kann. Dieser Forschungsfrage wurde sowohl quantitativ als auch qualitativ begegnet. Die Befragungen wurden an 20 Schulen vorgenommen. Die Schulleitungen ($N = 20$) und die Lehrpersonen ($N = 420$) wurden schriftlich (standardisierter Fragebogen) und mündlich (teilstrukturierte Interviews; $N = 20$ Schulleitungen und $N = 60$ Lehrpersonen) befragt. Fokusgruppen wurden mit Eltern ($N = 20$ Gruppen mit 4–6 Teilnehmer:innen) und Schülerinnen und Schülern ($N = 20$ Gruppen mit 4–6 Teilnehmer:innen) gebildet. Auf Basis der quantitativen Ergebnisse war es möglich, Bedingungen einer erfolgreichen Schulentwicklung zu beschreiben (z. B. gemeinsame Entscheidungen, Weiterbildung, Schulziele etc.), während die qualitativen Ergebnisse erlaubten, neue Aspekte von Schulentwicklung zu explorieren sowie den Kontext in die Beschreibungen stärker einzubeziehen. Die Integration erfolgte in dieser Studie nicht erst am Ende bei der Zusammenführung der Ergebnisse und der Interpretation, vielmehr fanden bereits auf der Stufe der Datenanalyse zahlreiche Verschränkungen statt. Die Komplementarität der beiden methodischen Zugänge ermöglichte den Autorinnen und Autoren ein umfassenderes Verständnis des Erfolgs von Schulentwicklungsprojekten unter herausfordernden Bedingungen.

3.5.2 Das explorative sequentielle Design (Verallgemeinerungsdesign)

Mit dieser Designform wird eine Verallgemeinerung der Ergebnisse angestrebt. Dazu wird in einem ersten Schritt eine qualitative (explorative) Teilstudie durchgeführt. Auf Basis von deren Ergebnissen wird eine quantitative Teilstudie angeschlossen, die durch das repräsentative Design zu den angestrebten Verallgemeinerungen führen soll. Häufig wird die qualitative Studie auch genutzt, um ein standardisiertes (quantitatives) Messinstrument zu entwickeln. So könnten beispielsweise aus authentischen Interviewaussagen Items für einen Fragebogen konstruiert werden. Während Mayring (2001) und Kuckartz (2014) hier vom Verallgemeinerungsmodell sprechen, bezeichnet Creswell (2015a) diese Designform als *„exploratory sequential design"*. Er benennt folglich den explorativen Charakter des Designs und hebt den ersten qualitativen Part hervor. Auch im Verallgemeinerungsdesign ist es von zentraler Bedeutung, dass am Ende die Ergebnisse beider Stränge in einer gemeinsamen Schlussfolgerung resultieren. Allerdings erfolgt die erste Nutzung der Teilbefunde des qualitativen Forschungsstrangs deutlich früher im Forschungsprozess: nämlich bereits in der Ableitung und Begründung der Fragestellung für die quantitative Studie und in deren daran anschließender Detailplanung. Abb. 3.2 stellt diese Designform grafisch dar.

Als Beispiel sei hier die Studie von Galliot und Graham (2016) angeführt, die in Australien durchgeführt wurde. Die Autorinnen untersuchten die Bildungsaspirationen von Sekundarschülerinnen und -schülern. Dazu nutzten sie im ersten Schritt einen qualitativen Ansatz. Sie führten mit Schülerinnen und Schülern der 10. Schulstufe Fokusgruppen (anhand eines Leitfadens) durch, um die zentralen Themen zu identifizieren, die für die Schüler:innen im Hinblick auf ihre Bildungsaspirationen relevant sind, um in der Folge daraus die Antwortoptionen für den zu entwickelnden Fragebogen zu extrahieren. Konkret diskutierten die Schüler:innen z. B. über die Frage, ob sie ein Vorbild für die eigene berufliche Karriere

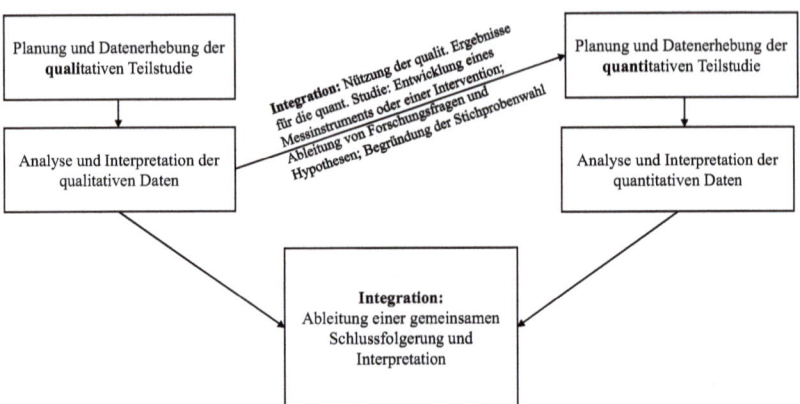

Abb. 3.2 Exploratives sequentielles Mixed-Methods-Design (QUAL → QUAN) (adaptiert nach Creswell 2015a, S. 56 und Creswell und Plano Clark (2018, S. 88). (Eigene Darstellung)

hätten. Die Schüler:innen gaben unterschiedliche Antworten, und diese Antworten bildeten in einem nächsten Schritt die Antwortoptionen im Fragebogen ab, der im zweiten Teil der Mixed-Methods-Studie entwickelt wurde. So erzählte beispielsweise ein Schüler bzw. eine Schülerin:

> We had this quite disabled boy in our year and it was the day that she was teaching him something and he got it and it clicked. So I was like, that could be me, I could help that kid. I could help kids like that to get things that otherwise they might not have. (Galliot und Graham 2016, S. 580)

Aus dieser Antwort aus den Fokusgruppen wurde die dazugehörige Antwortoption im standardisierten Fragebogen abgeleitet:

1. Do you have a „career" role model? (somebody whose career looks good to you)
2. Yes/No.
3. If yes: Who is that person?
4. *One of my teachers.* (Galliot und Graham 2016, S. 580)

Die Ergebnisse der Fokusgruppen haben dabei unterstützt, die zahlreichen Antwortoptionen, die auf die Hauptthemenstellungen folgen können, zu explorieren und im Fragebogen durch die Optionen im geschlossenen Antwortformat entsprechend umzusetzen.

In der empirischen Bildungsforschung werden häufig latente Merkmale gemessen. Unter latenten Merkmalen versteht man Konstrukte, die nicht direkt beobachtbar sind. So kann man z. B. die Schüler:innenleistung, die Kompetenz von Lehrpersonen, die Intelligenz und auch Merkmale wie Prüfungsangst, Motivation, Einstellungen nicht direkt beobachten. Es braucht komplexe Messungen, um sich diesen Konstrukten anzunähern (z. B. Kompetenztests, Leistungstests, Intelligenztests, Itembatterien zur Messung von Prüfungsangst) (Gniewosz 2015). Das Formulieren von Items zur Abbildung eines latenten Konstrukts ist eine anspruchsvolle Aufgabe, die ebenso durch eine qualitative Studie unterstützt werden kann, indem auf Basis des qualitativen Datenmaterials authentische Items abgeleitet werden. So haben Crede und Borrego (2013) eine ethnografische Studie über neun Monate in den USA durchgeführt, in der sie Beobachtungen und Interviews (qualitativ) eingesetzt haben, um die Faktoren, die den Verbleib von Studierenden der Ingenieurwissenschaften im Studium mitbestimmen, besser zu verstehen. Aus den durch die qualitativen Daten gewonnenen Ergebnissen wurde ein standardisierter Fragebogen entwickelt, dessen Items direkt aus den qualitativen Daten abgeleitet wurden. Für den Verbleib der Studierenden im Studium waren beispielsweise organisatorische Aspekte sehr bedeutsam (Thema: Organisation). Aus der konkreten Aussage eines Studenten/einer Studentin im Interview *„[5th year student] organized everything, he was the lab manager. His leaving was a big change. He was the first person we went to with questions. He was patient and a great support for us. ... Now they come to me for help"* entwickelten die Forscher:innen das Item *„There are more experienced members in my research group to whom I can ask questions."* (Credo und Borrego 2013, S. 69). Gemeinsam mit zwei weiteren Items wurde die Skala „Organization" gebildet. Die qualitative Studie lieferte folglich auch hier die Antwortoptionen für die Bildung der Skalen (Itembatterien) des Fragebogens, der in der Folge in einer größeren Stichprobe eingesetzt wurde, wodurch die angestrebte Generalisierung der Befunde erreicht werden konnte.

3.5.3 Das explanative sequentielle Design (Vertiefungsdesign)

Wendet man das Vertiefungsdesign an, wird mit der quantitativen Studie begonnen. Die gewonnenen Ergebnisse dienen zur Konzeption der qualitativen Studie, die zur Vertiefung des Verständnisses der Befunde dienen soll. So könnten sich Forscher:innen z. B. dazu entschließen, auffälligen Zusammenhängen oder Unterschieden, die man auf Basis der bisherigen theoretischen Lage nicht erwartet hätte, nachzugehen, indem bestimmte Fälle (z. B. Extremfälle) oder auch Gruppenunterschiede in einer qualitativen Folgestudie im Detail untersucht werden. Die qualitative Studie soll zu einem vertieften Verständnis des Phänomens führen. Daher kommt auch der Name „Vertiefungsmodell" (Mayring 2001; Kuckartz 2014) bzw. „*explanatory sequential design*" (Creswell 2015a). Auch bei dieser Designform ist es wiederum wichtig, dass man zu einer Schlussfolgerung kommt, die auf den Ergebnissen beider Stränge basiert. Eine Verbindung (Integration) der beiden Stränge erfolgt allerdings schon deutlich früher, nämlich bei der Planung der qualitativen Teilstudie. Die Ergebnisse der quantitativen Teilstudie werden gezielt für die Planung der qualitativen Teilstudie genutzt: Welcher Aspekt wird vertiefend analysiert? Wo finden sich z. B. unerwartete quantitative Ergebnisse, denen man genauer nachgehen möchte? Das Vertiefungsmodell (explanatives sequentielles Design) ist in Abb. 3.3 skizziert.

Sekundäranalysen werden in der empirischen Bildungsforschung zunehmend populärer, da Datensätze vielfach nach Abschluss des Projekts zur Verfügung gestellt werden. Dies gilt z. B. auch für alle Datensätze der international vergleichenden Schulleistungsstudien, wie PISA, TIMSS und PIRLS. Im Sinne eines Vertiefungsmodells (Hense 2017) wäre es in diesem Zusammenhang denkbar, nach der Auswertung einer spezifischen Fragestellung auf Basis eines bereits vorhandenen Datensatzes (QUAN) eine qualitative Vertiefungsstudie anzuknüpfen. Die Fallbegründung für die qualitative Studie könnte sich aus den Ergebnissen der

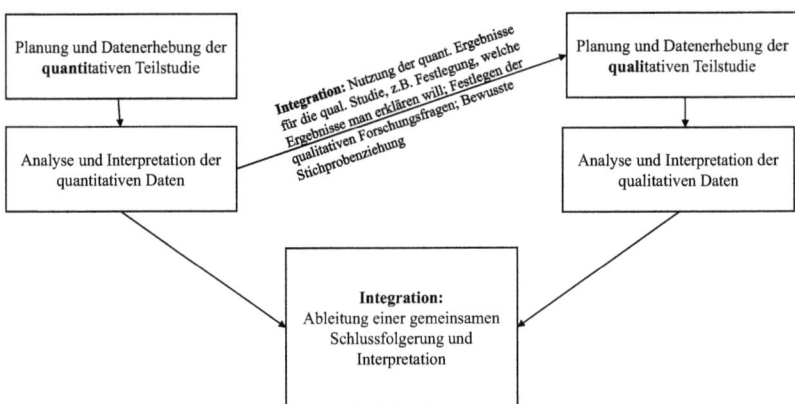

Abb. 3.3 Explanatives sequentielles Mixed-Methods-Design (QUAN → QUAL) (adaptiert nach Creswell 2015a, S. 56 und Creswell und Plano Clark 2018, S. 79). (Eigene Darstellung)

3.5 Designarten

quantitativen Studie (Sekundäranalyse eines existierenden Datensatzes) ergeben. Hingegen wird es meist nicht möglich sein, dieselben Fälle sowohl quantitativ als auch qualitativ zu erforschen.

Dieser Vorteil kann sehr gut in selbst konzipierten Mixed-Methods-Studien genutzt werden. Man wählt beispielsweise besonders interessante Fälle aus dem aus einer quantitativen Studie generierten Datensatz aus und bittet diese Personen in der Folge, über einen bestimmten Zeitraum ein Tagebuch zu führen (QUAL). Voraussetzung ist, dass die Fälle zuzuordnen sind, weshalb im Vorhinein Fragen der Anonymität und des Datenschutzes geklärt werden müssen.

An dieser Stelle sei nochmals auf die Studie von Zumbrunn et al. (2014; USA) verwiesen, die bereits im Zuge der Diskussion um die Mixed-Methods-Forschungsfragen kurz vorgestellt wurde. Die Autorinnen und Autoren setzten sich in der quantitativen Studie das Ziel, ein komplexes Variablenmodell zur Erklärung der Einflussfaktoren und Outcomes des Gefühls der Zugehörigkeit (sense of belonging) von Studierenden in Seminaren auf Basis einer quantitativen Befragung zu testen ($N = 212$ Studierende). Da im quantitativen Modell jedoch kontextuelle und situative Spezifika nur bedingt abgebildet werden können (z. B. wie werden die Interaktionen in den Kursen spezifisch ausgestaltet/gelebt), wurden in der qualitativen Folgestudie zusätzlich Interviews mit Studierenden durchgeführt. Die Studierenden wurden am Ende der schriftlichen Befragung darum gebeten, anzugeben, ob sie an einer Interviewstudie teilnehmen würden. Aus dem Freiwilligenpool wurden dann gezielt Studierende ausgewählt (purposive sampling; $N = 6$). Die Daten der quantitativen Befragung und der Interviews konnten gematcht werden.

Wie führte nun die qualitative Studie zu einem vertieften Verständnis des Phänomens „Gefühl der Zugehörigkeit"? Die quantitativen Ergebnisse basierend auf einem Strukturgleichungsmodell haben beispielsweise gezeigt, dass eine als unterstützend erlebte Lernumwelt („instructor academic and social support") positiv mit dem Gefühl der sozialen Zugehörigkeit korrelierte. In den vertiefenden Interviews konnte präzisiert werden, wie dieser „Support" in den konkreten Interaktionen ausgestaltet wurde. Die Studierenden erlebten es beispielsweise positiv, wenn der Dozent/die Dozentin sich um Unterstützung bemühte („investment"), ihnen mit Respekt („respect") begegnete, wenn er/sie zugänglich und verfügbar war („availability and approachability") und Gruppenprozesse unterstützte (Zumbrunn et al. 2014, S. 673). Zusätzlich zeigten die Interviews sehr klar auf, wie wichtig auch die Mitstudierenden für das Gefühl der Zugehörigkeit sind. Diese wurden im quantitativen Modell nicht berücksichtigt.

3.5.4 Das Mixed-Methods-Interventionsdesign

Will man die Effektivität einer pädagogischen Maßnahme beurteilen, kann ein Mixed-Methods-Interventionsdesign zur Anwendung kommen (Creswell 2015a). Im quantitativen Strang wird die Wirksamkeit der Intervention mittels (randomisierten) Experimental-Kontrollgruppendesigns mit einer Prä- und mindestens einer Postmessung überprüft. Kann eine Randomisierung nicht stattfinden, spricht man von einem quasi-experimentellen Design.

Qualitative Elemente im Mixed-Methods-Interventionsdesign ergänzen nun das (quasi)-experimentelle Design. Sie können z. B. vor der Intervention stattfinden und dabei die Entwicklung der Intervention bzw. die Auswahl der Fälle unterstützen. Qualitative Forschung kann auch während der Intervention angewandt werden, um Prozesse zu begleiten (z. B. durch eine systematische Videobeobachtung, durch begleitende Tagebücher etc.). Des Weiteren kann der qualitative Part des Mixed-Methods-Interventionsdesigns nach der Intervention durchgeführt werden, um beispielsweise Effekte oder auch ausbleibende Effekte von Interventionen besser nachvollziehen zu können oder eine zusammenfassende Bewertung der Intervention durch die Probandinnen und Probanden zu erhalten (Creswell und Plano Clark 2011, S. 192). Als qualitative Datenerhebungsmethode könnten z. B. Einzelinterviews oder auch Gruppeninterviews mit den Probandinnen und Probanden zum Erleben der Intervention eingesetzt werden. Auch die Interventionsleiter:innen könnten qualitativ zur Intervention befragt werden. An welcher Stelle im Design qualitative Elemente integriert werden, gilt es gut zu überlegen, da diese ggf. das Ergebnis des Experiments oder des Quasi-Experiments beeinflussen könnten. So lässt sich z. B. annehmen, dass vertiefende Interviews mit Teilnehmenden der Interventionsgruppe während der Intervention durchaus Reflexionsprozesse in Gang setzen können, die wiederum einen (nicht intendierten) Effekt auf bestimmte Outcomes der Intervention haben können. Dadurch kann es zu Verzerrungen in den Interventionseffekten kommen (Creswell 2015a).

Das Interventionsdesign mit den Möglichkeiten zur Andockung von qualitativen Studien entweder vor, während oder nach dem Experiment/der Intervention ist in Abb. 3.4 dargestellt. Je nachdem, wo die qualitative Teilstudie ansetzt, stellt das Mixed-Methods-Interventionsdesign eine Sonderform der bereits vorgestellten Grunddesignformen dar. Wird beispielsweise die qualitative Studie vor dem Experiment/der Intervention durchgeführt, um eine adäquate Stichprobe für das Experiment/die Intervention zu generieren, so läge ein exploratives sequentielles Design vor (Qual → QUAN). Da die qualitativen Teile allerdings in ein experimentelles – und somit quantitatives – Design eingeordnet sind, spricht man in

3.5 Designarten

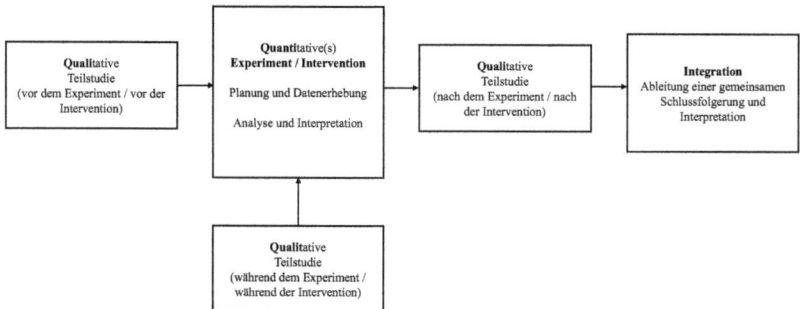

Abb. 3.4 Mixed-Methods-Interventionsdesign (siehe Creswell und Plano Clark 2018, S. 109). (Eigene Darstellung)

diesem Fall von einem Mixed-Methods-Interventionsdesign und nicht von einem explorativen sequentiellen Design (Creswell und Plano Clark 2018, S. 108 f.).

Als konkretes Beispiel kann hier die Studie von Schastak (2020; Deutschland) angeführt werden, die im Rahmen der BiPeer-Studie (Förderung der Deutsch-Lesekompetenz bilingualer Grundschüler:innen durch Peer Learning) verfasst wurde. Auf Basis eines quasi-experimentellen Mixed-Methods-Designs wurde untersucht, inwieweit eine Intervention, die auf Peer Learning bei bilingualen Schülerinnen und Schülern (türkisch-deutsch-sprachige Schüler:innen der 3. und 4. Schulstufe) setzt, zur Förderung der Lesekompetenz und der Rechenkompetenz beitragen kann. In dieser Intervention wird folglich die Bilingualität von Schülerinnen und Schülern in Gruppen- und Partnerarbeiten genützt, um Kompetenzentwicklung zu unterstützen. Schastak (2020) hat sich in seinem Teilprojekt dabei das Ziel gesetzt, die Umsetzung des Angebots (Peer-Learning) und dessen Erleben durch die Schüler:innen genauer zu beleuchten. Zusätzlich zu den quantitativen Daten, die im Zuge der Interventionsstudie erfasst wurden, wurden vertiefende Interviews nach der Intervention durchgeführt, um die Interventionswahrnehmung durch die Schüler:innen besser zu verstehen, also um beispielsweise zu explorieren, welche Aspekte die Schüler:innen positiv oder negativ bezogen auf das bilinguale Sprachangebot erlebt haben.

Auch die Studie von Lenz et al. (2020) aus den USA ist der empirischen Grundschulforschung zuzuordnen. Die Forscher:innen überprüften ein Programm zur Förderung des Wohlbefindens von Schülerinnen und Schülern. Das Programm wurde in einem Zeitraum von fünf Wochen mit insgesamt 34 Schülerinnen und Schülern durchgeführt. In neun Sessions lernten die Schüler:innen die Grundlagen der Positiven Psychologie kennen und Strategien zur Förderung des Wohlbefindens (z. B. indem Pläne zur Förderung von positiven Emotionen verfasst oder Dankbarkeitsbriefe formuliert wurden). Es gab eine Prä- und Postmessung zu wohlbefindensrelevanten Variablen, wie z. B. die Lebenszufriedenheit. Zusätzlich wurden vertiefende Fokusgruppen am Ende der Intervention durchgeführt, um zu verstehen, wie die Intervention von den Schülerinnen und Schülern interpretiert und internalisiert wurde. Während die quantitativen Ergebnisse einen Anstieg der Lebenszufriedenheit und des Selbstkonzepts belegten, untermauerten die qualitativen Ergebnisse, dass die Schüler:innen sich selbst durch die Intervention besser kennenlernten, ihre Empathie erhöhten (z. B. durch Perspektivenübernahme) und auch ihr Emotionsempfinden besser auszudrücken lernten. Die qualitativen Befunde erhellen folglich den Mechanismus, der zu den Zugewinnen in den wohlbefindensrelevanten Faktoren führte (aus Schüler:innensicht).

Beide Studien zeigen, dass qualitative Teilelemente in Interventionsdesigns sehr gewinnbringend sein können, um Interventionswirkungen besser zu verstehen. Dieser Gewinn ist insbesondere in Studien relevant, bei denen die erwarteten Interventionswirkungen ausbleiben. Sie können helfen zu verstehen, warum Effekte, die man sich theoretisch erwartet hätte, nicht zu Tage getreten sind.

3.5.5 Transfer Design

Abschließend ist das „Transfer Design" (Kuckartz 2014) anzuführen, das sich durch eine Transformation der Daten im Zuge des Projekts auszeichnet. Es können entweder qualitative Daten quantifiziert (z. B. Sandelowski et al. 2009; Vogl 2017) oder quantitative Daten qualifiziert werden. Mit beiden Datenformen werden spezifische Fragestellungen untersucht. Wird von Beginn an das Ziel verfolgt, qualitatives Datenmaterial zu quantifizieren, und wird dabei keine eigenständige Frage mit den qualitativen Ergebnissen beantwortet, sollte nicht von einem Transfer Design gesprochen werden. Wir greifen die Quantifizierung bzw. Qualifizierung von Daten noch genauer im Abschn. 3.8 zur Mixed-Methods-Datenanalyse auf.

In der (deutschsprachigen) empirischen Bildungsforschung ist die Anwendung der qualitativen Inhaltsanalyse (Mayring 2015) sehr prominent (im Überblick siehe Gläser-Zikuda et al. 2020). Darin kommt es zu einer Verschränkung von qualitativen und quantitativen Auswertungsschritten. Interviewauszüge werden z. B. in einem ersten Schritt auf Basis der inhaltlich strukturierenden Inhaltsanalyse kodiert. Die Kategorien werden in einem zweiten Schritt quantifiziert und Häufigkeitstabellen abgeleitet. Aufgrund dieser Verschränkung der qualitativen und quantitativen Auswertungsschritte schlägt Burzan (2016, S. 26 f.) vor, die qualitative Inhaltsanalyse als hybride Methode zu bezeichnen; die aber nicht automatisch den Mixed-Methods-Designs zuzuordnen ist.

3.5.6 Komplexe Designformen

Aufbauend auf den Grunddesignformen kann jede Form des komplexeren Designs realisiert werden. Die Forschungsfrage(n) ist (sind) bestimmend für die Ableitung des Designs, und nur unter Bezug auf diese kann die Angemessenheit des Designs beurteilt werden. So ist es z. B. denkbar, in einem parallelen Design mehrere qualitative und mehrere quantitative Stränge parallel zu führen. Vielfältige Kombinationsmöglichkeiten ergeben sich auch für sequentielle Designs, die nicht „nur" aus zwei Phasen, sondern aus mehreren Phasen bestehen können. Abschließend ist natürlich auch eine Verschränkung aus parallelen Elementen und sequentiellen Elementen innerhalb eines Mixed-Methods-Designs denkbar. Forschungsprogramme, die über mehrere Jahre andauern, können im Sinne von komplexen Mixed-Methods-Designs geplant und realisiert werden. Manchmal ist es jedoch nicht einfach, diese Studien als Mixed-Methods-Studien zu identifizieren, da die Teilstudien in einzelnen Artikeln publiziert werden und nicht in jedem Fall auch das Gesamt-Design berichtet wird.

Ein Beispiel für ein sequentielles Drei-Phasen-Mixed-Methods-Design stellen Graham et al. (2017) vor. In dieser Studie geht es darum, das schulische Wohlbefinden von Schülerinnen und Schülern in Australien besser zu verstehen und daraus Empfehlungen für Politik und Praxis zu generieren. Des Weiteren stand die Überprüfung der Nützlichkeit einer bisher in der schulischen Wohlbefindensforschung nicht angewandten Theorie im Zentrum der Studie. Dazu führten die Autorinnen und Autoren in der *ersten Phase* des Mixed-Methods-Projekts eine Dokumentenanalyse durch, um die aktuelle Politik im Zusammenhang mit dem schulischen Wohlbefinden zu verstehen. Die Ergebnisse der ersten Phase wurden für die Erstellung der Interviewleitfäden (Phase 2) und des standardisierten Fragebogens (Phase 3) verwendet. Die Autorinnen und Autoren halten im Bezug auf die Datenquellen in der ersten Phase fest: „Relevant national, state and local (system-level) policy-related documents were analysed from sectors relevant to child well-being in schools, including education, health, mental health and child protection" (Graham et al. 2016, S. 444). In *Phase 2* (qualitativ) führten die Autorinnen und Autoren eine hohe Zahl an Fokusgruppen mit Schülerinnen und

Schülern ($N = 606$ Schüler:innen) und teilstrukturierte Einzelinterviews mit Lehrpersonen ($N = 71$) und Schulleitungen ($N = 18$) an Schulen durch, um ein vertieftes Verständnis der individuellen Meinungen, Haltungen und Werte zum schulischen Wohlbefinden zu erhalten (Graham et al. 2016). In einer quantitativen *Phase* 3 wurde ein Online Survey entwickelt, in dem die Themen, die in der zweiten Studie aus den qualitativen Daten extrahiert wurden, eingearbeitet wurden. Insgesamt partizipierten an dieser schriftlichen standardisierten Umfrage 3906 Grundschüler:innen, 5362 Sekundarschüler:innen und 707 Mitarbeitende an Schulen. Die Autorinnen und Autoren begründen die dritte Phase wie folgt:

> The survey content emerged out of the themes identified from Phase 2 and provided an opportunity to triangulate the data – not just in the sense of validating the findings across a wider school body, but also in terms of illuminating new angles to facilitate rich, robust and comprehensive understandings. (Graham et al. 2017, S. 445)

In diesem Beispiel wurde folglich ein komplexes mehrphasiges sequentielles Mixed-Methods-Design umgesetzt, in dem die einzelnen Teilstudien gut verschränkt wurden.

> **Zusammenfassung**
>
> In der Mixed-Methods-Forschung kommen verschiedene Designarten zur Anwendung, deren Auswahl von der jeweiligen Forschungsfrage bzw. von den Forschungsfragen bestimmt wird. Sie sollen nicht rezeptartig verstanden werden, sondern dienen als Anregung für die Planung der eigenen Forschungsarbeit. Mixed-Methods-Studien folgen einer bestimmten Nomenklatur basierend auf der zeitlichen Reihenfolge der Teilstudien und deren Gewichtung. Unterschieden werden parallele Designs von sequentiellen Designs. Bei den sequentiellen Designs werden das Verallgemeinerungs- und das Vertiefungsmodell häufig verwendet. Auch Interventionsstudien können im Sinne von Mixed-Methods-Projekten realisiert werden. Da sich Mixed-Methods-Studien durch eine hohe Komplexität auszeichnen, empfiehlt es sich, das Design auch zu illustrieren. ◄

3.6 Stichprobenziehung

> **Lernziele**
>
> Sie können
>
> - verschiedene Formen der Stichprobenziehung im Mixed-Methods-Forschungsprozess benennen,
> - aus Möglichkeiten der Stichprobenkombination für die eigene Mixed-Methods-Studie begründet auswählen. ◄

Die Entscheidung, welche und wie viele Fälle man berücksichtigt, wird als „Stichprobenstrategie" bezeichnet. In der Mixed-Methods-Forschung ist das Ziehen einer geeigneten Stichprobe häufig verbunden mit der Frage, wie viele Personen oder Fälle in den quantitativen oder qualitativen Phasen einer Studie untersucht werden sollen. Vor der Frage nach der Stichprobengröße ist jedoch zunächst zu klären, wie die Stichprobe gezogen werden soll und wie die Teilnehmenden der quantitativen und qualitativen Teile – abhängig vom gewählten Forschungsdesign (Abschn. 3.5) – zueinander in Beziehung stehen bzw. kombiniert werden können. Oberstes Ziel der Stichprobenziehung in Mixed-Methods-Projekten ist das Erreichen von *Repräsentation* (Corrigan und Onwuegbuzie 2020), d. h. eine gleichzeitige Erreichung angemessener statistischer Power (Teststärke) in den quantitativen und theoretischer Sättigung (Saturation) in den qualitativen Phasen einer Mixed-Methods-Forschungsarbeit. Corrigan und Onwuegbuzie (2020) präzisieren ihre Überlegungen zur Repräsentation wie folgt: „As mixed methods researchers, not only do we have to represent lived experiences using numbers and words, but also we must simultaneously strive for the appropriate balance of quantitative power and qualitative saturation" (Corrigan und Onwuegbuzie 2020, S. 786).

Die statistische *Power* eines quantitativen Tests gibt an, mit welcher Wahrscheinlichkeit ein Effekt entdeckt wird, wenn er auch tatsächlich existiert (Cohen 1988). Zieht man einen zu geringen Stichprobenumfang, so reduziert sich auch die Teststärke, und mögliche Effekte (Zusammenhänge, Veränderungen, Unterschiede), die in der Grundgesamtheit/Population vorherrschen würden, werden mit statistischen Hypothesentests, die an der Stichprobe angewandt werden, nicht aufgedeckt. Für die Bestimmung der statistischen Power des quantitativen Teils einer Mixed-Methods-Studie empfiehlt sich eine Power-Analyse, etwa mit Hilfe der freien Software G*Power (Faul et al. 2009) oder weiteren Programmen (z. B. *R*). Wichtig ist, dass die Power einer Untersuchung bereits bei der Studienplanung bestimmt wird (*a priori*-Poweranalyse). Dies verhindert, dass zu geringe Stichprobengrößen für den quantitativen Teil der Studie gezogen werden, auf Basis derer keine verlässliche Hypothesenprüfung möglich ist.

Der Begriff „*theoretische Sättigung*" kommt aus dem Forschungsansatz der Grounded Theory (ein spezifischer qualitativer Forschungszugang, siehe Glaser und Strauss 1967) und bedeutet, dass die Stichprobenziehung respektive die Fallauswahl abgeschlossen ist, sobald keine weiteren Informationen durch die Aufnahme von neuen Fällen für die Theorie-/Konzeptentwicklung gewonnen werden (Döring und Bortz 2016; Guest et al. 2006). Beispielsweise würde man von „Sättigung" sprechen, wenn nach der Kodierung von 20 Interviewtranskripten das entwickelte Kategoriensystem durch die Kodierung weiterer Transkripte nicht mehr weiter ausdifferenziert wird. Es liegt also, wie von Corrigan und Onwueguzie (2020, S. 786) formuliert, eine theoretische Sättigung vor.

Die Qualität der Stichprobe/Fallauswahl wird in Mixed-Methods-Studien nicht nur dadurch bestimmt, ob es gelingt, sowohl für den qualitativen als auch für den quantitativen Teil des Projekts eine qualitätsvolle Stichprobe zu gewinnen, sondern auch dadurch, inwieweit die Kombination der Strategien für das Mixed-Methods-Projekt und die dort aufgeworfenen Forschungsfragen als adäquat (im Sinne von sinnvoll, passend und gewinnbringend) eingeschätzt wird.

Bevor auf die Kombinationsmöglichkeiten der Stichprobenauswahl in Mixed-Methods-Projekten eingegangen wird (Abschn. 3.6.2), beleuchtet Abschn. 3.6.1 mögliche Formen der Stichprobenziehung, die sowohl in Mono-Method- als auch in Mixed-Methods-Studien Anwendung finden (Döring und Bortz 2016; Teddlie und Yu 2007). Die dargestellten Formen stellen lediglich eine Auswahl möglicher Samplingstrategien dar. Abschließend (Abschn. 3.6.3) werden Beispiele aus der empirischen Bildungsforschung mit Fokus auf Stichprobenziehung bzw. Fallauswahl vorgestellt und diskutiert.

3.6.1 Grundlegende Formen der Stichprobenziehung

Die Teilnehmenden an einer Mixed-Methods-Studie können auf verschiedene Arten ausgewählt werden. Onwuegbuzie und Collins (2007) differenzieren zwischen (a) zufallsgesteuerten und (b) bewussten Auswahlverfahren („*random sampling*" bzw. „*purposive sampling*"). Die zufallsgesteuerten Auswahlverfahren inkludieren die einfache, stratifizierte, Klumpen-, systematische und mehrstufige Zufallsstichprobenziehung; die bewussten Auswahlverfahren hingegen beinhalten die Gelegenheits-, maximale variationsbasierte, kriteriumsbasierte, typische, fallbasierte und Quotenstichprobenziehung (siehe Tab. 3.3; für einen umfassenden Überblick über Stichprobenvarianten siehe Fetters 2020, Kap. 9).

Auch wenn Tab. 3.3 die hier gelisteten Arten der Stichprobenziehung als distinkte Kategorien darstellt, sind in der Praxis der empirischen Bildungsforschung auch Mischformen anzutreffen. Beispielsweise ließe sich argumentieren, dass Gewinner:innen eines Schulpreises fallbasiert oder auch kriteriumsbasiert ausgewählt wurden oder dass, um ein zweites Beispiel zu nennen, die Auswahl von Lehrkräften der Fächer Französisch, Mathematik, Kunst und Sport sowohl eine typische (im Sinner „typischer" Vertreter:innen des jeweiligen Fachs) als auch eine kriteriumsbasierte (im Sinne einer Repräsentation unterschiedlicher Fächer) Stichprobenziehung sein kann. Insofern sind die hier dargestellten Arten der Stichprobenziehung nicht als exklusiv und einander ausschließend zu betrachten, sondern als prototypische Formen, auf deren Basis Bildungsforschende auf die jeweilige Fragestellung abgestimmte Mischformen kreieren können.

3.6.2 Formen der Stichprobenkombination in Mixed-Methods-Studien

In Mixed-Methods-Studien gilt es, die Formen der Stichprobenziehung/ Fallauswahl des qualitativen und quantitativen Strangs gezielt zu kombinieren. Hier lassen sich identische, parallele, hierarchische und Mehrebenen-Kombinationen unterscheiden, um die Beziehung zwischen den Stichproben in den quantitativen und den qualitativen Phasen zu beschreiben (Corrigan und Onwuegbuzie 2020).

- Eine *identische* Beziehung signalisiert, dass exakt die gleichen Teilnehmenden sowohl an der qualitativen als auch der quantitativen Phase der Studie partizipieren (zum Beispiel werden Teilnehmende an einer Lehrer:innenfortbildung sowohl auf Basis eines standardisierten Fragebogens als auch auf Basis eines semistrukturierten Leitfadens interviewt).
- Eine *parallele* Beziehung meint, dass Stichproben für die qualitativen und die quantitativen Phasen einer Studie zwar verschieden sind, aber aus der gleichen zugrunde liegenden Population stammen (zum Beispiel Grundschulkinder einer Schule für Phase 1 und Grundschulkinder einer anderen Schule für Phase 2 des Mixed-Methods-Projekts).
- Eine *hierarchische* Beziehung impliziert, dass die Stichprobe für eine Phase der Studie eine Teilgruppe der Stichprobe für eine andere Phase der Studie

Tab. 3.3 Arten der Stichprobenziehung (für eine detaillierte Beschreibung der Arten der Stichprobenziehung, siehe Onwuegbuzie und Collins 2007, S. 285–287 sowie Döring und Bortz 2016, S. 291–319)

Form	Beschreibung
Zufallsgesteuerte (randomisierte) Verfahren	
Einfach	Jede Person innerhalb einer Population hat die gleichen Chancen, für die Studie ausgewählt zu werden. In einer Untersuchung möchte man die Bildungsaspirationen von Gymnasialschülerinnen und -schülern der 8. Klassenstufe erheben. Auf Basis einer Liste aller Schüler:innen, aus der n Schüler:innen zufällig gezogen werden, findet die Stichprobenfestlegung statt.
Stratifiziert/ geschichtet	Die Population wird in Schichten segmentiert, aus denen dann Fälle/Untersuchungseinheiten gezogen werden. Die Schichten repräsentieren bestimmte Gruppen (Personen, Verwaltungseinheiten etc.), die in einem oder mehreren Merkmalen homogen sind. In einem Forschungsprojekt werden die Schüler:innen beispielsweise in die Gruppen (1) hohe, (2) mittlere und (3) niedrige Schulleistung eingeteilt. In der Folge wird dann pro Schicht (pro Gruppe) eine zufällig ausgewählte Anzahl an Schülerinnen und Schülern für die Studie ausgewählt.
Klumpen	Statt einzelner Gruppen (Personen, Verwaltungseinheiten etc.) werden natürliche Gruppen zufällig ausgewählt. Wenn in einem Forschungsprojekt z. B. vollständige Seminargruppen an Lehrpersonen, die an Weiterbildungen teilnehmen, zu ihrer Motivation befragt und diese Gruppen (als Ganzes) zufällig ausgewählt werden, so würde eine Klumpenstichprobe vorliegen.
Systematisch	Personen werden von einer Liste auf Basis einer Zufallszahl k ausgewählt (zum Beispiel jede dritte Person bei $k = 3$).

(Fortsetzung)

Tab. 3.3 (Fortsetzung)

Form	Beschreibung
Mehrstufig zufällig	Eine Stichprobe wird in mehreren Stufen ausgewählt. Jede Stufe repräsentiert eine andere der oben erwähnten zufallsbasierten Auswahlverfahren. Wenn eine Forscher:innengrupppe z. B. die Studienzufriedenheit von Studierenden der Erziehungswissenschaft im deutschsprachigen Raum untersuchen will, so wird es eher schwer realisierbar sein, an allen Universitäten, die ein erziehungswissenschaftliches Studium anbieten, zu erheben. Daher können in einem ersten Schritt Klumpen per Zufall erfasst werden – es wird also zufällig bestimmt, an welchen Universitäten (= Klumpen) die Stichprobenziehung erfolgt. Danach werden pro zufällig bestimmter Universität (1. Stufe) eine bestimmte Anzahl an zufällig ausgewählten Studierenden (2. Stufe) befragt Ein weiteres Beispiel ist die Analyse der Einstellungen von Lehrkräften zu Schülerinnen und Schülern mit Migrationshintergrund. Forschende wählen zufällig einen Schulamtsbezirk eines Bundeslandes aus (einfache Stichprobenziehung), wählen danach aus einer Liste jede dritte Grundschule des Schulamtsbezirks (systematische Stichprobenziehung) und befragen in diesen Schulen dann mittels Interview und Fragebogen zufällig ausgewählte Referendarinnen und Referendare und erfahrene Lehrkräfte (stratifizierte Stichprobenziehung) nach ihrer Einstellung zu Schülerinnen und Schülern mit Migrationshintergrund.
Bewusste Verfahren („purposive sampling")	
Gelegenheit	Personen werden ausgewählt, weil sie verfügbar sind und an der Studie teilnehmen möchten. Die Gelegenheitsstichprobe kommt in der empirischen Bildungsforschung häufig vor. So würde eine Stichprobe z. B. eine Gelegenheitsstichprobe sein, wenn Forschende an Grundschulen einer bestimmten Stadt eine Untersuchung zum Klassenklima durchführen. Sie befragen ganze Klassen in einer Schule und sie testen an jenen Schulen, die sich auf den Studienaufruf freiwillig gemeldet haben.
Maximale Variation	Personen werden ausgewählt, weil sie die maximale Bandbreite eines Phänomens oder Merkmals repräsentieren. Stehen in einer Forschungsarbeit beispielsweise die Einstellungen zur Inklusion von Lehrpersonen im Zentrum, könnte man z. B. Lehrkräfte im ersten Berufsjahr vs. pensionierte Lehrkräfte diesbezüglich befragen.

(Fortsetzung)

Tab. 3.3 (Fortsetzung)

Form	Beschreibung
Kriterium	Personen werden auf Basis eines Merkmals oder mehrerer bestimmter Kriterien ausgewählt. In einer qualitativen Interviewstudie möchte man z. B. die Methoden, die zur kognitiven Aktivierung genutzt werden, besser verstehen. Aussagen sollten zu den MINT-Fächern gemacht werden. Daher werden Lehrkräfte aus den Fächern Mathematik, Informatik, Naturwissenschaft und Technik ausgewählt. Da auch die Berufserfahrung eine Rolle spielen könnte, wird zudem darauf geachtet, Lehrpersonen mit unterschiedlicher Berufserfahrung pro Fach (< 5 Jahre; 6–10 Jahre und > 10 Jahre) für die Befragung auszuwählen. Theoretisch festgelegte Kriterien bestimmen also die Fallauswahl.
Typisch	Durchschnittliche Fälle werden ausgewählt. Untersuchen beispielsweise Forschende ausgewählte Gestaltungsprinzipien multimedialer Lernumgebungen, werden typischerweise Lernende ohne bzw. mit nur geringem Vorwissen eingeladen, um etwa das Risiko eines Expertise-Reversal-Effekts, der sich bei Lernenden mit hohem Vorwissen zeigen kann, bereits bei der Stichprobenauswahl zu minimieren.
Fallbasiert	Personen werden ausgewählt, weil sie bestimmte kritische oder extreme Fälle repräsentieren. Man könnte z. B. annehmen, dass Gewinner:innen des Deutschen Schulpreises im besonderen Maß dazu in der Lage sind, die Freude der Schüler:innen am Lernen zu fördern. Erkenntnisse, die man von diesen Schulstandorten gewinnt, können auf andere Schulstandorte übertragen werden.
Quote	Personen werden ausgewählt, um vordefinierte Quoten zu erfüllen und eine merkmalsspezifische Repräsentativität der Stichprobe zu erreichen. Die Quotenstichprobe stellt keine Zufallsstichprobe dar. Wenn beispielsweise eine Untersuchung zur Gesundheit von Lehrpersonen durchgeführt wird und man theoretisch davon ausgeht, dass für die Gesundheit demografische Faktoren wie das Geschlecht und die Berufserfahrung eine Rolle spielen, so wird so lange eine Stichprobe gezogen, bis in der Stichprobe diese Merkmale gleichverteilt wie in der Grundgesamtheit sind. Ist die Geschlechterverteilung in der Grundgesamtheit beispielsweise 30 % Männer und 70 % Frauen, so muss diese Verteilung auch in der Stichprobe widergespiegelt sein. In diesem Fall würde eine proportionale Quotenstichprobe vorliegen. Man könnte sich auch für ein disproportionales Vorgehen entscheiden.

3.6 Stichprobenziehung

repräsentiert (zum Beispiel werden Teilnehmende für ein Interview aus den Personen ausgewählt, die auch einen Fragebogen bearbeiten).

- Eine *Mehrebenenbeziehung* beinhaltet die Stichprobenziehung aus mehreren Populationen für die quantitativen und die qualitativen Phasen einer Mixed-Methods-Studie. So werden zum Beispiel für den quantitativen Teil Gymnasiallehrkräfte für eine „eye tracking"-basierte Unterrichtsbeobachtung ausgewählt und ausgewählte beobachtete Schüler:innen danach für den qualitativen Teil leitfadenbasiert interviewt.

Die Beziehung der Stichproben zueinander kann auch in *zeitlicher Hinsicht* charakterisiert werden und dabei das gewählte *sequentielle* oder *parallele* Studiendesign (siehe Abschn. 3.5) repräsentieren, etwa *sequentiell-hierarchisch* oder *parallel-identisch* (Collins 2010; Corrigan und Onwuegbuzie 2020; Onwuegbuzie und Collins 2007; Teddlie und Yu 2007). Ein sequentiell-hierarchischer Stichprobenplan könnte z. B. in einem Vertiefungsdesign (QUAN → QUAL) umgesetzt werden, indem aus der umfassenden Stichprobe der quantitativen Teilstudie eine bewusste Fallziehung für die qualitative Teilstudie erfolgt. Ein parallel-identischer Stichprobenplan würde beispielsweise in einem parallelen Mixed-Methods-Projekt (QUAL + QUAN) realisiert, indem dieselben Personen an der qualitativen und der quantitativen Teilstudie partizipieren (= identische Stichprobe). "Parallel" verweist in diesem Fall auf das parallele Mixed-Methods-Design.

In diesem Zusammenhang sei auf die doppelte Bedeutung des Begriffs „parallel" verwiesen. Während ein *paralleles Design* die (in etwa) zeitgleiche Umsetzung der qualitativen und der quantitativen Teilstudie in einem Mixed-Methods-Projekt bedeutet, meint *„parallel" im Sinne der Stichprobenkombination*, dass zwei Stichproben „parallel" – d. h. separat geführt werden. Dies bedeutet, dass unterschiedliche Stichproben in den qualitativen und den quantitativen Teilen gezogen werden; d. h., es gibt keine Schnittmenge in den Fällen; sie stammen lediglich aus derselben Grundgesamtheit/Population. Fetters (2020) bezeichnet diese Form der Stichprobenkombination auch als *„separat"* (S. 110). Diese begriffliche Verwendung ist eindeutiger.

Morse (2010) gibt zu bedenken, dass insbesondere die identische Stichprobenziehung eine Gefahr für die Validität der Befunde in Mixed-Methods-Forschungsprojekten darstellen kann. Werden in einem sequentiellen Mixed-Methods-Projekt beispielsweise dieselben (wenigen) Personen, die an einem Interview teilgenommen haben und bewusst für diese Studie ausgewählt worden sind („purposive sampling"), in einer Folgestudie auch schriftlich befragt, so verletzt man in der quantitativen Folgestudie die Qualitätskriterien, die für eine quantitative Stichprobenziehung anzuwenden sind (z. B. Größe der Stichprobe; zufällige Stichprobenziehung etc.).

Will man auf Basis der Stichprobe eine *Integration* vornehmen (z. B. indem Fälle für eine qualitative Vertiefungsstudie bewusst aus der quantitativen Erhebung ausgewählt werden), so ist es notwendig, dass diese Personen auch identifiziert werden können; d. h., es muss möglich sein, diese erneut zu kontaktieren. Vergisst man, sich vor Studiendurchführung Gedanken darüber zu machen, wie diese Identifikation möglich ist, so wird eine wichtige Integrationsmöglichkeit auf Design- und in späterer Folge auch auf Analyse- und Interpretationsebene vergeben. Daher gilt es bei der Projektplanung klar zu überlegen, wie die zu gewinnenden Stichproben zueinander im Verhältnis stehen sollen und ob eine Integration auf Stichprobenebene erfolgen soll. Da jedoch nicht immer im Voraus klar ist, wie sich Projekte entwickeln (z. B. „emergent designs", nicht-linearer Forschungsprozess), wird angeraten, jedenfalls eine Personenidentifikationsnummer (z. B. Code) mitzuerfassen, sodass etwaige Kombinationen unterschiedlicher Datenquellen derselben Personen/Fälle innerhalb eines Mixed-Methods-Projekts vorgenommen werden können. Etwaige datenschutzrechtliche Einwilligungen, die hierfür nötig sind, sind natürlich mitzudenken und einzuholen.

3.6.3 Beispiele der Stichprobenziehung aus Mixed-Methods-Studien der Bildungsforschung

Zwei Beispiele aus der Bildungsforschung sollen die zufallsgesteuerte und die bewusste Form der Stichprobenziehung näher illustrieren.

Als Beispiel für ein zufallsgesteuertes Verfahren dient die Studie von Hauserman et al. (2013) zur Einschätzung von Lehrkräften hinsichtlich der Führungsqualität ihrer Schulleitungen. In dieser Studie befragten die Autorinnen und Autoren kanadische Lehrkräfte, wie sehr ihre Schulleitung einen transformationalen Führungsstil pflegt. Im quantitativen Teil bewerteten Lehrkräfte ihre Schulführung anhand des Multifactor Leadership Questionnaire. Dazu wurden zunächst 135 Schulen in Kanadas Provinz Alberta zufallsbasiert ausgewählt und dann in diesen zufällig ausgewählten Schulen zehn Lehrkräfte pro Schule zufallsbasiert zur Teilnahme an der quantitativen Fragebogenerhebung eingeladen. Im qualitativen Teil wurden Lehrkräfte, die den transformationalen Führungsstil ihrer Schulleitungen als besonders hoch bzw. niedrig einschätzten, identifiziert. Von diesen Personen wurden fünf Lehrkräfte via qualitativem Interview vertieft zu besonders unterstützenden und fünf Lehrkräfte zu eher hemmenden Handlungen der Schulleitung befragt.

Als Beispiel für ein bewusstes, dem Maximum-Variation-Ansatz entsprechendes Verfahren dient die Studie von Palak und Walls (2009) zum Einfluss von Überzeugungen auf die Verwendung von Technologie im Unterricht. Die Autorinnen und Autoren stellten die Forschungsfrage, ob Lehrkräfte, die häufig technologiebasiert unterrichten und an einer technisch gut ausgestatteten Schule arbeiten, ihre Überzeugungen in Richtung Lernendenzentrierung ändern. Im quantitativen Teil der Studie befragten die Autorinnen und Autoren Lehrkräfte zu ihren Überzeugungen in Bezug auf guten Unterricht und ihre Rolle als Lehrkraft. Die Auswahl der Lehrkräfte erfolgte kriteriumsbasiert und inkludierte Lehrkräfte, die regelmäßig Technologie im Unterricht nutzten, unabhängig von deren Alter, Geschlecht, Berufserfahrung und unterrichtetem Fach. Die quantitative Befragung führte zu einer Differenzierung in Lehrkräfte, die präferiert schüler:innenzentriert vs. lehrkraftzentriert unterrichten. Aus diesen beiden Extremen wurden dann einzelne Teilnehmende für vertiefende qualitative Interviews eingeladen, um eine maximale Variation hinsichtlich der Bandbreite möglicher Überzeugungen abzubilden.

> **Zusammenfassung**
>
> Oberstes Ziel der Stichprobenziehung in der Mixed-Methods-Forschung ist *Repräsentation* (Corrigan und Onwuegbuzie 2020). Dabei stehen den Forschenden verschiedene Formen der zufallsbasierten und bewussten Stichprobenziehung (Fallauswahl) zur Verfügung. Die so gezogenen Stichproben in den quantitativen und qualitativen Teilen können zueinander in identischer, paralleler (separater), hierarchischer und Mehrebenen-Beziehung stehen. In Mixed-Methods-Projekten gilt es, die Stichproben*kombination* bewusst zu planen und qualitätsvoll umzusetzen. ◄

3.7 Datenerhebungsmethoden

> **Lernziele**
>
> **Sie können**
>
> - verschiedene Methoden der Datenerhebung unterscheiden und hinsichtlich ihrer spezifischen Erkenntnismöglichkeiten beurteilen,

- Binnenstrategien und Zwischenstrategien der Datenerhebung in Mixed-Methods-Studien unterscheiden,◄

Die Stichprobenziehung bereitet den Weg für das Sammeln der Daten. Zur Datenerhebung steht den Mixed-Methods-Forschenden das gesamte Repertoire der empirischen Bildungsforschung zur Verfügung, weil sowohl qualitative als auch quantitative Zugänge prinzipiell herangezogen werden können und das Datenmaterial nicht reduktionistisch auf ein Paradigma limitiert wird. In diesem Kapitel sollen daher einzelne Erhebungsmethoden vorgestellt werden. Orientiert an Teddlie und Tashakkori (2009) wird dabei nach Binnenstrategien und Zwischenstrategien der Datenerhebung unterschieden: *Binnenstrategien* („within-strategies") beschreiben das Sammeln von quantitativen und qualitativen Daten mit der gleichen Erhebungsmethode innerhalb einer Mixed-Methods-Studie. Den Mixed-Methods-Charakter erhalten Studien, die nur eine einzelne Erhebungsmethode verwenden, durch die Verfolgung von Fragestellungen, die sowohl qualitative als auch quantitative Aspekte des jeweiligen Phänomens ansprechen und zur Beantwortung dieser Fragestellung auf die Analyse von sowohl qualitativem als auch quantitativem Datenmaterial zurückgreifen. Im Gegensatz dazu beschreiben *Zwischenstrategien* („between-strategies") das Sammeln von quantitativen und qualitativen Daten mit mehr als einer Erhebungsmethode.

Die Erhebungsmethode bestimmt, welche Daten gesammelt werden (bei einer Binnenstrategie können das verschiedene Arten von Daten sein); die daran anschließende Analyse muss an das Datenmaterial angepasst sein (Döring und Bortz 2016; Teddlie und Tashakkori 2009). Gleichwohl sei an dieser Stelle kritisch angemerkt, dass eine Binnenstrategie in Mixed-Methods-Studien lediglich die Möglichkeit anzeigt, innerhalb einer Datenerhebung sowohl qualitatives als auch quantitatives Datenmaterial zu erheben. Davon abzugrenzen sind die Komplexität der Erhebungsdetails und die Detailtiefe der anschließenden Analyse (z. B. Detailtiefe der Transkription; Analysefokus: ethnomethodologisch, inhaltsanalytisch, quantitativ-statistisch). Man würde z. B. nicht von einem Mixed-Methods-Ansatz sprechen, wenn am Ende eines quantitativen (standardisierten) Fragebogens mit Likert-Skala eine einzelne offene Frage eingefügt wird, deren Antwort lediglich oberflächlich thematisch ausgewertet wird. Auch eine qualitative Studie, in der Leitfadeninterviews mit Lehrpersonen und Schülerinnen und Schülern durchgeführt werden, die um einen kurzen Fragebogen am Ende des Interviews zur Erhebung der demografischen Informationen erweitert wird, wäre nicht als Mixed-Methods-Studie (im Sinne der Anwendung einer Binnenstrategie) zu klassifizieren.

3.7 Datenerhebungsmethoden

Wir beschreiben in den nachfolgenden zwei Kapitel vorerst Datenerhebungsmethoden, die sehr häufig in der empirischen Bildungsforschung eingesetzt werden (Abschn. 3.7.1), bevor wir näher auf die Zwischenstrategie eingehen – jener Zugang, der in Mixed-Methods-Studien der empirischen Bildungsforschung am häufigsten realisiert wird. Wir führen hierzu konkrete Beispiele an (Abschn. 3.7.2).

3.7.1 Grundlegende Möglichkeiten der Datenerhebung

Mit vielen Datenerhebungsmethoden lassen sich sowohl qualitative als auch quantitative Daten sammeln, je nachdem, wie hoch der Standardisierungsgrad dieser Methoden gewählt wird. Dazu zählen etwa die Beobachtung oder die (schriftliche bzw. mündliche) Befragung. Weitere Datenerhebungsmethoden, die in der empirischen Bildungsforschung regelmäßig eingesetzt werden, sind beispielsweise im Lehrbuch „Empirische Bildungsforschung" von Reinders et al. (2022; Band 1; Abschn. III: Methoden) im Detail nachzulesen.

Die wissenschaftliche Beobachtung
Thierbach und Petschick (2014) definieren die *wissenschaftliche Beobachtung* als

> eine Datenerhebungsmethode, bei der sich die Beobachterin bewusst (mit den ihr zur Verfügung stehenden fünf Sinnen) an die Orte des Geschehens begibt, an denen sie ihre Daten erheben möchte. Daten mittels Beobachtung zu erheben ist vor allem dann sinnvoll, wenn es darum geht, Prozesse, Organisationen, Beziehungen, Handlungsabläufe oder Interaktionsmuster zu verstehen. (S. 855)

Wichtig ist in diesem Zusammenhang, dass die wissenschaftliche Beobachtung zielgerichtet, systematisch und regelgeleitet ist (siehe auch Döring und Bortz 2016, S. 324), wodurch sie sich von einer (unsystematischen) Alltagsbeobachtung ohne wissenschaftliches Erkenntnisinteresse unterscheidet (siehe auch Reinders 2022a). Des Weiteren sei erwähnt, dass die Beobachtung auch technikunterstützt (z. B. durch Videoanalysen) durchgeführt werden kann. Für die empirische Bildungsforschung erweisen sich auf Videomaterial basierende Beobachtungsstudien als hochrelevant, z. B. in der Analyse von Unterricht (z. B. Janik und Seidel 2009; Rauin et al. 2016).

Die Definition einer wissenschaftlichen Beobachtung inkludiert Beobachtungsformen, die sowohl im Rahmen einer quantitativen Beobachtung (etwa das Zählen von Wortmeldungen im Unterricht) als auch einer qualitativen Beobachtung (etwa einer ethnomethodologischen Rekonstruktion einer Lehrkraft-Schüler:in-Interaktion) manifestiert sein können. Als Oberbegriff umfasst die wissenschaftliche Beobachtung eine Reihe an spezifischeren Beobachtungsformen, die sich nach Döring und Bortz (2016; siehe auch Thierbach und Petschick 2022) anhand einiger Merkmale unterscheiden, etwa in Bezug auf

- *den Strukturierungsgrad:* Wird ohne vordefinierte Richtlinien und Kriterien beobachtet (unstrukturierte Beobachtung) oder auf Basis vorher klar definierter Variablen mit festgelegten Ausprägungen (strukturierte Beobachtung)?
- *den Gegenstand:* Werden andere Personen oder Gruppen beobachtet (Fremdbeobachtung, etwa fremde Lehrkräfte beim Unterrichten) oder werden das eigene Verhalten und die zugrunde liegenden internalen Prozesse im Rahmen einer Autoethnografie beobachtet (Selbstbeobachtung, etwa durch die Videoaufnahme des eigenen Unterrichts)?
- *den Ort:* Wird in der soziokulturellen Lebensumwelt der Teilnehmenden beobachtet (Feldbeobachtung, etwa in einem realen Klassenzimmer) oder in einem kontrollierten Laborkontext (Laborbeobachtung, etwa in einem Großraumlabor an der Universität)? Wird online (etwa Unterricht über Lernmanagementsysteme und Webinar-Umgebungen) oder offline (Unterricht in Präsenz) beobachtet?
- *die Involviertheit:* Treten die Beobachtenden in Kontakt mit den Teilnehmenden und partizipieren am Geschehen (teilnehmende Beobachtung, etwa im Rahmen eines ethnografischen Ansatzes) oder beschränken sich die Beobachtenden auf eine Außenperspektive (nicht-teilnehmende Beobachtung, etwa durch Kameras im Klassenzimmer)?
- *die Transparenz der Beobachtung:* Wissen die beobachteten Personen, dass sie beobachtet werden (offene Beobachtung) oder wird die Beobachtung ohne deren Wissen heimlich durchgeführt (verdeckte Beobachtung, etwa durch versteckte Kameras und Einwegscheiben)? Diese Fragen haben auch forschungsethische Implikationen: Bis zu welchem Grad ist eine verdeckte Beobachtung, mit der ein unverfälschtes und authentisches Verhalten der Lernenden beobachtet werden soll, einer offenen Beobachtung auch mit Inkaufnahme sozial erwünschten Verhaltens noch vorzuziehen?

Die wissenschaftliche Befragung
Die *wissenschaftliche Befragung* kann unterschiedliche Formen annehmen. In der empirischen Bildungsforschung werden sowohl *mündliche Formen der Befragung*

3.7 Datenerhebungsmethoden

(z. B. unterschiedliche Interviewformen, z. B. Misoch 2015) als auch *schriftliche Formen der Befragung* (z. B. Fragebögen und Tests; Reinders 2022b; Reinders und Post 2022) eingesetzt. Beide Formen der Befragung zeichnen sich – wie auch schon bei der wissenschaftlichen Beobachtung – durch eine Zielgerichtetheit, eine Systematik und Regelgeleitetheit (Döring und Bortz 2016) aus und unterscheiden sich so von einem Alltagsgespräch bzw. einem schriftlichen Dokument im Alltagsgebrauch. Die schriftliche und die mündliche Befragung haben den Vorteil, dass sie Introspektion ermöglichen, also das Generieren von Aussagen über das Erleben von Personen, das von außen nicht beobachtbar/zugänglich ist.

Ähnlich wie bei der Beobachtung lassen sich abhängig von diversen Kriterien unterschiedliche Formen der schriftlichen oder mündlichen Befragung unterscheiden (siehe z. B. Döring und Bortz 2016; Baur und Blasius 2022).

Die *Standardisierung der Fragen* entscheidet, ob die Befragung offen (unstandardisiert) oder geschlossen (standardisiert) ist. Manchmal werden mündliche Befragungen fälschlicherweise automatisch als „qualitativ" (d. h. offen) bezeichnet, während der schriftlichen Befragung häufig das Attribut „quantitativ" (d. h. geschlossen, standardisiert) zugeschrieben wird. Dem ist aber nicht so. Auch mündliche Befragungen in Form von Interviews können standardisiert sein, während schriftliche Befragungen auch ein offenes Antwortformat nutzen können.

Abseits der Frage nach der Standardisierung können weitere Differenzierungskriterien eingeführt werden. Schriftliche und mündliche Befragungen können sich durch die *Art des Kontakts und den Modus der Befragung* unterscheiden. So können mündliche Befragungen z. B. face-to-face (direktes Interview) oder auch technisch unterstützt (Telefon, Onlineinterview) erfolgen. Dasselbe gilt für schriftliche Befragungen. Man kann diese beispielsweise in direktem Kontakt (face-to-face) mit den Schülerinnen und Schülern in einer Schulklasse durchführen oder technisch unterstützt durch einen Link zu einer Onlinebefragung, den man zur Verfügung stellt, ohne die Befragung jedoch mit den Schülerinnen und Schülern direkt in der Klasse zu administrieren. Gerade das Voranschreiten der Technologisierung hat den Einsatz vorprogrammierter Onlinefragebögen stark erhöht und Paper-and-Pencil-Befragungen zurückgedrängt.

Auch bei (schriftlichen) Tagebuchstudien (als spezifische längsschnittliche Formen der schriftlichen Befragung unterschiedlichen Standardisierungsgrades) haben sich Online-Formate zunehmend bewährt, in denen Teilnehmende automatisch Links für ihre Tagebucheinträge per App zugesandt bekommen. Eine spezifische Form hiervon stellt die Experience-Sampling-Methode (ESM) dar, in der (i. d. R. sehr kurze) schriftliche Einträge in der relevanten Situation („event sampling") oder nach Ertönen eines Signals („time sampling") gemacht werden, wodurch Erinnerungsfehlern (ausgelöst durch die Retrospektivität der Einschätzung, z. B. in klassischen schriftlichen Befragungen mittels Fragebogen) effektiv begegnet werden kann (für einen Überblick zu Experience Sampling siehe Zirkel et al. 2015)

Des Weiteren kann man sich die *Frage nach der Anzahl der befragten Personen* in der Erhebungssituation stellen. Man kann sowohl schriftliche als auch mündliche Befragungen einzeln oder gleichzeitig in Gruppen durchführen. Bei mündlichen Befragungen lassen sich dadurch Einzelinterviews von Gruppeninterviews (im Englischen auch *Fokus-Groups;* für den methodologischen Hintergrund von Gruppeninterviews siehe Vogl 2022) unterscheiden. Aber auch schriftliche Befragungen können als Gruppenbefragungen (z. B. die Befragung ganzer Schulklassen mittels Fragebogen) und auch einzeln (z. B. durch die selbstständige Bearbeitung eines Fragebogens abseits eines Gruppensettings) erfolgen.

Bei mündlichen Befragungen stellt sich zudem die *Frage nach der Zeitlichkeit:* Werden Fragen und Antworten innerhalb einer mündlichen Befragung gegeben (synchron) oder werden Fragen und Antworten zeitlich verzögert artikuliert (asynchron)?

Zur mündlichen Befragung sei abschließend erwähnt, dass sehr viele verschiedene Interviewformen existieren, die zum Teil auch an spezifische Ansätze innerhalb der qualitativen Forschung gebunden sind (z. B. das biografisch-narrative Interview in der Biografieforschung, z. B. Rosenthal 2022; das ethnografische Interview in der Ethnografie, z. B. Knoblauch und Vollmer 2022).

In Mixed-Methods-Projekten der empirischen Bildungsforschung kommt sehr häufig das teilstrukturierte Interview respektive das Leitfadeninterview zum Einsatz (auch in der spezifischen Form des Experteninterviews), da sich dieses relativ problemlos mit den quantitativen Forschungszugängen verbinden lässt. Dass hier allerdings künftige Weiterentwicklungen der Methoden-Kombinationen wünschenswert wären, darauf gehen wir im abschließenden Kapitel dieses Bands noch näher ein.

Weitere Datenerhebungsmethoden
Neben Beobachtung und mündlicher sowie schriftlicher Befragung als den häufigsten Methoden existiert darüber hinaus eine Reihe weiterer Möglichkeiten, empirische Daten zu sammeln, wie etwa *physiologische Messungen*. Physiologische Messungen liefern in der Regel quantitatives (d. h. numerisches) Material. Beispiele für physiologische Messungen sind die elektrodermale Aktivität (etwa Schwitzen an der Hand) und der Herzschlag von Lehrkräften als Indikatoren für Stress und Erregung im Klassenzimmer, ein erweiterter Pupillendurchmesser als Indikator für erhöhte kognitive Belastung von Lernenden bei der Bearbeitung

einer mathematischen Textaufgabe oder auch die Blickbewegungen einer Lehrkraft beim Unterrichten (ihre Fixationen auf bestimmte Schüler:innen oder ihre Blickpfade von Schülerin zu Schüler).

Ebenso regelmäßig werden in der empirischen Bildungsforschung die *systematische Analyse von Dokumenten* (z. B. die systematisch vergleichende Analyse von Lehrwerken in der Fachdidaktik), die *Analyse prozessproduzierter Daten* (= Daten, die automatisch erzeugt werden und für die Forschung verwendet werden dürfen; Stichwort: Big Data) und der Rückgriff auf bereits bestehende Daten im Sinne von *Sekundäranalysen* eingesetzt.

Bei Sekundäranalysen entfällt der Schritt der Datenerhebung, da das Datenmaterial bereits vorliegt. Im Sinne einer „Zwischenstrategie" in Mixed-Methods-Projekten können aber gerade Sekundäranalysen von bereits existierendem Datenmaterial mit zusätzlich neu generiertem Datenmaterial durchaus interessant sein. Man könnte z. B. Analysen auf Basis der frei zugänglichen Datensätze der international-vergleichenden Bildungsforschung (PISA, TIMSS und Co.) vornehmen. Im Sinne eines explanativen sequentiellen Mixed-Methods-Designs könnten in der Folge überraschende/erwartungswidrige etc. Ergebnisse auf Basis einer qualitativen Vertiefungsstudie näher untersucht werden. Dieser Punkt erscheint uns insofern besonders wichtig, als auch in der empirischen Bildungsforschung (z. B. Krammer und Svecnik 2020) zunehmend Datenmaterial im Sinne von Open Science auch frei zugänglich gemacht wird, wodurch sich vielfältige Möglichkeiten für Sekundäranalysen ergeben.

3.7.2 Datenerhebungsmethoden in Mixed-Methods-Projekten in Form einer Zwischenstrategie

Werden zwei oder mehr Datenerhebungsmethoden in den qualitativen und quantitativen Teilen einer Mixed-Methods-Studie kombiniert, dann sprechen Teddlie und Tashakkori (2009) von einer Zwischenstrategie. Zwischenstrategien werden deutlich häufiger in Mixed-Methods-Projekten umgesetzt als Binnenstrategien, da sie den großen Vorteil haben, dass man gezielt die unterschiedlichen Stärken und Schwächen von Datenerhebungsmethoden nutzen kann, um ein möglichst umfassendes Bild des Forschungsgegenstands/des Phänomens zu gewinnen. Wie Johnson und Turner (2003) argumentieren: „Methods should be mixed in a way that has complementary strengths and nonoverlapping weaknesses" (S. 299).

Einige Kombinationsmöglichkeiten sind in diesem Zusammenhang a) quantitative schriftliche Befragungen (Fragebögen) mit qualitativen mündlichen Befragungen (Interviews), b) qualitative Daten aus Beobachtung und Interview mit quantitativen Befragungsdaten (Fragebögen) und c) quantitative physiologische Messungen mit qualitativen mündlichen Befragungen (Interviews). Nachfolgend geben wir Beispiele aus der empirischen Bildungsforschung zu diesen drei Strategien.

Quantitative schriftliche Befragung (Fragebogen) und qualitative mündliche Befragung (Interview)
Die Kombination einer quantitativen schriftlichen Befragung auf Basis von standardisierten Fragebögen mit einer qualitativen mündlichen Befragung auf Basis von Leitfadeninterviews implementierten etwa Gegenfurtner et al. (2020) im Kontext von webinarbasierten Lernumgebungen. Quantitative Daten von 419 Teilnehmenden aus 48 Webinaren wurden mit vollstandardisierten Fragebögen erhoben, um die Zufriedenheit der Lernenden und ihre Reaktionen auf das instruktionale Design der Webinare zu ermitteln. In einem explanativen sequentiellen Mixed-Methods-Design wurde danach aus der Gesamtstichprobe eine purposive Teilstichprobe von 23 Lernenden mittels Leitfadeninterview befragt, um die Fragebogenitems weiter zu kontextualisieren und die Erfahrungen der Lernenden im Webinar zu integrieren, die sich per Fragebogen nur schwer erheben ließen. Die Kombination aus quantitativen Fragebogendaten und qualitativen Interviewdaten war insofern gewinnbringend, als der Fragebogen auf Basis einer großen Stichprobe allgemeine Beziehungen zwischen der Zufriedenheit der Lernenden und dem instruktionalen Design ermitteln ließ, während es die qualitativen Interviewdaten ermöglichten, die konkreten Erfahrungen in den situativen Kontext einzubetten und vertiefte Aussagen über das Erleben des Webinars zu erhalten. Da die Zufriedenheit mit dem Webinar im Zentrum des Interesses stand, war die Kombination zweier Erhebungsmethoden, die das subjektive Empfinden der Lernenden erfassen, für dieses Mixed-Methods-Projekt adäquat. Das Einbringen einer Außenperspektive, z. B. durch den Einsatz qualitativer Videobeobachtungen bei der Teilnahme am Webinar, wäre nicht zielführend gewesen.

Qualitative Beobachtung und qualitative mündliche Befragung (Interviews) und quantitative schriftliche Befragung (Fragebögen)
Diese Kombination nutzten Spillane und Hunt (2010), um aus dem Arbeitsalltag einer Stichprobe von 38 Schulleitungen aus den USA drei Prototypen und deren Arbeitsweisen herauszuarbeiten: die verwaltungsorientierte Schulleitung, die alleinentscheidende Schulleitung und die kollegiumszentrierte Schulleitung.

3.7 Datenerhebungsmethoden 81

Die Studie nutzte ein relativ umfangreiches Datenmaterial. Im Zentrum des Interesses stand die Frage, wie Schulleitungen ihrer Arbeit nachgehen und auf welcher Grundlage sie Entscheidungen fällen. Dafür war es notwendig, möglichst eng an den beruflichen Alltag einer Schulleitung heranzurücken, sie während mehrerer Arbeitstage zu begleiten („shadowing") und ihnen in regelmäßigen kurzen Intervallen über den Arbeitstag verteilt kurze Fragebögen zu schicken („experience sampling"). Aus diesem reichen Datenmaterial konnten die Forschenden durch die Integration qualitativer und quantitativer Analysen drei distinkte Profile identifizieren, die sich anhand ihrer typischen Arbeitsinhalte und Entscheidungsprozesse unterschieden.

Quantitative physiologische Messungen und qualitative mündliche Befragung (Interviews)
Die Kombination von quantitativen physiologischen Messungen mit einer qualitativen mündlichen Befragung basierend auf Interviews nutzten Gegenfurtner, Lehtinen et al. (2017) zur Auswertung der Effektivität von Eye Movement Modeling Examples in der Medizindidaktik. Eye Movement Modeling Examples sind eine Form instruktionaler Videos, bei denen die Augenbewegungen einer Expertin bzw. eines Experten für Lernende mit geringem Vorwissen sichtbar gemacht werden. Im konkreten Beispiel sahen Personen eine Videoaufzeichnung eines Radiologen, der am Bildschirm einen Computertomografie-Scan auf klinische Auffälligkeiten absucht; die Augenbewegungen des Radiologen waren in Form eines roten Punktes, der über den Bildschirm wanderte, für die Lernenden sichtbar und dienten so als Beispiel für visuelle Diagnoseprozesse. In einem parallelen Mixed-Method-Design wurden die Augenbewegungen mittels Eye Tracking von 23 Personen bei der Betrachtung eines Eye Movement Modeling Examples aufgezeichnet. Gleichzeitig wurden die Protokolle lauten Denkens der 23 Teilnehmenden aufgenommen und mittels qualitativer Inhaltsanalyse ausgewertet. Die kombinierte Erfassung und Auswertung von Augenbewegungen und Laut-Denk-Protokollen hatte in dieser Mixed-Method-Studie den Zweck, ein möglichst umfassendes Bild der ablaufenden Diagnoseprozesse und einen Transfer der visuellen Expertise auf andere Formen klinisch-anatomischer Darstellungen zu ermöglichen.

Diese drei empirischen Beispiele aus der Bildungsforschung verdeutlichen den Einsatz mehrerer Datenerhebungsmethoden innerhalb eines Mixed-Methods-Projekts. Nach Teddlie und Tashakkori (2009) würden diese Ansätze als *Zwischenstrategie* im Hinblick auf die Kombination von Datenerhebungsmethoden klassifiziert. Die Vielfalt der Erhebungsmethoden, die ansteigende Verfügbarkeit von Daten (z. B. durch Blogs, Social Media, Big Data etc.) und die ständige Weiterentwicklung des methodischen Repertoires erlauben mannigfaltige Kombinationen, um Mixed-Methods-Forschungsfragen zu beantworten. Ein Mixed-Methods-Projekt wird immer auch im Hinblick auf die Adäquatheit der gewählten Datenerhebungsmethoden (Kombination) zur Beantwortung der Forschungsfragen beurteilt. Das heißt, die Wahl der Datenerhebungsmethode muss gut überlegt und in der Folge auch begründet werden.

> **Zusammenfassung**
>
> In Mixed-Methods-Projekten können verschiedene Methoden der Datenerhebung kombiniert werden. Methoden der Datenerhebung umfassen etwa verschiedene Formen der Beobachtung, der mündlichen und schriftlichen Befragung und der physiologischen Messung. Teddlie und Tashakkori (2009) unterscheiden bei der Datengenerierung in Mixed-Methods-Projekten zwischen Binnenstrategie und Zwischenstrategie: *Binnenstrategien* („within-strategies") beschreiben das Generieren von quantitativen und qualitativen Daten mit der gleichen Erhebungsmethode innerhalb einer Mixed-Methods-Studie. Im Gegensatz dazu beschreiben *Zwischenstrategien* („between-strategies") das Generieren von quantitativen und qualitativen Daten mit mehr als einer Erhebungsmethode. Beide Strategien können in Mixed-Methods-Projekten zur Anwendung kommen, wobei in der empirischen Bildungsforschung häufiger Projekte umgesetzt werden, die eine Zwischenstrategie anwenden – also Studien, die verschiedene Datenerhebungsmethoden innerhalb eines Mixed-Methods-Projekts kombinieren.◄

3.8 Datenanalyse, Interpretation und Ergebnisdarstellung

> **Lernziele**
>
> Sie können
>
> - eine Mixed-Methods-Datenanalyse planen,
> - Strategien für die Datenanalyse in Mixed-Methods-Studien benennen und beschreiben,

3.8 Datenanalyse, Interpretation und Ergebnisdarstellung

- verschiedene Methoden, Mixed-Methods-Ergebnisse darzustellen, anführen. ◄

Nach der Erhebung der Daten folgt im linearen empirischen Prozess die Analyse der erhobenen Daten. In einem iterativen Forschungsprozess können diese Schritte auch verschränkt sein, indem beispielsweise erste Datenanalysen des erhobenen Materials die weitere Datenerhebung mitbeeinflussen (Fetters 2020). Auf Ebene der Datenanalyse und Ergebnisdarstellung können Integrationsschritte in vielfältigen Formen stattfinden (z. B. durch die Zusammenführung von Datensätzen, indem qualitatives Material quantifiziert wird; siehe Abschn. 3.8.2). Relevant in diesem Zusammenhang ist, dass die quantitative und qualitative Teilauswertung den Qualitätsprinzipien qualitativer und quantitativer Forschung entspricht. Zum Beispiel werden in Mixed-Methods-Studien etwa quantitative Fragebogendaten mit multivariaten Verfahren oder qualitative Interviewdaten mit der dokumentarischen Methode mit der gleichen methodischen Strenge ausgewertet, wie es analog auch in Mono-Method-Studien der Fall ist. Der Grad der Integration in der Datenanalyse und Ergebnisdarstellung ist wiederum ein Gütekriterium, das spezifisch auf die Mixed-Methods-Forschung angewandt werden kann.

In der Mixed-Methods-Forschung werden einige Vorüberlegungen beschrieben, die einer Datenanalyse vorausgehen (Greene 2007; Onwuegbuzie und Teddlie 2003; Teddlie und Tashakkori 2009).

1. Eine erste Vorüberlegung betrifft den Zweck („rationale") der Mixed-Methods-Studie. So kann ein *komplementärer* Zweck gut mittels paralleler Mixed-Methods-Designs in den Analysen manifestiert werden; ein *expansiver* Zweck hingegen gut mittels sequentiellen Designs, in denen zum Beispiel eine Auswertung von Interviewdaten das Verständnis aus einer ersten Auswertung von Fragebogendaten erweitert und vertieft.
2. Eine zweite Vorüberlegung betrifft die Frage, ob die Mixed-Methods-Studie eher explorativ oder konfirmatorisch angelegt ist. Beispielsweise würde ein exploratives sequentielles Design mit einer qualitativen Analyse mögliche Hypothesen generieren, die in einem anschließenden quantitativen Part untersucht werden; ein explanatives sequentielles Design würde diese Analysereihenfolge umkehren. Qualitative und quantitative Elemente der Studie können unterschiedlich stark gewichtet sein und daher einer Studie einen eher explorativen oder konfirmatorischen Charakter verleihen. Ein Vorteil von

Mixed-Methods-Studien ist, dass sie explorativ oder konfirmatorisch oder beides (bei einer Gleichgewichtung qualitativer und quantitativer Elemente) sein können.
3. Eine dritte Vorüberlegung betrifft das Ausmaß, in dem die Forschenden antizipieren, dass die quantitativen und qualitativen Datenanalysen sich gegenseitig ergänzen und informieren. Eine parallele oder unabhängige Mixed-Analyse zum Beispiel würde gewählt werden, wenn die Forschungsstränge zuerst parallel geführt werden und erst auf Ebene der Interpretation und Schlussfolgerung zusammengeführt werden. Wird eine sequentielle oder interaktive Analyse gewählt, geht man davon aus, dass eine Analyse die nachfolgende formt und informiert (siehe auch Fetters 2020, S. 183).

Diese Vorüberlegungen können beeinflussen, welche Strategie für die Datenanalyse in Mixed-Methods-Studien eingesetzt wird.

3.8.1 Strategien für die Datenanalyse in Mixed-Methods-Studien

Teddlie und Tashakkori (2009) beschreiben verschiedene Strategien, die angewendet werden können, um erhobene Daten in Mixed-Methods-Studien qualitativ und quantitativ auszuwerten. Diese Strategien sind als Übersicht in Tab. 3.4 dargestellt und werden im Folgenden erläutert.

Die erste Strategie ist eine *parallele Mixed-Datenanalyse;* sie beinhaltet zwei separate Prozesse: eine quantitative Analyse der Daten mit den entsprechenden deskriptiven oder inferenzstatistischen Verfahren sowie eine qualitative Analyse der Daten mit einer thematischen Auswertung des verbalen oder bildlichen Datenmaterials. Obwohl beide Auswertungsprozesse separat ablaufen, werden beide später in Form von Metainferenzen verbunden (siehe dazu Abschn. 3.9). Konkret würde das bedeuten, dass in einer Mixed-Method-Studie, in der diese parallele Mixed-Datenanalyse umgesetzt wird, zu Beginn des Forschungsprozesses zunächst qualitative und quantitative Forschungsfragen entwickelt werden, um ein zugrunde liegendes Phänomen zu untersuchen. Darauf aufbauend werden quantitative und qualitative Daten parallel und separat erhoben und anschließend in einem parallelen Mixed-Design ausgewertet, und zwar so, dass die quantitative Analyse zu Inferenzen der quantitativen Fragen führt und die qualitative Analyse zu Inferenzen der qualitativen Fragen führt. Diese qualitativ und quantitativ gewonnenen Inferenzen werden dann in Metainferenzen integriert.

3.8 Datenanalyse, Interpretation und Ergebnisdarstellung

Tab. 3.4 Datenanalysestrategien in der Mixed-Methods-Forschung (für eine umfassende Erläuterung dieser Strategien, siehe Teddlie und Tashakkori 2009 S. 263–283)

Strategie	Beschreibung	Konkretisierung
Parallele Mixed-Datenanalyse	Unabhängige Analyse von quantitativen und qualitativen Daten	Etwa eine inferenzstatistische und inhaltsanalytische Auswertung eines Datenmaterials
Konversion-Mixed-Datenanalyse	Quantifizierung verbaler Daten	Etwa die Verbalanalyse (Chi 2009) und die Technik der skalierenden qualitativen Inhaltsanalyse (Mayring 2015)
	Qualifizierung numerischer Daten	Etwa die Analyse von Scan Paths in der Eye-Tracking-Forschung
	Inhärente Mixed-Analysetechniken	Etwa die soziale Netzwerkanalyse
Sequentielle Mixed-Datenanalyse	Sequentielle QUAL → QUAN Analysen	Etwa eine erste inhaltsanalytische und eine darauffolgende inferenzstatistische Auswertung
	Sequentielle QUAN → QUAL Analysen	Etwa eine erste inferenzstatistische und eine darauffolgende inhaltsanalytische Auswertung
	Iterative sequentielle Analysen	Etwa in Studien im Kontext der Design-Based Research
Mehrebenenanalysen	Bei hierarchischem Datenmaterial	Etwa eine Multilevel-Mixed-Analyse
Vollständig integrierte Mixed-Datenanalyse	Qualitative und quantitative Datenanalyse erfolgen wechselseitig verschränkt und voneinander abhängig (z. B. Konsolidierung)	

Ein Beispiel für diesen Ansatz ist die Studie von Gegenfurtner und Seppänen (2013), in der Mediziner:innen gebeten wurden, PET/CET-Aufnahmen von Patientinnen und Patienten auf einem Monitor zu diagnostizieren. Während der Diagnoseerstellung wurden parallel die Blickbewegungen der Mediziner:innen gemessen und ihre „Protokolle lauten Denkens" aufgezeichnet. Die Augenbewegungen wurden statistisch, die Denkprotokolle inhaltsanalytisch ausgewertet und miteinander in Beziehung gesetzt, um die visuellen, kognitiven und metakognitiven Verarbeitungsprozesse der Mediziner:innen bei der Diagnoseerstellung zu analysieren.

Die zweite Strategie ist eine *Konversion-Mixed-Datenanalyse*. Man bezeichnet diese Form der Mixed-Datenanalyse auch als Transformation, wenn die Quantifizierung oder die Qualifizierung angesprochen werden (z. B. Bazeley 2018). Die Konversion oder Transformation als zentrales Merkmal dieser Analysestrategie tritt auf, wenn quantitative Daten als Beschreibungen oder Narrative qualifiziert werden oder qualitative Daten als numerische Werte quantifiziert werden. Daten, die Gegenstand einer Konversion-Mixed-Datenanalyse sind, werden parallel, d. h. zur gleichen Zeit, erhoben. Danach werden aus der Datenquelle zwei Datentypen generiert, erst in der originalen Form und danach in der konvertierten/transformierten Form. Dies unterscheidet eine Konversion-Mixed-Datenanalyse von einer parallelen mixed oder sequentiellen Datenanalyse, weil es in der Konversion-Mixed-Datenanalyse nur eine Datenquelle gibt, die für die Analysen genutzt wird, wohingegen in einer parallelen mixed oder sequentiellen Datenanalyse mindestens zwei Datenquellen genutzt werden. Innerhalb der Konversion-Mixed-Datenanalyse können nach Teddlie und Tashakkori (2009) verschiedene Formen unterschieden werden, etwa die Quantifizierung, die Qualifizierung und die inhärente Mixed-Datenanalyse.

Quantifizierung meint die Transformation narrativer verbaler oder bildlicher Daten in numerische Werte, die statistisch ausgewertet werden können. In den meisten Fällen geschieht das durch Zuordnung qualitativen Materials zu induktiv oder deduktiv entwickelten Kategorien, die danach einen numerischen Code zugeordnet bekommen (etwa 0, 1 oder 1, 2, 3). Diese Codes können dann statistisch analysiert werden. Ein Beispiel für die Quantifizierung qualitativer mündlicher Daten schildert Chi (1997) in ihrer Verbalanalyse. Sie erläutert, wie mündlich oder schriftlich gegebene Antworten, Dialoge oder Gruppengespräche transkribiert, kodiert und die Codes auf statistische Weise analysiert werden können. Wichtig ist, dass die Kodierungen auch systematisch und konsistent erfolgen (z. B. durch Berechnung der Intercoderreliabilität). Auch die Technik der skalierenden qualitativen Inhaltsanalyse (Mayring 2015) stellt eine Form der Quantifizierung qualitativer Daten dar: Wenn z. B. das Belastungserleben

3.8 Datenanalyse, Interpretation und Ergebnisdarstellung

von Lehrpersonen auf Basis von vorliegenden Interviewtranskripten (qualitatives Datenmaterial) skalierend eingeschätzt werden sollte (z. B. 0 = kein Belastungserleben; 1 = geringes Belastungserleben; 2 = mittleres Belastungserleben; 3 = hohes Belastungserleben), so würde das zu einer Quantifizierung qualitativen Datenmaterials führen. Mit der 4-stufigen Skala zum Belastungserleben können dann weitere (quantitative) Berechnungen (z. B. Testung auf Gruppenunterschiede, Korrelationsanalysen) durchgeführt werden, vorausgesetzt natürlich, dass die Fallzahl ausreichend ist.

Qualifizierung meint die Transformation numerischer Daten in Narrative. Es können beispielsweise Profile oder auch Typologien abgeleitet werden (siehe z. B. Bazeley 2018). Ein Beispiel für Qualifizierung stammt aus der Eye-Tracking-Forschung. Dort werden aus den numerischen Daten der Blickbewegungen sogenannte Blickpfade („scan paths") generiert. Blickpfade zeigen an, wie viele und in welcher Reihenfolge bestimmte Personen oder Objekte im Raum fixiert werden. Daraus können Profile identifiziert werden, die sich in der Menge und auch der Reihenfolge von nacheinander betrachteten Objekten unterscheiden. Beispielsweise zeigen Eye-Tracking-Studien zu professioneller Unterrichtswahrnehmung, dass erfahrene Lehrkräfte längere Blickpfade aufweisen und dabei mehrere Schüler:innen und Schüler:innengruppen im Blick behalten als weniger erfahrene Lehramtsstudierende (Kosel et al. 2021; McIntyre und Foulsham 2018). Bezüglich der Qualifizierung quantitativer Daten betonen Creswell und Plano Clark (2007, S. 188): „This area is ripe for researcher innovation and future research." Auch Vogl (2023, S. 495) hält fest, dass Qualifizierung von quantitativen Daten selten stattfindet, während Quantifizierung häufiger zu beobachten ist.

Inhärente Mixed-Datenanalysen sind Analysen, in denen Forschende von Beginn an qualitative und quantitative Daten generieren, um verbundene Fragestellungen zu beantworten. Ein Beispiel dafür ist soziale Netzwerkanalyse (Froehlich et al. 2020; Froehlich und Gegenfurtner 2019; Mejeh und Hascher 2021), in der Forschende quantitative Matrizen erstellen (etwa in der Form von 0 = kein Kontakt, 1 = Kontakt) und diese dann in ein Soziogramm überführen. Egozentrierte Soziogramme einzelner Personen oder Soziogramme verschiedener Teams und Gruppen können dann qualitativ beschrieben und verglichen werden. In einem konkreten Fall analysierten Froehlich et al. (2021) die Netzwerkverbindungen von 118 Angestellten, um zu untersuchen, wie das Feedback- und Hilfesuchverhalten von wahrgenommener Ähnlichkeit zwischen den Angestellten beeinflusst wird.

Die dritte Strategie für die Datenanalyse in Mixed-Methods-Studien ist eine *sequentielle Mixed-Datenanalyse*. Diese Analysestrategie wird eingesetzt, wenn die qualitativen und quantitativen Teile einer Mixed-Methods-Studie in chronologischer Reihenfolge nacheinander implementiert werden. Sie korrespondiert eng mit dem sequentiellen Design in der Planungsphase einer Mixed-Methods-Studie (siehe Abschn. 3.5). In einer sequentiellen QUAL → QUAN Analyse werden zunächst qualitative Daten erhoben und ausgewertet und auf Basis der Ergebnisse dann eine quantitative Datenerhebung und -auswertung angeschlossen. In einer sequentiellen QUAN → QUAL Analyse ist der Prozess umgekehrt: Zunächst werden quantitative Daten erhoben und ausgewertet und auf Basis der Ergebnisse dann eine qualitative Datenerhebung und -analyse implementiert. In beiden Fällen können Mixed-Methods-Forschende aus Binnen- oder Zwischenstrategien zur Datenerhebung wählen (siehe dazu auch Abschn. 3.7). Metainferenzen werden am Ende beider Analysen gebildet. Daneben lässt sich noch eine dritte sequentielle Analyseform definieren: eine iterative sequentielle Analyse, also die Datenanalyse einer sequentiellen Studie, die mehr als nur zwei Phasen hat. Diese Flexibilität in der Zahl der Phasen erlaubt eine große Vielfalt der möglichen Iterationen, die Forschenden zur Verfügung stehen. Beispiele sind QUAN → QUAL → QUAN oder QUAL → QUAN → QUAN → QUAL oder QUAN → QUAL → QUAL → QUAN. Iterative Analysestrategien sind häufig Teil größer angelegter Forschungsprojekte im Bereich der Design-Based Research Community. Dort werden in einem zyklischen Prozess Interventionen im Bereich der Unterrichtsforschung entwickelt, implementiert, evaluiert und auf Basis der analysierten und interpretierten Daten das ursprüngliche Design der Intervention optimiert, woraufhin die optimierte Intervention erneut implementiert und evaluiert wird, und so weiter (Anderson und Shattuck 2012).

Als konkretes empirisches Beispiel einer sequentiellen QUAN → QUAL Analyse soll die Studie von Smit et al. (2021) dienen, die untersuchten, inwieweit Schul-Industrie-Projekte in der Schweiz das Interesse von Schülerinnen und Schülern an Technologie und den Karrierewegen von Ingenieurinnen und Ingenieuren fördern. Dazu werteten die Autorinnen und Autoren zunächst 213 Fragebögen von Sekundarschülerinnen und -schülern über ihr Interesse an Technologie und den Karrierewegen von Ingenieurinnen und Ingenieuren statistisch aus und brachten diese Ergebnisse dann in Verbindung zu der qualitativen Analyse von 16 Interviews mit ausgewählten Schülerinnen und Schülern.

Die vierte Strategie ist eine *Mehrebenenanalyse*. Eine solche Strategie ist nur mit hierarchisch organisiertem Datenmaterial möglich, in welchem eine Analyseebene in einer weiteren eingebettet ist (zum Beispiel wäre ein Schulkind auf der Individualebene und die Klasse des Kindes auf der Gruppenebene angesiedelt. Klassen wiederum sind Teil von Schulen, die Teil von Schulbezirken sind, usw.). Eine Multilevel-Mixed-Analyse liegt dann vor, wenn qualitative und/oder

3.8 Datenanalyse, Interpretation und Ergebnisdarstellung

quantitative Analysen auf mehreren Ebenen vorgenommen werden, also z. B. die Individualebene mit der Gruppenebene kombiniert wird. Solche Analysen sind bisher relativ selten, aber gerade in der empirischen Bildungsforschung mit hierarchisch organisierten Mehrebenenstrukturen des Datenmaterials als sehr gewinnbringend einzuschätzen.

Abschließend ist die *vollständig integrierte Mixed-Datenanalyse* anzuführen. Sie beinhaltet häufig eine Datentransformation (Quantifizierung und/oder Qualifizierung), geht jedoch darüber hinaus, indem z. B. im Zug einer *Datenkonsolidierung* neue Variablen (aus den transformierten und/oder auch aus den Originaldaten) erzeugt werden, die sich aus den Informationen des qualitativen *und* quantitativen Datenmaterials zusammensetzen. So zeigt Vogl (2019) beispielsweise auf, wie Daten aus Gruppeninterviews mit Kindern sowohl qualitative als auch quantitative Informationen generieren, die zusammengeführt wiederum zur Bildung von Teilnehmer*innenprofilen führen können. Sie argumentiert, dass durch die Konsolidierung der Mehrwert der Mixed-Analyse sehr deutlich wird, da sich neue Merkmale oder – quantitativ-formuliert – „Variablen" ergeben, die die Informationen sowohl aus dem qualitativen als auch quantitativen Datenmaterial beinhalten. Auch diese Form der Mixed-Analyse ist in bisherigen Publikationen vergleichsweise selten abgebildet. Sie setzt jedenfalls eine hohe Kreativität der Forschenden voraus, da sich diese komplexen Analysen nicht als „Standardanalysen" in Lehrbüchern nachschlagen lassen. Vielmehr sind deren Möglichkeiten und die Einschätzung ihrer Adäquatheit nur auf Basis der jeweiligen Forschungsfragen und des zur Verfügung stehenden Datenmaterials zu beantworten (siehe auch Vogl 2023).

3.8.2 Ergebnisdarstellung in Mixed-Methods-Studien

Ergebnisse aus den angeführten Datenanalysestrategien in der Mixed-Methods-Forschung können auf unterschiedliche Weise dargestellt und visualisiert werden, analog zu den vielfältigen Möglichkeiten der Mono-Method-Forschung in Form von Graphen, Diagrammen, Soziogrammen, Kurven oder annotiertem Bildmaterial. Dickinson (2010) präsentiert in ihrem Artikel eine sehr gelungene Auflistung möglicher Visualisierungen, die als Anregung für die eigene Ergebnisdarstellung in Mixed-Methods-Studien dienen kann.

Die Ergebnisdarstellung bietet eine sehr gute Möglichkeit der Integration in Mixed-Methods-Projekten. Das kann z. B. durch eine verschränkte narrative Darstellung der quantitativen und qualitativen Ergebnisse erfolgen, wenn z. B. zu den statistischen Ergebnissen auch Interviewauszüge präsentiert werden. Nach

Vogl (2023, S. 493, in Anlehnung an Bazeley 2012, S. 817) stellt dies allerdings ein relativ eingeschränktes Maß an Integration dar.

Außerdem können sogenannte „Joint Displays" – also Tabellen oder Abbildungen, die qualitative und quantitative Ergebniselemente enthalten – dazu dienen, die Ergebnisse integrativ zu illustrieren und ggf. auch Metainferenzen (siehe Abschn. 3.9) abzuleiten (Creswell und Plano Clark 2018). Mittlerweile ist die Möglichkeit, Joint Displays zu erzeugen, bereits in Analysesoftware, wie z. B. MAXQDA, integriert. Der Kreativität bei der Erstellung von Joint Displays sind keine Grenzen gesetzt.

Im Hinblick auf die Ergebnisdarstellung spricht sich Bazeley (2010) auch bei sequentiellen Mixed-Methods-Designs dafür aus, die Ergebnisse entlang der Forschungsfragen im Ergebnisteil integrativ zu berichten und eine sequentielle und folglich nicht verschränkte Darstellung zu vermeiden. Eine weitere Möglichkeit besteht in der vorgeschalteten sequentiellen Darstellung, an die eine integrative Darstellung anschließt (Dahlberg et al. 2010). In ihrem Buch *Integrating Analyses in Mixed Methods Research* (2018) zeigt Bazeley verschiedenste konkrete Möglichkeiten einer integrativen Datenanalyse und Ergebnisdarstellung auf.

Im Folgenden möchten wir zwei Beispiele aus der Bildungsforschung, in der Joint Displays umgesetzt wurden, näher darstellen. Im ersten Beispiel wurde eine tabellarische Darstellungsform gewählt, im zweiten eine Abbildung. Die Original-Joint Displays können hier aufgrund von Urheberrechten nicht abgebildet werden. Wir verweisen auf die jeweilige Stelle in der Publikation und geben eine Beschreibung der Joint Displays.

Beispiel 1: McCrudden und McTigue (2019) untersuchten, welche Überzeugungen neuseeländische Jugendliche zum Klimawandel haben und wie diese Überzeugungen wiederum mit der Einschätzung wissenschaftlicher Argumente zusammenhängen. Hinter dieser Fragestellung steht das Konzept des *belief bias,* das besagt, dass es manchen Personen schwerfällt, wissenschaftliche Argumente und Evidenzen unabhängig vom eigenen Überzeugungssystem einzuordnen. Die Ergebnisse zeigen, dass dieser „belief bias" auch bei Jugendlichen auftritt: Die Jugendlichen schätzten diejenigen Argumente, die mit den eigenen Überzeugungen übereinstimmten, eher als starke Argumente ein, als Argumente, die nicht mit den eigenen Überzeugungen im Einklang standen. Aus dieser Stichprobe wurden in einen Folgeschritt jeweils vier Schüler:innen an den Extrempolen für ein vertiefendes Interview gewählt: vier Schüler:innen, deren Einschätzungen eher unabhängig von den eigenen Überzeugungen waren („more-objective group") und vier Schüler:innen, deren Einschätzungen der Argumente stark von den eigenen Überzeugungen abhingen („less-objective group"). Die Ergebnisse der Interviews

3.8 Datenanalyse, Interpretation und Ergebnisdarstellung 91

zeigten dann auch sehr deutlich, dass die Schüler:innen aus der „less-objective group" ihre Einschätzungen der wissenschaftlichen Argumente auch stärker von den eigenen Überzeugungen abhängig machten als die „more-objective group, die ihre Einschätzungen stärker auf die wissenschaftliche Evidenz stützte.

Dieses Ergebnis illustrieren die Forschenden in einem Joint Display in Tabellenform („integrated results matrix"; McCrudden und McTigue 2019, S. 395). Auf der linken Seite der Tabelle werden die quantitativen Ergebnisse getrennt nach den beiden Schüler:innengruppen („more objective" und „less objective") mit konkreten Kennwerten (*M, SD*) zusammengefasst. Man erkennt an den Mittelwerten z. B., dass Schüler:innen, die wissenschaftliche Argumente objektiver und weniger abhängig von den eigenen Überzeugungen bewerten, ähnlich hohe Mittelwerte für die Stärke von überzeugungskonsistenten und überzeugungsinkonsistenten wissenschaftlichen Argumenten aufweisen. Die „weniger objektiven" Schüler:innen (Gruppe 2) dahingegen bewerteten wissenschaftliche Argumente, die ihren Überzeugungen entsprachen, als deutlich stärker als wissenschaftliche Argumente, die nicht ihren Überzeugungen entsprachen. Diese Unterschiede in den Gruppen kann man in den Mittelwerten (und Standardabweichungen) erkennen. Zudem fassen McCrudden und McTigue diese Unterschiede auch sprachlich zusammen. Auf der rechten Tabellenseite werden die qualitativen Ergebnisse aus den Interviews zugeordnet. Ein Interviewauszug illustriert die typische Argumentation der Schüler:innen in der jeweiligen Gruppe. Eine Zusammenfassung erleichtert den Leserinnen und Lesern die Abstraktion der qualitativen Ergebnisse. Die quantitativen und qualitativen Ergebnisse resultieren in einer Metainferenz, die die Forschenden folgendermaßen formulieren: „Holding a belief did not necessarily lead to biased reasoning; rather biased reasoning occurred when individuals applied a more critical standard of evaluation to belief-inconsistent arguments" (McCrudden und McTigue 2019, S. 395).

Beispiel 2: Bustamante (2019) untersuchte auf Basis einer Fallanalyse die Integration von Technologien im Fremdsprachenunterricht von spanischen Lehrkräften, die an einer Weiterbildung zum Thema teilnahmen. Von diesen 18 Lehrpersonen wurde eine Vielzahl an sowohl qualitativen (z. B. individuelle Interviews, Beobachtungen in der Klasse, wöchentliches Journal etc.) als auch quantitativen (Prä-/Post- und Follow-up-Messungen) Informationen gesammelt. Die quantitativen Analysen ergaben eine Steigerung des technologiebezogenen professionellen Wissens der Lehrpersonen. Die qualitativen Daten erlaubten einen vertieften Blick auf die spezifischen Kompetenzfacetten aus der Perspektive der Lehrpersonen.

In einem Joint Display hat Bustamante die Ergebnisse schlussendlich integrierend dargestellt. Dieses Joint-Display ist eine Abbildung in Kreisform mit mehreren Elementen. Sie ähnelt einer Dartscheibe (Originaldarstellung in Bustamante 2019, S. 171). Bustamante (2019) bezeichnet das Joint Display als eine Kombination aus „side-by-side-display" und einem „comparing results display" (S. 170), da sowohl qualitative als auch quantitative Ergebnisse gemeinsam dargestellt werden, diese Ergebnisse aber auch direkt miteinander in Bezug gesetzt und verglichen werden.

In den schwarzen Feldern in der Mitte der „Dartscheibe" werden die quantitativen Befunde dargestellt. Auf Basis der in der Abbildung eingetragenen *p*-Werte ist erkennbar, dass sich die professionellen Kompetenzen von Lehrpersonen durchgehend verbessert haben; lediglich in zwei Kompetenzfacetten ergab sich keine signifikante Veränderungen.

Wenn man von der Dartscheibenmitte weiter Richtung Außenflächen liest, werden die qualitativen Befunde dargestellt. Vorerst werden die aus den qualitativen Analysen abgeleiteten Themen benannt und in einem nächsten Schritt mit konkreten Beispiel-Auszügen („quotes") illustriert. Im äußersten Kreis der „Dartscheibe" wird schlussendlich festgehalten, ob die qualitativen und die quantitativen Daten sich gegenseitig bestätigen („confirmation"), ob sie im Widerspruch zueinanderstehen („discordance") oder ob die Ergebnisse zur Expansion („expansion") beitragen. Ein konkretes Ergebnis, das der „Expansion" zugeordnet werden kann, ist z. B. jenes, dass die statistischen Ergebnisse darauf hindeuten, dass sich die Integration von Technologie in den Unterricht durch die Weiterbildung verbessert hat; allerding einzelne Aussagen von Lehrkräften doch auch zahlreiche Hindernisse für diese Integration belegen. Folgestudien könnten nun genau diese Hindernisse näher untersuchen und ggf. auch die Frage stellen, warum es trotz dieser erschwerenden Bedingungen gelungen ist, die Integration von Technologie in den Unterricht zu erhöhen.

Ähnlich wie beim ersten Beispiel von McCrudden und McTigue (2019) ermöglicht auch das Joint Display, das von Bustamante (2019) entwickelt wurde, die simultane Darstellung von qualitativen und quantitativen Ergebnissen in nur einer Abbildung und geht durch die gewählte Darstellungsform über das hinaus, was zwei einzelne Grafiken leisten könnten.

Mit diesen beiden Beispielen wollten wir illustrieren, dass auf der Ebene der Ergebnisdarstellung vielfältige und kreative Möglichkeiten der Integration zur Verfügung stehen. Durch die Etablierung von Joint Displays hat sich ein eigenständiger Grafiktyp spezifisch für Mixed-Methods-Forschungsprojekte entwickelt. Es ist zu erwarten, dass Forschende in diesem Feld auch künftig sehr viele kreative Darstellungsmöglichkeiten neu entwickeln oder auch weiterentwickeln werden. Erste Anleitungen, die beim Erstellen von Joint Displays unterstützen sollen, finden sich bereits in den diversen Methodenbüchern zu Mixed Methods (z. B. Fetters 2020, Kap. 14; Guetterman et al. 2015; für eine Übersicht zu konkreten Beispielen, siehe z. B. McCrudden et al. 2021).

> **Zusammenfassung**
>
> Bei Mixed-Methods-Projekten gibt es unterschiedliche Möglichkeiten der Datenanalyse. Strategien für die Datenanalyse in Mixed-Methods-Studien sind eine parallele Mixed-Datenanalyse, eine Konversion-Mixed-Datenanalyse (mit der Quantifizierung qualitativer Daten oder einer Qualifizierung quantitativer Daten – auch als Datentransformation bezeichnet), eine sequentielle Mixed-Datenanalyse (in Form von QUAL → QUAN, QUAN → QUAL oder iterativen Strategien) und eine Multilevel-Mixed-Datenanalyse bei hierarchischem Datenmaterial. Eine Integration auf Ebene der Datenanalyse und Ergebnisdarstellung ist in Mixed-Methods-Projekten, wo immer möglich und sinnvoll, anzustreben. ◄

3.9 Integration und Metainferenzen

> **Lernziele**
>
> **Sie können**
>
> - Integration als Konzept verstehen und die Umsetzungsmöglichkeiten in Mixed-Methods-Projekten beschreiben,
> - die Begriffe Inferenz und Metainferenz unterscheiden und
> - das Metaframework zur Evaluation der Inferenzqualität von Mixed-Methods-Studien nach Teddlie und Tashakkori (2009) beschreiben. ◄

Wie bereits einleitend und in mehreren Kapiteln angesprochen, ist es ein notwendiges Charakteristikum von Mixed-Methods-Studien, dass eine Integration der qualitativen und quantitativen Teile stattfindet. Ansonsten würden zwei (oder auch mehrere) isolierte Studien vorliegen. In diesem Kapitel wird nochmals zusammenfassend geklärt, was unter „Integration" zu verstehen ist (Abschn. 3.9.1). Daran anschließend beschreiben und diskutieren wir das Konzept der „Metainferenz" – also die gemeinsame Schlussfolgerung aus den Erkenntnissen, gewonnen aus allen Teilstudien eines Mixed-Methods-Projekts (Abschn. 3.9.2).

3.9.1 Integration in Mixed-Methods-Projekten

Die Qualität von Mixed-Methods-Projekten wird auch an der Adäquatheit der Integration bemessen. Creswell und Plano Clark (2018) definieren Integration wie folgt: „Integration is a major feature of mixed methods research. It involves the point in the research procedures where the qualitative research interfaces with the quantitative research" (S. 449). Es geht also um den Berührungspunkt bzw. die Berührungspunkte, an denen die qualitativen und quantitativen Teilstränge zusammengeführt werden. Manchmal wird Integration mit der Zusammenführung von qualitativen und quantitativen *Daten* gleichgesetzt; diese Definition greift aber zu kurz, da es um alle Berührungspunkte geht, bei denen sich die qualitativen und quantitativen Teile der Studie treffen (Doyle et al. 2016) – und das kann in allen Phasen des Forschungsprozesses sein. Integration ist aktuell noch jener Bereich im Feld der Mixed-Methods-Studien, der Forschende herausfordert (z. B. Guetterman et al. 2015; Vogl 2023). Demzufolge werden auch nach wie vor regelmäßig Studien publiziert, die zwar von den Autorinnen und Autoren als Mixed-Methods-Studien klassifiziert werden, in denen aber Integration nicht oder nur schwach umgesetzt wird. Diesen Punkt gilt es also auch künftig genau zu beachten, wenn die Qualität von Mixed-Methods-Studien beurteilt wird.

Die Angemessenheit der erfolgten Integration kann nur mit Bezug zum Zweck der Studie beantwortet werden (Fetters 2020). Würde z. B. aufgrund unerwarteter quantitativer Ergebnisse eine qualitative Studie konzipiert werden, um diesen unerwarteten Ergebnissen näher nachzugehen (Begründung: Initiation; siehe Abschn. 3.4), so würde unter anderem die Integrationsleistung daran gemessen, inwieweit die vertiefende qualitative Teilstudie folgerichtig und logisch von der ersten quantitativen Studie abgeleitet und konzipiert wurde. Weitere Integrationsleistungen könnten auf Ebene der Datenanalyse, Ergebnisdarstellung und -interpretation erfolgen (indem z. B. die quantitativen Befunde mit den qualitativen Befunden in Beziehung gesetzt werden) sowie auf Ebene der Diskussion.

Abzugrenzen ist die Integration von qualitativen und quantitativen Zugängen oder Methoden von dem Begriff der *Kombination* – ein Begriff, in dem lediglich die Verwendung von qualitativen und quantitativen Zugängen in einem Projekt beschrieben wird, der aber keine integrative Zusammenführung der Stränge voraussetzt.

Wie exemplarisch am vorigen Beispiel illustriert, kann die *Integration* an unterschiedlichen Stellen des Projekts erfolgen und sollte bei einem geplanten Projekt bereits vor der Studienplanung überlegt werden, sofern es sich nicht um ein *emergentes* Projekt handelt.

3.9 Integration und Metainferenzen

So kann die Frage nach der Integration bereits auf *Ebene der Fragestellung* aufgeworfen werden (siehe Abschn. 3.3). Wurde beispielsweise eine integrative Mixed-Methods-Fragestellung wie „Inwieweit tragen die Reflexionen der Praxislehrpersonen dazu bei, den Kompetenzzuwachs von Lehramtsstudierenden im Praktikum besser zu verstehen?" formuliert, so müssen Forschende die Ergebnisse und Interpretationen des quantitativen Stranges (z. B. Durchführung einer längsschnittlichen Testung vor und nach dem Schulpraktikum) mit den Ergebnissen und Interpretationen der begleitenden qualitativen Interviewstudie (mit den Praxislehrpersonen) verbinden, um diese Frage zu beantworten. Das Explizieren einer Mixed-Methods-Forschungsfrage hilft somit, eine Integrationsleistung bereits von Beginn der Untersuchung – zumindest in der letzten Phase des Forschungsprozesses – in der Ableitung einer gemeinsamen Schlussfolgerung – einzufordern. Tut man das nicht, bleibt die Mixed-Methods-Forschungsfrage unbeantwortet.

Ebenso können Integrationsleistungen in der methodischen Anlage der Mixed-Methods-Studie – also auf *Designebene* – stattfinden; dies ist insbesondere der Fall in sequentiellen Mixed-Methods-Designs, in denen die Ergebnisse und Interpretationen des ersten Strangs die Konzipierung des darauffolgenden Strangs (oder der darauffolgenden Stränge) informieren. Diese Integrationsleistung wurde bereits in den Ablaufgrafiken der vorgestellten Designs in Abschn. 3.5. illustriert. Konkret können in einem *explanativen sequentiellen* Design (QUAN → QUAL) beispielsweise die quantitativen Ergebnisse durch einen gezielt konzipierten qualitativen Folgestrang vertiefter erklärt werden, oder nicht erwartete Ergebnisse können den Schwerpunkt der qualitativen Folgeteilstudie bestimmen. Auf Stichprobenebene können die quantitativen Ergebnisse zu der Auswahl der Stichprobe des qualitativen Teilstrangs beitragen, wenn die beiden Stichproben eine hierarchische Beziehung haben (siehe dazu Abschn. 3.6). Ähnliche Integrationsmöglichkeiten ergeben sich beim *explorativen sequentiellen Design* (QUAL → QUAN). Die qualitativen Ergebnisse können dazu beitragen, ein Messinstrument zu entwickeln, woraus sich Daten gewinnen lassen, die dann wieder für die Generalisierung von Befunden in einer quantitativen Teilstudie genutzt werden. Die Informationen, die man aus der qualitativen Teilstudie gewonnen hat, informieren somit die darauffolgende quantitative Studie (siehe auch Fetters 2020).

Des Weiteren kann Integration auf Ebene der *Datenanalyse und -interpretation* realisiert werden (siehe Abschn. 3.8). Lediglich bei der parallelen Mixed-Datenanalyse findet keine Integration auf Ebene der Datenanalyse und -interpretation statt. Werden die Ergebnisse allerdings aufeinander bezogen, indem z. B. qualitative und quantitative Ergebnisse gemeinsam inhaltlich gruppiert nach Themen dargestellt und interpretiert oder die Daten in einen neuen Datensatz durch Transformation (Quantifizierung und Qualifizierung) zusammengeführt werden, auf Basis dessen wiederum eigenständige Analysen stattfinden, so wird eine Integrationsleistung in diesem Schritt des Forschungsprozesses realisiert (Doyle et al. 2016). Die erste Form der Integration auf Ebene der Datenanalyse und -interpretation wird als *„merging integration"* bezeichnet (die Daten werden also vergleichend analysiert), während die zweite Form der Integration als *„transforming integration"* klassifiziert wird (Shannon-Baker 2022, S. 160). In Bezug auf die Datenanalyse kann auch die Unterscheidung zwischen *„data combination"* und *„data integration"* getroffen werden. Während eine Datenkombination nach wie vor zulässt, die einzelnen Originaldaten zu erkennen, wird bei der Datenintegration neues Datenmaterial erzeugt, das sich aus der Integration der Originaldaten ergibt (siehe Vogl 2023, S. 491).

Spätestens jedoch am Ende der Datenerhebung und Datenanalyse stehen Mixed-Methods-Forschende vor der Herausforderung, aus den gewonnenen Ergebnissen der Teilkomponenten der Mixed-Methods-Studie *eine gemeinsame Schlussfolgerung* zu ziehen – die Integration findet folglich auf Ebene der gemeinsamen Interpretation und Schlussfolgerung statt. Das Ziel ist dabei nicht, die einzelnen Ergebnisse im Sinne einer bloßen Addition nacheinander zu berichten und zu interpretieren, sondern die qualitativen und quantitativen Ergebnisse und deren Interpretationen aufeinander zu beziehen, um aus den einzelnen – womöglich auch kontroversen und konfligierenden (Schoonenboom 2019b) – Ergebnissen ein tieferes Verständnis eines bestimmten Phänomens zu erhalten (Greene 2007). Die zusammengeführten/integrierten Schlussfolgerungen basierend auf den einzelnen Komponenten der Studie bilden dann ein größeres Ganzes und stellen nicht lediglich die Schlussfolgerungen zweier „Einzelprojekte" dar. Letztlich spiegelt das tiefere Verständnis durch Integration eine der Hauptantriebsfedern für die Durchführung von Mixed-Methods-Studien wider (Morgan 2014).

„Integration" in Mixed-Methods-Projekten stellt folglich einen hochkomplexen und auch anspruchsvollen Prozess dar, der sehr unterschiedlich realisiert werden kann. Morse (2010) empfiehlt daher, das *„Interface"* – also jene Stellen, an denen es zur Integration kommt – auch in der Illustration des Designs herauszuarbeiten. In der Mixed-Methods-Forschung spricht man auch von *„procedural diagrams"* (z. B. Fetters 2020; Plano Clark und Ivankova 2016) oder Ablaufdiagrammen, die die Schritte des Projekts inklusive der Integration illustrieren.

Im Folgenden geben wir ein fiktives Beispiel aus der empirischen Bildungsforschung, an dem wir illustrieren, wie ein solches „Ablaufdiagramm" gestaltet werden könnte.

3.9 Integration und Metainferenzen

Beispiel:
Eine Forschungsgruppe setzt sich das Ziel, in Schulen die digitalen Kompetenzen von Lehrpersonen zu fördern und möchte hierzu eine explizite Schulentwicklungsmaßnahme in Form einer Intervention konzipieren, durchführen und im Hinblick auf ihre Effektivität messen. Um eine möglichst passgenaue Intervention zu entwickeln, die auch die aktuellen Bedürfnislagen und Problemlagen an den Schulen aufgreift, werden in einem ersten Schritt qualitative mündliche Befragungen anhand von Leitfadeninterviews mit den Schulleitungen dieser Schulen durchgeführt. Nach der qualitativen Datenauswertung wird eine Intervention konzipiert und zugleich ein Fragebogen entwickelt, mit dessen Hilfe die Effektivität der Intervention evaluiert wird. Nach einer Pilotierung wird die Schulentwicklungsmaßnahme an den 30 Schulen eingesetzt, an denen bereits die Schulleitungen mündlich befragt worden sind, und die teilnehmenden Lehrpersonen werden vor und nach der Maßnahme zu den zentralen Merkmalen – insbesondere den digitalen Kompetenzen – schriftlich auf Basis des selbstentwickelten (standardisierten) Fragebogens befragt. Die Effektivität des Programms wird statistisch getestet. Die quantitativen Ergebnisse werden unter Einbezug der qualitativen Ergebnisse gemeinsam diskutiert. Ausbleibende Effekte in Teildimensionen (z. B. kein Anstieg der Kompetenz der Lehrpersonen im Hinblick auf den Einsatz digitaler Medien im Unterricht) werden mit Rückbezug zu den qualitativen Ergebnissen zu erklären versucht.

Illustration in einem Ablaufdiagramm:
Dieses soeben grob skizzierte Forschungsprojekt, das als sequentielles Mixed-Methods-Projekt eingeordnet werden kann, lässt sich nun in einem Ablaufdiagramm bildlich festhalten. Dieses Ablaufdiagramm kann sehr ausführlich gestaltet sein, indem, wie in Abb. 3.5 illustriert, Schritte, Prozeduren und Produkte gesondert dargestellt werden (siehe z. B. auch Plano Clark und Ivankova 2016 oder Fetters 2020); es kann aber auch in vereinfachter Form illustriert werden (siehe Abb. 3.6). Es gibt keine allgemeingültigen Standards für die Gestaltung solcher Ablaufdiagramme. Wichtig sind die Nachvollziehbarkeit und die Passung zum durchgeführten Projekt. Sie erleichtern es den Leserinnen und Lesern, „auf einen Blick" zu erfassen, wie ein komplexes Mixed-Methods-Projekt in den zentralen Schritten umgesetzt wurde, und macht, je nach Detaillierungsgrad des Diagramms, auch die Prozeduren, Produkte/Outcomes ersichtlich.

Für diese Form der Diagramme ist auch relevant, dass die Integration explizit (!) dargestellt wird. In den beiden Abbildungen ist der „Interface" – also die Stellen, an denen die Integration realisiert wurde – mit Ellipsen gekennzeichnet.

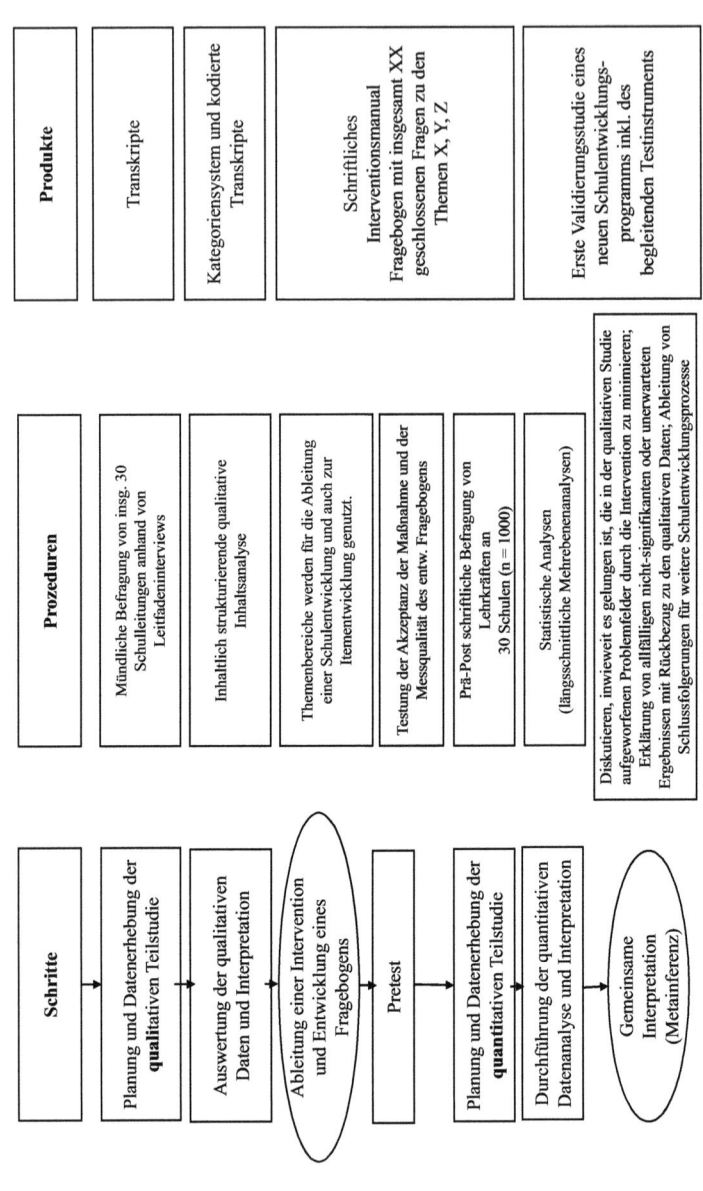

Abb. 3.5 Detaillierte Darstellung des Ablaufdiagramms eines fiktiven Mixed-Methods-Projekts im Themenfeld Schulentwicklung. (Eigene Darstellung)

3.9 Integration und Metainferenzen

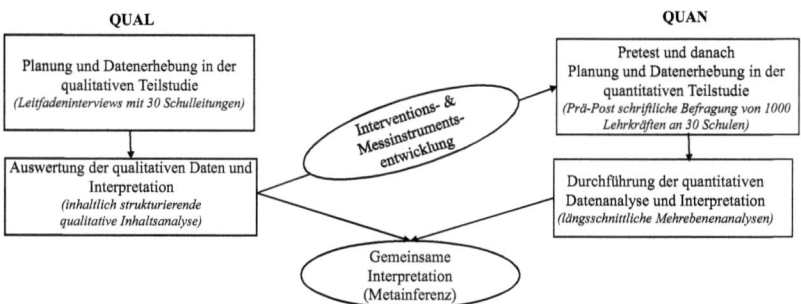

Abb. 3.6 Einfache Darstellung des Ablaufdiagramms eines fiktiven Mixed-Methods-Projekts im Themenfeld Schulentwicklung. (Eigene Darstellung)

Abschließend sei erwähnt, dass bei diesem Projekt natürlich auch auf Ebene der Datenanalyse zahlreiche Integrationsmöglichkeiten bestehen würden, denn es liegt ein Mehrebenensystem (Level 1: Lehrpersonen einer Schule; Level 2: Schulleitungen) vor, in dem man die Daten der verschiedenen Ebenen gut aufeinander beziehen könnte – vorausgesetzt natürlich, man hat einen entsprechenden *Identifier* (Zuordnungscode) miterfasst.

3.9.2 Integration auf Ebene der gemeinsamen Schlussfolgerung – die Metainferenz

Inferenzen sind Schlussfolgerungen und Interpretationen, die auf der Basis der erhobenen Daten und deren Auswertung in einer Studie gemacht werden. Teddlie und Tashakkori (2009) verstehen den Begriff der Inferenz dualistisch sowohl als Prozess als auch als Produkt. *Inferenz als Prozess* beinhaltet eine Reihe an Schritten (im Sinne eines kognitiven Prozesses), die Forschende vollziehen, um aus einer relativ großen Menge erhobener Daten Sinn und Bedeutung zu kreieren. *Inferenz als Produkt* ist dann das Ergebnis dieses kognitiven Prozesses: eine Schlussfolgerung auf Basis der erzielten Resultate. Teddlie und Tashakkori (2009) betonen, dass dieser Dualismus in Prozess und Produkt analytisch ist; in der Praxis gehen beide Aspekte häufig Hand in Hand und bedingen einander dynamisch und interaktiv.

Die Betonung des Prozess- vs. Produktcharakters von Inferenz ist aus mehreren Gründen bedeutsam. Ein erster Grund besteht in der Nachvollziehbarkeit der gezogenen Inferenz. Indem Mixed-Methods-Forschende nicht nur die Inferenz als solche, sondern auch die Gedankengänge und Analyseschritte auf dem Weg zu einer Inferenzbildung explizieren und schriftlich in einer Studiendokumentation oder einem Manuskript festhalten, erlauben sie es anderen Forschenden, ihren Inferenzprozess nachzuvollziehen. Andere Forschende erhalten so die Möglichkeit, den Inferenzprozess zu evaluieren. Eine solche Peer-Evaluation ist in der empirischen Bildungsforschung (und in anderen wissenschaftlichen Disziplinen) ein etablierter Mechanismus der Qualitätssicherung wissenschaftlicher Forschung; Mixed-Methods-Forschende stellen hier keine Ausnahme dar, sondern können durch die Kommunikation ihrer Gedankengänge und Analyseschritte den Inferenzprozess nachvollziehbar machen und zu einer (externen) Überprüfung beitragen.

Ein zweiter Grund für die Betonung des Prozess- vs. Produktcharakters von Inferenz liegt in der Vertrauenswürdigkeit der gezogenen Inferenz. Dadurch, dass Mixed-Methods-Forschende den Prozess der Inferenzziehung explizieren, erhält die Inferenz als Produkt des Forschungsprozesses für andere Forschende, die nicht Teil der Studie waren, eine gewisse Vertrauenswürdigkeit – von Eisenhart und Howe (1992, S. 644) als „trustworthiness of inferences drawn from data" bezeichnet. Freilich müssen andere Forschende der Inferenz als Produkt nicht zustimmen und es kann viele inhaltliche bzw. theoretisch-konzeptuelle Gründe geben, einer Schlussfolgerung und Interpretation nicht zuzustimmen. Darin liegt nun genau der Wert, Inferenz auch als Produkt zu konzeptualisieren. Denn auch wenn die einzelnen Teilschritte des Analyseprozesses nachvollziehbar erscheinen, so muss die in letzter Instanz gezogene Interpretation nicht kritikfrei sein. Wie eingangs erwähnt, scheint es daher empfehlenswert, den Prozess und das Produkt der Inferenz in einer Mixed-Methods-Studie zu explizieren und so für andere Forschende einer Peer-Evaluation zugänglich zu machen.

Inferenzen werden in Mono-Method-Studien als Teil des Forschungsprozesses gezogen. In Mixed-Methods-Studien ergibt sich die Besonderheit, dass die einzelnen Inferenzen aus den qualitativen und quantitativen Teilen der Studie zueinander in Beziehung gesetzt werden sollten. Das Ergebnis dieser Integration auf Ebene der Schlussfolgerung ist eine Metainferenz. Weil das Integrieren einzelner Inferenzen und deren Integration in Form einer Metainferenz keine einfachen Aufgaben sind, haben Teddlie und Tashakkori (2009) Integration und Metainferenz als eine der großen Herausforderungen der Mixed-Methods-Forschung identifiziert. Diese Herausforderung wird besonders deutlich, wenn es zu widersprüchlichen Ergebnissen aus den qualitativen und quantitativen Strängen kommt, wie auch Onwuegbuzie und Johnson (2006) akzentuieren:

> Is it misleading to triangulate, consolidate, or compare quantitative findings and inferences stemming from a large random sample on equal grounds with qualitative data

arising from a small purposive sample? How much weight should be placed on quantitative data compared to qualitative data? Are quantitatively confirmed findings more important than findings that emerge during a qualitative study component? When findings conflict, what is one to conclude? (S. 54)

Um die Qualität der Inferenzen zu bestimmen, schlagen Teddlie und Tashakkori (2009) ein integratives Rahmenmodell für die Inferenzqualität vor. In diesem Modell werden die Designqualität und die interpretative Strenge als zentrale Audit-Aspekte abgebildet. Zehn Kriterien und damit korrespondierende Leitfragen helfen Forschenden dabei, die Qualität der gezogenen Rückschlüsse und Interpretationen in einer Mixed-Methods-Studie einzuschätzen. Tab. 3.5 präsentiert die einzelnen Elemente des Rahmenmodells im Überblick.

Im Aspekt *Designqualität* differenzieren Teddlie und Tashakkori (2009) die Kriterien Angemessenheit, Genauigkeit, Designkonsistenz und analytische Angemessenheit. a) Für das Kriterium der *Angemessenheit* wäre etwa zu fragen, ob die Forschungsmethoden geeignet sind für die Beantwortung der Forschungsfragen – eine Leitfrage, die nicht nur spezifisch für Mixed-Methods-Studien ist – oder (nun spezifisch für Mixed-Methods-Forschung) das gewählte Mixed-Methods-Design zum kommunizierten Forschungszweck passt und die jeweiligen qualitativen und quantitativen Komponenten des methodischen Designs gleiche

Tab. 3.5 Aspekte und Kriterien zur Bestimmung von Inferenzqualität. (Im Detail – siehe Teddlie und Tashakkori 2009 S. 301 und S. 300–314 sowie O'Cathain, 2010)

Aspekt	Kriterium
1. Designqualität	a) Angemessenheit
	b) Genauigkeit
	c) Designkonsistenz
	d) Analytische Angemessenheit
2. Interpretative Strenge	e) Interpretative Konsistenz
	f) Theoretische Konsistenz
	g) Interpretative Übereinstimmung und Unverwechselbarkeit
	h) Integrative Effektivität
	i) Interpretative Korrespondenz
3. Qualität der Berichtlegung	j) Verfügbarkeit
	k) Transparenz

oder eng verbundene Forschungsfragen adressieren. b) Für das Kriterium der Genauigkeit schlagen Teddlie und Tashakkori (2009) vor, nach der notwendigen Qualität und forschungsmethodischen Strenge zu fragen, mit denen die qualitativen und quantitativen Designelemente (Stichprobe, Erhebungsverfahren, Analysen) implementiert sind, um das intendierte Forschungsziel zu erreichen. c) Für das Kriterium *Designkonsistenz* empfehlen sich Leitfragen zur engen Koppelung, zur Verzahnung, zum logischen Aufbau und zur Verbundenheit der qualitativen und quantitativen Elemente der Studie. d) Für das Kriterium der *analytischen Angemessenheit* wäre danach zu fragen, ob die Forschungsmethoden adäquat und angemessen sind, die Forschungsfragen zu beantworten und inwieweit Mixed-Methods-Analysestrategien angemessen implementiert sind.

Im Aspekt *interpretative Strenge* unterscheiden Teddlie und Tashakkori (2009) die interpretative und theoretische Konsistenz, die interpretative Übereinstimmung und Unverwechselbarkeit, die integrative Effektivität und die interpretative Korrespondenz. e) Für das Kriterium der *interpretativen Konsistenz* ließe sich fragen, ob die Interpretationen eng den relevanten Ergebnissen folgen oder inwieweit multiple Rückschlüsse, die auf der Basis der gleichen Ergebnisse getroffen werden können, zueinander konsistent sind. f) Für das Kriterium der *theoretischen Konsistenz* ist relevant, ob Inferenzen im Einklang mit der verwendeten Theorie bzw. dem referenzierten Forschungsstand sind. g) Zur Überprüfung der *interpretativen Übereinstimmung und Unverwechselbarkeit* empfehlen Teddlie und Tashakkori (2009), Fragen zu stellen, wie wahrscheinlich es ist, dass andere Forschende auf Basis der gleichen Ergebnisse zu den gleichen Schlussfolgerungen kommen, ob die gezogenen Inferenzen der Forschenden im Einklang mit denen der Studienteilnehmenden stehen und ob jedes Ergebnis für sich betrachtet plausibler bzw. glaubwürdiger ist als alternative Interpretationen des qualitativen und quantitativen Datenmaterials. h) Für das Kriterium der *integrativen Effektivität* wäre etwa zu fragen, ob die Inferenzen aus den qualitativen und quantitativen Teilen angemessen in eine integrierte Metainferenz übertragen worden sind und, falls die Inferenzen zwischen den qualitativen und quantitativen Teilen konfligieren, theoretische Gründe oder andere nachvollziehbare Erklärungen für diese interpretativen Konflikte angeführt werden. i) Für das Kriterium der *interpretativen Korrespondenz* schließlich empfehlen sich Leitfragen, die danach fragen, ob die gezogenen Inferenzen mit den anfänglich gestellten Forschungsfragen korrespondieren, ob das Ziel der Studie in den Inferenzen aufgegriffen und reflektiert ist bzw. ob auf einem höheren Abstraktionsniveau die Notwendigkeit zur Durchführung einer Mixed-Methods-Studie in den Meta-Inferenzen reflektiert ist.

Zusätzlich zu diesen beiden Aspekten der Designqualität und interpretativen Strenge von Teddlie und Tashakkori (2009) empfiehlt O'Cathain (2010), den

Aspekt der Qualität der Berichtlegung zu ergänzen. Dazu können zwei Kriterien in den Blick genommen werden: die Verfügbarkeit und die Transparenz des Berichts. j) Für das Kriterium der *Verfügbarkeit des Berichts* ließe sich fragen, ob die Ergebnisse der Mixed Methods-Studie innerhalb der personalen, monetären und temporalen Ressourcen erreicht und berichtet werden. k) Für die Überprüfung der *Transparenz des Berichts* schließlich ist die Frage leitend, ob alle Aspekte der Mixed-Methods-Studie in Gänze klar und transparent berichtet sind. Diese beiden ergänzenden Kriterien von O'Cathain (2010) scheinen mit Blick auf die Entwicklung von Open Science besonders relevant, gehen aber auch darüber hinaus, weil nicht nur die Verfügbarkeit und Transparenz der erhobenen Datensätze (etwa in Repositorien und Datenbanken) thematisiert sind, sondern auch die einzelnen Analyseschritte, Kodierschemata, Auswertungsskripte und spezifische Teilergebnisse einzelner Analysen, die sich in Manuskripten und Berichten häufig in Anhängen finden, um die Berichtlegung im Hauptteil einer Studie zu komplettieren.

Diese Aspekte und Kriterien sind für die Beurteilung der Qualität von Mixed-Methods-Projekten aus unserer Sicht hilfreich, da Fragen aufgeworfen werden, die spezifisch für die Qualitätsbestimmung von Mixed-Methods-Forschungsprojekten gelten und über die alleinige Beurteilung der qualitativen und quantitativen Stränge hinausgehen (siehe Abschn. 3.10). So wird z. B. explizit reflektiert, ob es zu einer guten Verbindung der einzelnen Stränge in der Untersuchung kommt und die qualitativen und quantitativen Teile adäquat miteinander verbunden sind (Punkt 3: Designkonsistenz) – eine Frage, die spezifisch für Mixed-Methods-Projekte gilt. Die Fragen, die in Tab. 3.5 in den Punkten (h) und (i) aufgeworfen werden, betreffen explizit die Qualität der Metainferenz.

Ebenso relevant ist an diesem Modell die Unterscheidung von *Merkmalen der Designqualität* und *Merkmalen der Inferenzqualität,* die in einer Beziehung zueinander stehen. Gelingt es nicht, eine entsprechende Designqualität zu realisieren, so beeinflusst das auch die Qualität der Inferenzen und der Metainferenz negativ. Die Designqualität ist somit die Voraussetzung für die Ziehung qualitätsvoller Inferenzen und Metainferenzen. Das gilt auch für Mono-Method-Projekte. Allerdings verstärkt sich dieser Zusammenhang bei Mixed-Methods-Projekten, da für die gemeinsame Schlussfolgerung alle Teilstränge mit hohem methodischem Rigor durchgeführt werden müssen; es werden also hohe Anforderungen an die Kompetenzen der Forschenden gestellt.

Im Folgenden wird eine Studie aus der empirischen Bildungsforschung skizziert, in der die Metainferenz sehr umfassend gezogen wird.

Diskriminierungserfahrungen an amerikanischen Universitäten von Studierenden mit muslimischem und arabischem Hintergrund (Shammas 2017)
In dieser explanativen sequentiellen Mixed-Methods-Studie wurden die Diskriminierungserfahrungen von Studierenden an US-amerikanischen Colleges untersucht und getestet, inwieweit diese mit den Freundschaften, die man mit Studierenden derselben Ethnie hat, zusammenhängen ($N = 753$). Die Ergebnisse der quantitativen Teilstudie ergaben, dass Studierende mit arabischem und mit muslimischem Hintergrund von höheren Diskriminierungserfahrungen berichteten als Studierende, die keinen arabischen und keinen muslimischen Hintergrund aufwiesen. Allerdings konnte – erwartungswidrig – kein Zusammenhang zwischen der Häufigkeit der erlebten Diskriminierung und den Freundschaften, die man mit Studierenden derselben Ethnie oder Religion schloss, festgestellt werden. Dieses Ergebnis irritierte, und der Prozess wurde wie folgt reflektiert:

> In view of inconsistencies and ambiguities in the survey findings, the researcher begins to question whether the problem lay in the perceived discrimination measure or that students were underreporting perceived discrimination on campus. (Shammas 2017, S. 101)

Aufbauend auf diese offene Frage wurde die qualitative Teilstudie konzipiert, die auf drei Fokusgruppen mit 16 Studierenden beruhte. Die Begründung für den Mixed-Methods-Ansatz würde in diesem Fall in der Initiierung und Erklärung liegen (Greene et al. 1989). Die Ergebnisse der quantitativen Teilstudie wurden folglich gezielt für die Konzipierung der qualitativen Teilstudie genutzt. Die Ergebnisse der Fokusgruppen erlauben einen vertieften Einblick in die Diskriminierungserfahrungen von Studierenden. So können z. B. die Quellen dieser Erfahrungen identifiziert werden und Gründe für deren mögliche Unterschätzung im schriftlichen Fragebogen abgeleitet werden.

Aus den qualitativen und quantitativen Ergebnissen und Interpretationen wird am Ende eine Schlussfolgerung gezogen, in der beide Stränge berücksichtigt werden. Diese gemeinsame Schlussfolgerung wird im Artikel intensiv ausgeführt. Beispielsweise werden Ergebnisse aus beiden Strängen direkt miteinander verglichen und die Art und Weise thematisiert, wie die qualitative Vertiefungsstudie zum besseren Verständnis der quantitativen Studie beigetragen hat. Shammas (2017) begründet:

> The mixed method approach succeeded in eliciting a range of focus group responses to explain why Arab and Muslim students might underreport discrimination on campus. The focus group results showed that students expressed open and nuanced

displays of religious discrimination on campus more than ethnic discrimination as reported in the survey data. (S. 118)

Ausgehend von allen Ergebnissen und deren In-Bezug-Setzung resümiert Shammas (2017):

> While the mixed methods approach used in this study might not have amassed stronger evidence of overt forms of discrimination, it is far too easy to dismiss the campus climate as having few interethnic or interfaith conflicts, particularly if a sizable number of students is either hesitant to disclose or masks feelings of discrimination on a survey. The themes emerging from the qualitative phase of the study, for example, the feeling of being White or non quite White, the credibility of a student's complaint of ethnic or religious discrimination, and apprehension of reporting discrimination on a survey, endeavored to arrive at a conclusion why there was not a higher rate of perceived discrimination reported in the survey results as well as more open discussion of personal and group discrimination among some focus group participants. More important, it seems unfathomable that the retreat of significant numbers of Arab and Muslim students into ethnic and religious enclaves has made them impervious to all forms of discrimination. Arguably, it is the researcher's moral responsibility to keep restructuring the methodology to chisel away the barriers of silence, reticence, and defensiveness so that the suppressed voices of Arab and Muslim students as well as those of all minorities may be heard. (S. 118 f.)

Dieses Beispiel verdeutlicht den Mehrwert, den man in einer Mixed-Methods-Studie durch die zusammenfassende Interpretation der Ergebnisse und deren gemeinsame Schlussfolgerung gewinnt.

Ein weiteres Beispiel der empirischen Bildungsforschung, in dem besonderer Wert auf die Inferenzqualität gelegt wurde, ist die Arbeit von Magsamen-Conrad und Muhlemann Dillon (2020) über intergenerationales mobiles Lernen. Die Daten stammen aus qualitativen Ethnografien und quantitativen Fragebogenerhebungen und wurden integrativ ausgewertet, um ein Modell zur Anwendung mobiler Technologien über die Lebensspanne zu entwickeln (das „final lifespan mobile technology diffusion model", Magsamen-Conrad und Muhlemann Dillon, S. 9).

> **Zusammenfassung**
>
> Spätestens am Ende der Datenerhebung und Datenanalyse stehen Mixed-Methods-Forschende vor der Herausforderung, einzelne Teile der Mixed-Methods-Studie zusammenzusetzen und zueinander in Beziehung zu bringen, um ein bestimmtes Phänomen besser zu verstehen. Dieses Verständnis wird durch Inferenzen und Metainferenzen zu erreichen versucht. Inferenzen sind

Schlussfolgerungen und Interpretationen, die auf der Basis der erhobenen Daten und deren Auswertung in den quantitativen und qualitativen Teilen einer Mixed-Methods-Studie gemacht werden. Eine Metainferenz ist die Integration der einzelnen Inferenzen. Um die Güte des Mixed-Methods-Projekts einzuschätzen, kann das integrierte Rahmenmodell der Inferenzqualität von Teddlie und Tashakkori (2009) genutzt werden. ◄

3.10 Gütekriterien

Die Frage nach den Gütekriterien der Mixed-Methods-Forschung wird nach wie vor intensiv diskutiert und ähnlich wie in der qualitativen Forschung liegt kein allgemeingültiges Set an Gütekriterien vor. Hilfreich zur Einordnung der Diskussionsstränge ist die von O'Cathain (2010) getroffene Unterscheidung dreier grundlegender Perspektiven auf diese Frage: eine generische Forschungsperspektive, eine individuelle Komponentenperspektive und eine Mixed-Methods-Perspektive.

1. In einer *generischen Forschungsperspektive* wird argumentiert, dass Mixed-Methods-Forschung genau wie jede andere Forschung mit einem Set an allgemeingültigen Evaluationsindikatoren auf ihre Qualität hin untersucht werden kann. Es gibt eine Reihe an Instrumenten, die für solch universell (das heißt: identisch für qualitative und quantitative Mono-Method-, Multi-Methods- oder Mixed-Methods-Studien) einsetzbare Forschungsevaluationen etwa im Rahmen systematischer Literaturreviews genutzt werden können (Katrak et al. 2004). Dieser Ansatz wird von Mixed-Methods-Forschenden als zu universalistisch kritisiert, weil er nicht berücksichtigt, dass es für qualitative, quantitative und Mixed-Methods-Forschungen spezifische Qualitätsmaßstäbe und Indikatoren gibt.
2. In einer *individuellen Komponentenperspektive* wird argumentiert, dass jede Komponente für sich betrachtet individuell auf ihre Qualität hin geprüft werden kann. Folgerichtig würde die Güte der quantitativen Phasen einer Mixed-Methods-Studie etwa auf ihre Validität und Reliabilität und die Güte einer qualitativen Phase etwa auf ihre Intersubjektivität hin überprüft werden. Zweifelsohne ist es wichtig, dass die qualitativen und die quantitativen Methoden als Teil einer Mixed-Methods-Studie so rigoros wie möglich ausgeführt werden. Dennoch ignoriert diese Perspektive, dass Mixed Methods mehr bedeutet als die bloße Addition von qualitativen und quantitativen Anteilen. Zum Beispiel ist die Integration und auch die Ableitung einer Metainferenz

3.10 Gütekriterien

essentiell und endemisch für Mixed-Methods-Studien, die bei einer routinehaften Überprüfung auf Validität oder Intersubjektivität nicht ausreichend reflektiert würden (O'Cathain 2010).

3. Eine *Mixed-Methods-Perspektive* schließlich argumentiert, dass eigene Qualitätsindikatoren und Gütekriterien entwickelt werden müssen, die auf eine Mixed-Methods-Studie in ihrer Besonderheit eingehen. Dieser Ansatz wird weltweit von führenden Mixed-Methods-Forschenden vertreten (Corrigan und Onwuegbuzie 2020; O'Cathain 2010; Teddlie und Tashakkori 2009). Als besonders einflussreich hat sich dabei das integrative Rahmenmodell für Inferenzqualität erwiesen, das im vorherigen Abschnitt ausführlich beschrieben wurde. Ergänzend dazu entwickelten Corrigan und Onwuegbuzie (2020) den Begriff der *Repräsentation* und die damit korrespondierende *Repräsentationsanalyse*, die im Kern sehr ähnliche Phasen beschreibt wie das Rahmenmodell von Teddlie und Tashakkori (2009). Repräsentation gilt dabei als Maß der Güte einer Mixed-Methods-Studie. Sie wird definiert als das gleichzeitige Erreichen angemessener Power in den quantitativen und Saturation in den qualitativen Phasen einer Mixed-Methods-Studie, um daraus belastbare, übertragbare und für das untersuchte Phänomen und die zugrunde liegende Population repräsentative Metainferenzen abzuleiten. Wie bereits in Abschn. 3.9 angeführt, ergänzte O'Cathain (2010) dazu den Bereich der *Qualität der Berichtlegung* um die beiden Ausprägungen der *Berichtverfügbarkeit* (Werden die Ergebnisse einer Mixed-Methods-Studie innerhalb der personalen, monetären und temporalen Ressourcen erreicht und berichtet?) und *Berichttransparenz* (Sind alle Aspekte der Mixed-Methods-Studie in Gänze klar und transparent berichtet?).

Den Argumenten der Mixed-Methods-Perspektive folgend vertreten auch wir die Auffassung, dass eine generische oder auf die einzelnen Teilkomponenten einer Mixed-Methods-Studie gerichtete Qualitätsüberprüfung nicht genügend auf die Spezifika der oftmals sehr komplexen Möglichkeiten der Integration eingehen kann. Insbesondere die Bildung von Inferenzen und Metainferenzen bedarf einer besonderen Berücksichtigung in der Evaluation von Qualität. Diese werden u. E. zum aktuellen Zeitpunkt am besten vom integrativen Rahmenmodell von Teddlie und Tashakkori (2009) und der vorgeschlagenen Mixed-Methods-Repräsentationsanalyse von Corrigan und Onwuegbuzie (2020) abgedeckt. In den Schritten der Mixed-Methods-Repräsentationsanalyse empfehlen Corrigan und Onwuegbuzie (2020), angemessene Begründungen für die Auswahl des Studiendesigns und die Stichprobenkombination bzw. deren Beziehung in der qualitativen und quantitativen Phase der Mixed-Methods-Studie anzuführen, auf deren Basis begründete Metainferenzen gezogen werden können. Obwohl das integrative Rahmenmodell von Teddlie und Tashakkori (2009) und die Mixed-Methods-Repräsentationsanalyse (Corrigan und Onwuegbuzie 2020) unterschiedliche Namen tragen, sind ihre Einzelschritte inhaltlich sehr ähnlich und verfolgen das gleiche Ziel: die Sicherstellung von Qualität der Mixed-Methods-Studie.

> **Zusammenfassung**
>
> Die Beurteilung der Qualität von Mixed-Methods-Studien kann auf Basis unterschiedlicher Ansätze erfolgen. Es können a) allgemeingültige Gütekriterien für Forschung geprüft werden, b) die qualitativen und quantitativen Teilstränge auf Basis der jeweils für den Zugang gültigen Gütekriterien geprüft werden oder c) spezifische für die Mixed-Methods-Forschung gültige Gütekriterien zur Prüfung der Qualität von Studien angewandt werden. Wir empfehlen jedenfalls auch die Berücksichtigung von Mixed-Methods-spezifischen Gütekriterien, weil bestimmte Qualitätsaspekte – wie z. B. die adäquate Integration – nicht in bisher entwickelten Gütekriterien für qualitative und quantitative Forschungsansätze abgedeckt sind. ◂

Weiterführende Literatur

Abschnitt 3.1: Definition von Mixed Methods

Ivankova, N. (2023). Qualitative, Multimethod, and Mixed Methods Research. In R. J. Tierney, F. Rizvi, & Ercikan, K. (Eds.), *International encyclopedia of education* (4th ed., Volume 12). https://www.sciencedirect.com/referencework/9780128186299/international-encyclopedia-of-education#book-description.

Johnson, R. B., Onwuegbuzie, A. J., & Turner, L. A. (2007). Toward a definition of mixed methods research. *Journal of Mixed Methods Research, 1*, 112–133. https://doi.org/10.1177/1558689806298224.

Kuckartz, U. (2014). *Mixed Methods. Methodologie, Forschungsdesigns und Analyseverfahren.* Springer VS.

Abschnitt 3.2: Wissenschaftstheoretische Grundlagen

Johnson, B., & Gray, R. (2010). A history of philosophical and theoretical issues for mixed methods research. In A. Tashakkori & C. Teddlie (Eds.), *SAGE Handbook of Mixed Methods in Social & Behavioral Research* (2nd ed.; pp. 69–84). Sage.

Schoonenboom, J. (2019a). A performative paradigm for mixed methods research. *Journal of Mixed Methods Research, 13*(3), 284–300. https://doi.org/10.1177/1558689817722889.

Abschnitt 3.3: Mixed-Methods-Forschungsfragen

Teddlie, C., & Tashakkori, A. (2009). *Foundations of Mixed Methods Research* (Chapter 6: Generating Research Questions in Mixed Methods Research). Sage.

Plano Clark, V. L., & Badiee, M. (2010). Research questions in mixed methods research. In A. Tashakkori & C. Teddlie (Eds.), *SAGE handbook of mixed methods in social & behavioural research* (2nd ed., pp. 275–304). Sage.

Abschnitt 3.4: Begründungen für Mixed Methods („rationale")

Bryman, A. (2006). Integrating quantitative and qualitative research: how is it done? *Qualitative Research, 6*(1), 97–113. https://doi.org/10.1177/1468794106058877.

Plano Clark, V. L., & Ivankova, N. V. (2016). *Mixed Methods Research. A guide to the field.* Sage.

Schoonenboom, J., Johnson, R. B., & Froehlich, D. E. (2018). Combining multiple purposes of mixing within a mixed methods research design. *International Journal of Multiple Research Approaches, 10*(1), 271–282. https://doi.org/10.29034/ijmra.v10n1a17.

Abschnitt 3.5: Designarten

Kuckartz, U. (2014). *Mixed Methods. Methodologie, Forschungsdesigns und Analyseverfahren.* (Kapitel 2: Designs für die Mixed-Methods-Forschung). Springer VS.

Mayring, P. (2001). Kombination und Integration qualitativer und quantitativer Analyse. *Forum: Qualitative social research, 2*(1), Art. 6. https://www.qualitative-research.net/index.php/fqs/article/view/967/2110.

Für Mixed-Methods-Projekte auf Basis von Sekundäranalysen zu PISA, TIMSS und PIRLS sind die Datensätze unter den folgenden Links verfügbar:

PISA: http://www.oecd.org/pisa/data/.

TIMSS und PIRLS: https://timssandpirls.bc.edu/pirls-landing.html.

Abschnitt 3.6: Stichprobenziehung

Onwuegbuzie, A. J., & Collins, K. M. T. (2007). A typology of mixed methods sampling designs in social science research. *The Qualitative Report, 12*(2), 281–316. https://doi.org/10.46743/2160-3715/2007.1638.

Teddlie, C., & Tashakkori, A. (2009). *Foundations of mixed methods research* (Chapter 8: Sampling strategies for mixed methods research, pp. 168–196). Sage.

Abschnitt 3.7: Datenerhebungsmethoden

Döring, N., & Bortz, J. (2016). *Forschungsmethoden und Evaluation in den Sozial- und Humanwissenschaften* (5. Aufl.). Springer.

Teddlie, C., & Tashakkori, A. (2009). *Foundations of mixed methods research* (Chapter 10: Data collection strategies for mixed methods research, pp. 217–248). Sage.

Abschnitt 3.8: Datenanalyse, Interpretation und Ergebnisdarstellung

Bazeley, P. (2018). *Integrating analyses in mixed methods research*. Sage.

Teddlie, C., & Tashakkori, A. (2009). *Foundations of mixed methods research* (Chapter 11: The analysis of mixed methods data, pp. 249–284). Sage.

Abschnitt 3.9: Integration und Metainferenzen

Teddlie, C., & Tashakkori, A. (2009). *Foundations of mixed methods research* (Chapter 12: The inference process in mixed methods research, pp. 285–314). Sage.

Siehe auch: *Journal of Mixed Methods Research*: https://journals.sagepub.com/topic/collections-mmr/mmr-1-mixed_methods_designs_integration_visual_practices_educational_research/mmra.

In diesem Virtual Special Issue zum Thema *Mixed Methods Designs, Integration, and Visual Practices in Educational Research* (2022) werden viele Studien aus dem Bereich der Bildungsforschung vorgestellt und auch mit Bezug zur Thematik der Integration diskutiert.

Des Weiteren wurde 2020 eine Virtual Special Issue zum Thema *Integration in Mixed Methods Research* im Allgemeinen publiziert: https://journals.sagepub.com/doi/https://doi.org/10.1177/1558689820956401.

Abschnitt 3.10: Gütekriterien

O'Cathain, A. (2010). Assessing the quality of mixed methods research: Towards a comprehensive framework. In A. Tashakkori & C. Teddlie (Eds.), *SAGE handbook of mixed methods in social & behavioral research* (2nd ed., pp. 531–555). Sage.

Corrigan, J. A., & Onwuegbuzie, A. J. (2020). Toward a meta-framework for conducting mixed methods representation analyses to optimize meta-inferences. *The Qualitative Report, 25*(3), 785–812. https://doi.org/10.46743/2160-3715/2020.3579.

Anwendungsbeispiele: Mixed-Methods-Studien aus der empirischen Bildungsforschung

4

> **Lernziele**
>
> **Sie können**
>
> - Mixed-Methods-Studien anhand zentraler Kriterien beschreiben und beurteilen,
> - notwendige Informationen zur Beschreibung einer Mixed-Methods-Studie verstehen. ◄

In Kap. 3 wurden die zentralen Elemente einer Mixed-Methods-Studie einzeln dargestellt und mit Beispielen der empirischen Bildungsforschung illustriert. Das folgende Kapitel soll nun anhand von vier ausgewählten Mixed-Methods-Studien diese Aspekte zusammenfassend diskutieren. Anhand der in Kap. 3 aufgeworfenen Themen werden die Studien einer Analyse unterzogen, die sich auf die in Kap. 3 aufgeworfenen Teilaspekte einer Mixed-Methods-Studie beziehen. Es wird analysiert,

- welche *Fragestellungen* verfolgt werden und inwieweit diese durch die quantitativen und qualitativen Teilstränge adäquat untersucht werden können,
- welche *Begründung* für den Mixed-Methods-Ansatz gegeben wird,
- welches *Mixed-Methods-Design* zur Anwendung kam,
- wie die *Stichprobenziehung* realisiert wurde,
- welche *Datenerhebungsmethoden* kombiniert wurden,
- wie die *Datenanalyse und Ergebnisdarstellung sowie -interpretation* erfolgte,
- inwieweit eine *Integration* realisiert wurde und

© Der/die Autor(en), exklusiv lizenziert an Springer Fachmedien Wiesbaden GmbH, ein Teil von Springer Nature 2023
G. Hagenauer et al., *Grundlagen und Anwendung von Mixed Methods in der empirischen Bildungsforschung*, Methodenintegrative Sozialforschung,
https://doi.org/10.1007/978-3-658-31148-3_4

- inwieweit *Gütekriterien* expliziert wurden.

Jede Studienanalyse wird mit einer Gesamtbewertung abgeschlossen.
In der Auswahl der Mixed-Methods-Studien war es uns ein Anliegen, Studien heranzuziehen, die verschiedene Felder der empirischen Bildungsforschung abdecken und in denen unterschiedliche Mixed-Methods-Designs zur Anwendung kamen. Die vier näher zu beleuchtenden Studien lassen sich den folgenden inhaltlichen Themenfeldern zuordnen: 1) allgemeine Schul- und Unterrichtsforschung, 2) fachdidaktische Professionalisierungsforschung, 3) Professionsforschung und Lehrer:innenbildung (allgemein) und 4) Hochschulforschung.

4.1 Schul- und Unterrichtsforschung: Die Lehrer:innen-Schüler:innen-Beziehung

Quelle:

Scales, P. C., Pekel, K., Sethi, J., Chamberlain, R., & van Boekel, M. (2019). Academic year changes in student-teacher developmental relationships and their linkage to middle and high school students' motivation: a mixed-methods study. *Journal of Early Adolescence, 40*(4), 499–536. https://doi.org/10.1177/0272431619858414

Kurzbeschreibung des Themas der Studie:
Die Motivation von Schülerinnen und Schülern nimmt im Laufe der Schulzeit ab. Die Studie untersucht in einem Längsschnittdesign mit zwei Messzeitpunkten, inwiefern die Qualität der Lehrer:innen-Schüler:innen-Beziehung die Veränderung in der Motivation erklären kann. Es wird angenommen, dass positive Veränderungen in der Lehrer:innen-Schüler:innen-Beziehung auch eine positive Motivationsveränderung begünstigen. Als zugrunde liegende Theorien werden auf die sozial-kognitiven Theorien und die Selbstbestimmungstheorie zurückgegriffen.

Welche Forschungsfragen/Zielsetzungen wurden verfolgt?
Die übergeordnete Forschungsfrage lautet: *Are changes in student–teacher relationships related to academic motivation, engagement, and performance in middle school?* (Scales et al. 2019, S. 503). Ausgehend von der bisherigen Forschung vermuten die Autorinnen und Autoren, dass eine positive Veränderung in der Lehrer:innen-Schüler:innen-Beziehung über das Schuljahr auch positive Effekte

auf die Motivation, das Engagement und die Leistung hat. Allerdings gehen sie von einer kleinen Gruppe von Schülerinnen und Schülern aus, die von einer positiven Veränderung berichten, da bisherige Studien eine Verschlechterung der Qualität der Lehrer:innen-Schüler:innen-Beziehung im Jugendalter vermuten lassen.

Diese Frage und die davon abgeleiteten Hypothesen werden insbesondere im (dominierenden) quantitativen Ansatz verfolgt. Der qualitative Teil der Studie untersucht, welche Handlungen und Mechanismen zu einer konkreten Veränderung der wahrgenommenen Lehrer:innen-Schüler:innen-Beziehung beitragen. Eine explizite Frage für den qualitativen Teil wird nicht aufgeworfen.

Welche Begründungen für einen Mixed-Methods-Ansatz wurden gegeben?
Es wurden keine expliziten Begründungen für die Wahl eines Mixed-Methods-Ansatzes angeführt. Betrachtet man die Forschungsfragen, so trifft am ehesten die Begründung „Komplementarität" der methodischen Zugänge zu. Während die quantitative Untersuchung Beziehungen zwischen den Variablen zu testen sowie Veränderungen und deren Einflussfaktoren nachzuzeichnen vermag, trägt die qualitative Untersuchung dazu bei, situative Faktoren und Mechanismen besser zu verstehen (konkret: Welche Handlungsweisen von Lehrpersonen oder Schülerinnen und Schülern führten aus Schüler:innensicht zu einer Veränderung der Lehrer:innen-Schüler:innen-Beziehung?). Die Autorinnen und Autoren präzisieren weiter, „the small number of students who participated in the qualitative component of this study enabled deep discussion with the students and thick description of their attitudes, behaviors, and experiences" (Scales et al. 2019, S. 507). Außerdem halten sie im Zuge der Datenanalyse fest: „The analysis employed line-by-line coding of focus groups and interview transcripts, identifying statements that illuminated our research questions" (Scales et al. 2019, S. 516). Auch in der abschließenden Diskussion betonen die Autorinnen und Autoren den Mehrwert der Fokusgruppen nochmals: „The student focus groups added value to this study by suggesting that there are a number of actions teachers and students can take that may propel improvement in student–teacher relationships" (Scales et al. 2019, S. 527).

Welches Design kam zur Anwendung?
Es wurde ein explanatives sequentielles Mixed-Methods-Design angewandt, wobei die Autorinnen und Autoren darauf verzichteten, das Design auf Basis einer Mixed-Methods-Klassifikation einzuordnen. Stattdessen berichten sie von zwei längsschnittlichen Teilstudien. Die quantitative Teilstudie fand im Oktober 2016 (Messzeitpunkt 1) und Mai 2017 (Messzeitpunkt 2) statt. Die vertiefenden

Fokusgruppeninterviews fanden im Herbst 2017 (Messzeitpunkt 1) und Frühling 2018 (Messzeitpunkt 2) statt.

Im quantitativen Teil der Untersuchung wurden die Schüler:innen ($N = 1274$) mittels Fragebogen zweimal während eines Schuljahres mit Hilfe standardisierter Skalen schriftlich befragt. Eine Substichprobe von Schülerinnen und Schülern ($N = 17$) nahm an insgesamt drei Fokusgruppen teil, die ebenfalls zweimal im darauffolgenden Schuljahr durchgeführt wurden.

Wie wurde die Stichprobenziehung realisiert?
Im quantitativen Teil nahmen 1274 Schüler:innen aus zwei Middle-Schools und einer High-School der Klassenstufen 6–8 (Middle-School) und 9–12 (High-School) teil. Über das Akquirieren der Stichprobe wird keine Aussage gemacht. Man kann davon ausgehen, dass es sich um eine Gelegenheitsstichprobe handelt, da keine Angaben zu einer Stichprobenziehung, die Randomisierung anstrebte, vorliegen. Der Stichprobenumfang ist jedoch sehr groß; wenn auch auf einen spezifischen lokalen Kontext begrenzt („large suburban community in the Midwest"; Scales et al. 2019, S. 505).

Für die Fokusgruppen wurden Schüler:innen aus zwei der drei Schulen ($N = 17$) bewusst aus der Gesamtstichprobe ausgewählt, um typisch für die gesamte Population zu sein. Es wurden drei Fokusgruppeninterviews (6./7. Schulstufe; 8. Schulstufe; 9.–11. Schulstufe). Die genauen Kriterien der Auswahl wurden nicht genannt, um die Anonymität der Schüler:innen sicherzustellen. Die Autorinnen und Autoren halten fest:

> In the interest of protecting their confidentiality, we did not ask the focus group participants for specific demographic information; however, they were chosen for their representativeness of the overall school population. Students were also chosen to reflect a range of academic performance. (Scales et al. 2019, S. 507)

Daraus geht nicht klar hervor, ob die Schüler:innen der Fokusgruppen auf Basis der aus den standardisierten Befragungen gewonnenen Daten ausgewählt wurden oder ob andere Auswahlmechanismen griffen.

Welche Datenerhebungsmethoden wurden kombiniert?
Eine schriftliche Umfrage (2 Messzeitpunkte an 3 Schulen) wurde mit anschließenden Fokusgruppen (3 Fokusgruppen, 2 Messzeitpunkte) kombiniert. Sowohl die eingesetzten standardisierten Skalen als auch der (teilstrukturierte) Interviewleitfaden für die Fokusgruppen werden im Artikel detailliert beschrieben. Eine Frage aus dem Fokusgruppeninterview zum 2. Messzeitpunkt lautete etwa: „Has

anything changed for better or worse in your relationship with any of your teachers since we last talked? If so, how dit it change? Prompts: What did the teacher do or say that changed the relationship? What did you do or say that changed the relationship?" (Scales et al. 2019, S. 509).

Wie erfolgten die Datenanalyse und die Ergebnisdarstellung?
Die quantitativen Daten wurden mit statistischen Hypothesentests überprüft (konfirmatorische Faktorenanalysen, Korrelationen und längsschnittliche Regressionen). Die qualitativen Daten wurden mit Hilfe der Techniken der Grounded Theory analysiert.

Die statistischen Ergebnisse wurden formal sowohl im Fließtext als auch in entsprechenden Tabellen festgehalten. Die qualitativen Ergebnisse wurden anhand der extrahierten Themen narrativ und zusammenfassend dargestellt und mit Auszügen aus den Fokusgruppen illustriert. Auf Quantifizierung des Datenmaterials wurde explizit verzichtet, da es den Autorinnen und Autoren darum ging, kontextualisierte Bedeutungszuschreibungen herauszuarbeiten.

Die Ergebnisdarstellung erfolgte dabei nacheinander und in separaten Abschnitten. Im Verhältnis dominiert klar die quantitative Ergebnisdarstellung.

Aus den quantitativen Ergebnissen ging klar hervor, dass eine Verbesserung der Lehrer:innen-Schüler:innen-Beziehung im Laufe des Schuljahres sich auch förderlich auf zentrale Merkmale, wie z. B. die Schüler:innenmotivation, auswirkte. Diesen Befund halten die Autorinnen und Autoren wie folgt mit Bezugnahme auf die Tabellen, in denen die statistischen Kennwerte abgetragen sind, fest:

> Tables 9 and 10 show that in each instance, as hypothesized, the more students reported *increased* student-teacher relationships, the *better* were their motivation, perceptions of the school environment, and GPA at the end of the year, regardless of whether the overall developmental relationships score (Table 9) or the individual elements of the relationships (Table 10) were used as the predictors. Improvement in the overall relationships score predicted all four end of the year outcomes [...]. (Scales et al. 2019, S. 517)

Die qualitativen Ergebnisse geben dahingegen einen Einblick, wie es Lehrpersonen gelang, eine positive Lehrer:innen-Schüler:innen-Beziehung aufzubauen bzw. zu verbessern. Ein wichtiger Faktor war z. B. das Zugeben von Fehlern. Dieses Ergebnis wird folgendermaßen dargestellt:

> Students discussed how it greatly impacted them when a teacher apologized to them or was honest about something they did wrong. For one student, being a part of a class

where they felt singled out and picked on was causing them to "get mad" and "zone out". After multiple students received poor grades in this class, the teacher's behaviour started to change:

> He just started being nice. He knew he was doing something wrong and was like, "I'm sorry for picking on you."

The student noted that their relationship started to improve after this change has occurred. (Scales et al. 2019, S. 521)

Dieses Beispiel zeigt die komplementären Informationen, die sich durch die Verwendung der verschiedenen methodischen Zugänge über das Phänomen gewinnen lassen. Während die quantitativen Daten klar die Verläufe der Lehrer:innen-Schüler:innen-Beziehung und deren „Wirkungen" (Outcomes) darstellen können, ermöglichen die qualitativen Fokusgruppen, kontextualisierte und situative Informationen über die Einflussbedingungen derselben zu gewinnen.

An welchen Stellen erfolgte die Integration? Wurde eine Metainferenz/eine gemeinsame Schlussfolgerung gezogen?
Die Integration erfolgt überwiegend in der Diskussion der Ergebnisse. Davor werden die beiden Stränge – qualitativ und quantitativ – nacheinander dargestellt. Eine Verbindung auf Ergebnisebene wurde nicht realisiert. Auch in der Diskussion der Ergebnisse werden diese eher sequentiell diskutiert, beginnend mit den quantitativen Befunden, gefolgt von den qualitativen Befunden. Eine gemeinsame Schlussfolgerung aus den Ergebnissen wird im engeren Sinne nicht gezogen. Lediglich am Ende des Textes wird nochmals betont, wie wesentlich die Förderung einer positiven Lehrer:innen-Schüler:innen-Beziehung sei.

Wurden Gütekriterien explizit angesprochen?
Mixed-Methods-Gütekriterien werden nicht explizit thematisiert. Die Gütekriterien der quantitativen und qualitativen Forschung werden zum Teil expliziert (z. B. durch Faktorenanalysen und Reliabilitätsanalysen im quantitativen Teil, durch das Offenlegen der Auswertungsschritte im qualitativen Teil der Studie).

Zusammenfassende Bewertung:
Die Studie verfolgte das Ziel, die Veränderung der Lehrer:innen-Schüler:innen-Beziehung und deren Outcomes über ein Schuljahr zu erforschen. Zudem soll ergründet werden, wie konkretes Lehrer:innen- oder Schüler:innenverhalten diese Veränderung auslösen kann. Hierzu wählten die Autorinnen und Autoren ein Vertiefungsdesign unter Anwendung einer schriftlichen Befragung zu zwei Messzeitpunkten und vertiefenden Fokusgruppen zu zwei Messzeitpunkten.

Die Wahl des Mixed-Methods-Designs und die Auswahl der Datenerhebungsmethoden sind der Fragestellung angemessen. Die schriftliche Befragung und die Fokusgruppen ergänzen einander in ihren Vorteilen: Während die standardisierte schriftliche Befragung die statistische Testung von (allgemeinen) Beziehungen zwischen Variablen ermöglichte, gelang durch die Fokusgruppeninterviews ein vertiefter Blick auf das konkrete Lehrer:innen- und Schüler:innenhandeln in der Situation, das aus Schüler:innensicht ursächlich für die Veränderung der Lehrer:innen-Schüler:innen-Beziehung war.

Die Integration der beiden Stränge (quantitativ, qualitativ) erfolgte in dieser Studie insbesondere am Ende in der Diskussion, bleibt allerdings insgesamt eher lose. Für künftige Studien, die sich ähnlichen Fragen widmen, könnte man erwägen, 1) eine integrative Mixed-Methods-Forschungsfrage zu formulieren und diese am Ende auch integrativ zu beantworten, 2) die Begründung für die Mixed-Methods-Studie zu explizieren, 3) das Mixed-Methods-Design unter Verwendung der gängigen Begrifflichkeiten zu benennen und einzuordnen – an dieser Stelle könnte auch die Priorisierung thematisiert werden – und 4) eine stärkere Integration anzustreben (z. B. die bewusste Auswahl der Schüler:innen für die Fokusgruppen auf Basis der Ergebnisse der Prä-Befragung oder eine stärkere Verschränkung auf Ergebnisebene).

4.2 Fachdidaktische Professionalisierungsforschung: Das Lernen von angehenden Biologielehrkräften

Quelle:

Grospietsch, F., & Mayer, J. (2021). Angebot, Nutzung und Ertrag von Konzeptwechseltexten zu Neuromythen bei angehenden Biologielehrkräften. *Zeitschrift für Didaktik der Naturwissenschaften, 27*(1), 83–107. https://doi.org/10.1007/s40573-021-00127-0

Kurzbeschreibung des Themas der Studie:
Lehrkräfte haben häufig Fehlvorstellungen zum Thema Gehirn und Lernen – sogenannte Neuromythen. Die Studie hat untersucht, ob und inwieweit eine universitäre Lehrveranstaltung mit Konzeptwechseltexten die Zustimmung von Lehramtsstudierenden im Fachbereich Biologie zu Neuromythen verändern kann. Die Studie fußt auf der Theorie zu „conceptual change".

Welche Forschungsfragen/Zielsetzungen wurden verfolgt?
In der Studie geht es darum, die Instruktion auf Basis von Konzeptwechseltexten zu Neuromythen zu evaluieren. Bei Konzeptwechseltexten werden Lernende direkt mit Fehlvorstellungen konfrontiert, die in einem anschließenden Textteil widerlegt werden. Des Weiteren müssen Lernende bei der Verarbeitung solcher Texte auch Arbeitsaufgaben (z. B. Fragen) bearbeiten, damit sie sich auch aktiv mit den Fehlvorstellungen auseinandersetzen.

Um die Intervention zu evaluieren, wurden zum einen der Konzeptwechsel und die dabei bestehenden Schwierigkeiten dokumentiert und zum anderen Gelingensbedingungen identifiziert, durch die angehende Biologielehrkräfte ihre Fehlvorstellungen revidieren und fachlich angemessene Vorstellungen entwickeln können. Auf der Grundlage eines Angebots-Nutzungs-Modells für die universitäre Lehrer:innenbildung werden bezogen auf die Lernvoraussetzungen der Studierenden, das universitäre Lernangebot mit Konzeptwechseltexten, die Lernaktivitäten und den Ertrag des Lernangebots fünf konkrete Forschungsfragen formuliert, die entweder mit quantitativen und/oder qualitativen Zugängen bearbeitet werden. In Forschungsfrage 1 *(FF1)* wird die Frage nach der Veränderung bzw. der Wirkung der Intervention gestellt: „Inwieweit verändert sich durch ein Seminar mit Konzeptwechseltexten die Zustimmung angehender Lehrkräfte zu Neuromythen?" Diese Frage wird quantitativ überprüft. Die Forschungsfrage 2 *(FF2)* nach den Lernvoraussetzungen wird auf Basis des qualitativen Zugangs beantwortet: „Wie argumentieren angehende Lehrkräfte vor dem Lesen der Konzeptwechseltexte Fehlvorstellungen zum Thema Gehirn und Lernen?" Forschungsfrage 4 *(FF4)* greift daran anschließend die Lernaktivität auf: „Wie überarbeiten angehende Lehrkräfte ihre in Stellungnahmen geäußerten Argumente nach dem Lesen von Konzeptwechseltexten?" Ebenfalls auf Basis des qualitativen Zugangs wird die Forschungsfrage 3 *(FF3)* nach der Qualität des Lehr-Lern-Angebots geprüft: „Inwieweit stimmen die von den angehenden Lehrkräften geäußerten Argumente mit den Inhalten der konzipierten Konzeptwechseltexte überein?" Abschließend erfolgt eine Verschränkung der beiden Stränge in Forschungsfrage 5 *(FF5)*: „Inwiefern unterscheiden sich Qualität (Passung) des Lehr-Lern-Materials und Nachbereitung (Überarbeitung) durch die Studierenden bei definierten Konzeptwechselgruppen?" (Grospietsch und Mayer 2021, S. 90).

Welche Begründungen wurden für einen Mixed-Methods-Ansatz gegeben?
Eine explizite Begründung für einen Mixed-Methods-Ansatz führen die Autorinnen und Autoren nicht an. Allerdings geht aus der Darstellung des Designs und den abgeleiteten Forschungsfragen hervor, dass die Komplementarität der methodischen Zugänge ein Hauptargument der Studie ist: Während individuelle

Eingangsvoraussetzungen und das Prozesserleben der Intervention auf Basis qualitativer Erhebungsmethoden erfasst werden, wird das Ergebnis der Intervention mittels einer schriftlichen standardisierten Befragung, in der die Zustimmung oder Ablehnung zu Neuromythen angegeben wurde, erfasst.

Welches Design kam zur Anwendung?
Der Studie wurde ein Mixed-Model-Design zugrunde gelegt. Diese Begrifflichkeit geht auf Tashakkori und Teddlie (2003) zurück und beschreibt eine Kombination qualitativer und quantitativer Schritte der Datenerfassung und -analyse. Folgt man der in diesem Band eingeführten Klassifikation, so liegt ein paralleles Mixed-Methods-Design vor, wobei der quantitative Zugang dominiert. Dies liegt letztlich auch daran, dass das gesamte qualitative Datenmaterial in quantifizierter Form ausgewertet und dargestellt wurde, im Endeffekt also rein quantitative Ergebnisse vorliegen. Die quantitative Datenerhebung erfolgte mittels Fragebogen zur Erfassung von elf Neuromythen zu Lernen und Gedächtnis.

Wie wurde die Stichprobenziehung realisiert?
An der Studie nahmen insgesamt 40 Biologielehramtsstudierende teil, die sich in zwei aufeinanderfolgenden Semestern in ein biologiedidaktisches Seminar zum Thema Gehirn und Lernen der Universität Kassel angemeldet hatten. Es lag eine relativ kleine Gelegenheitsstichprobe vor, weshalb die Autorinnen und Autoren als Limitation auch erwähnen, dass die Generalisierbarkeit der Ergebnisse noch in weiteren Studien zu prüfen ist. Sowohl am quantitativen als auch am qualitativen Teil der Studie nahmen dieselben Studierenden teil.

Welche Datenerhebungsmethoden wurden kombiniert?
Ein standardisierter Fragebogen über elf Neuromythen wurde von den Studierenden dreimal beantwortet: einmal zu Beginn des Semesters, ein zweites Mal am Ende des Semesters und ein drittes Mal zwölf Wochen nach Kursabschluss (Prä-Post-Follow-up-Design). Dies ermöglichte, Veränderungen von Vorstellungen zu Neuromythen zu messen. Im Rahmen der universitären Lehrveranstaltung wurden die Studierenden zudem gebeten, semesterbegleitend Arbeitsaufträge zu den Konzeptwechseltexten zu erfüllen. Sie sollten vor und ein weiteres Mal nach dem Lesen des Konzeptwechseltextes zu den jeweiligen Neuromythen Stellung nehmen. Dieser Auftrag erlaubte einen vertieften Einblick in die inhaltlichen Argumentationen der Studierenden zu ihren Fehlvorstellungen. So konnte identifiziert werden, ob die Fehlvorstellungen aus fachlichen Fehlvorstellungen oder aus

biografischen Erfahrungen resultierten. Die Arbeitsaufträge der Konzeptwechseltexte wurden wöchentlich individuell zu Hause bearbeitet und eine Woche später abgegeben.

Wie erfolgten die Datenanalyse und Ergebnisdarstellung?
Durch die Vergabe eines Codes pro Student bzw. Studentin war es möglich, die Daten aufeinander zu beziehen. Die quantitative Datenauswertung erfolgte mit Hilfe etablierter statistischer Verfahren und der Software SPSS. Die angenommene Veränderung der Zustimmung angehender Lehrkräfte zu Neuromythen wurde mittels einfaktorieller Varianzanalyse mit Messwiederholung (ANOVA) und anschließenden Bonferroni-korrigierten Post-hoc-Tests geprüft. Darüber hinaus wurde u. a. mit Dunn-Bonferroni-Post-hoc-Tests der kurzfristige (Prä-Post-Unterschied) und der nachhaltige Lernerfolg (Prä-Follow-up-Unterschied) bezüglich der sieben Neuromythen bestimmt, die in Konzeptwechseltexten im Semesterverlauf thematisiert worden waren. Die qualitative Datenauswertung erfolgte mit Hilfe der inhaltlich-strukturierenden qualitativen Inhaltsanalyse nach Mayring (2015) und der Software MAXQDA. Es wurde ein Kategoriensystem entwickelt, die Arbeitsaufträge der Studierenden wurden entsprechend kodiert und diese Kodierungen wieder quantifiziert. Es kam also zu einer Quantifizierung des qualitativen Materials, wobei alle Analysen zur Beantwortung der Forschungsfragen schließlich mit dem quantifizierten Material durchgeführt wurden.

Die quantitativen Daten zeigen verschiedene Veränderungsverläufe: Ein relativ hoher Anteil der Studierenden wies einen nachhaltigen Konzeptwechsel auf; d. h., ihre Zustimmung zu Neuromythen veränderte sich durch die Intervention hin zu einer Ablehnung. Bei manchen Studierenden war diese Veränderung nachhaltig, d. h. auch noch in der Follow-up-Messung ersichtlich, bei anderen Studierenden war die Dauer des Konzeptwechsels nur kurzfristig – also in der Post-Erhebung, jedoch nicht mehr in der Follow-up-Erhebung nachweisbar. Insgesamt wurden fünf Konzeptwechselgruppen identifiziert (nachhaltiger Konzeptwechsel, kurzfristiger Konzeptwechsel, anhaltende Ablehnung, anhaltende Zustimmung und verstärkte Zustimmung).

Die quantifizierten Daten aus den Arbeitsaufträgen ließen auf das Nachbereitungsniveau schließen, d. h., es wurde auf sechs Niveaustufen bestimmt, wie reflektiert die Studierenden ihre Neuromythen nach dem Lesen des Textes nachbereiteten (0 = fehlende Überarbeitung; 5 = selbstreflektiertes Überarbeiten von Defiziten der Argumentation). Ebenso wurde bestimmt, inwieweit die Argumente zu den präsentierten Inhalten im Text passten. Dabei zeigte sich, dass nur ein Teil der Studierenden die in den Texten aufgearbeiteten Argumente aufnahmen, häufig präsentierten sie auch eigene Argumente, die – wider Erwarten – nicht nur wissenschaftlich basiert waren, sondern auch auf der eigenen Biografie beruhten. Abschließend wurden die Daten aus den schriftlichen standardisierten Befragungen und den begleitenden Nachbereitungsaufgaben, die nun quantifiziert vorlagen, verschränkt analysiert: Es wurde geprüft, ob sich die fünf identifizierten Konzeptwechselgruppen im Nachbereitungsniveau und in der Passung unterschieden. Kruskal–Wallis-Tests belegten keine Unterschiede. Insgesamt schließen die Autorinnen und Autoren, dass die Intervention erfolgreich schien, man aber dennoch davon ausgehen müsse, dass nachhaltige Konzeptwechsel (insbesondere bei kurzen Interventionen) schwierig zu erreichen seien und auch Bumerangeffekte auftreten können, d. h., auch die Zustimmung zu Neuromythen kann zunehmen. Die quantifizierten qualitativen Daten halfen, besser zu verstehen, *wie* Studierende etwaige hartnäckige Neuromythen begründeten. Der Mehrwert des Mixed-Methods-Ansatzes lag also darin, nicht nur den Veränderungsverlauf beschreiben zu können, sondern auch die hinter den Neuromythen stehenden Begründungen der Studierenden verstehen zu können. Auch über die Qualität der Reflexionen, die notwendig für einen Conceptual-Change-Prozess sind, lassen die Daten Aussagen zu. Sie geben folglich Einblick in den Lernprozess.

An welchen Stellen erfolgte die Integration? Wurde eine Metainferenz/eine gemeinsame Schlussfolgerung gezogen?
Das Ziel der Studie lag darin, den Konzeptwechsel bzw. auch Gründe für den fehlenden Konzeptwechsel von Studierenden besser zu verstehen. Diese integrativ formulierte Forschungsfrage wird auch integrativ bearbeitet und beantwortet. So geben die Autorinnen und Autoren bereits bei der Formulierung der Forschungsfragen explizit an, welche Fragen sie mit Hilfe welcher Datenquellen beantworten möchten. Bei manchen der Subfragestellungen geben sie bereits von Beginn an, diese mit beiden Datenquellen – schriftliche standardisierte Befragung und Nachbereitungsaufgaben – beantworten zu wollen. Auch auf Ebene der Datenanalyse kommt es durch die Quantifizierung des qualitativen Materials und in der darauffolgenden Beantwortung der Forschungsfragen zu einer Integrationsleistung. In der Diskussion der Ergebnisse erfolgt im Sinne einer Metainferenz eine auf beide Stränge ausgerichtete Zusammenfassung und Diskussion der Befunde.

Wurden Gütekriterien explizit angesprochen?
Mixed-Methods-Gütekriterien werden nicht direkt thematisiert. Einschlägige Gütekriterien aus der quantitativen und qualitativen Sozialforschung werden aber expliziert (z. B. durch Faktorenanalysen und Reliabilitätsanalysen im quantitativen Teil, durch die Präsentation des Kategoriensystems sowie das Offenlegen

des Kodiervorgehens und der Intercoder-Reliabilitäts-Prüfung im qualitativen Teil der Studie). Auch auf die eingeschränkte Generalisierbarkeit der Befunde wird hingewiesen.

Zusammenfassende Bewertung:
Die vorliegende Studie zeichnet sich besonders durch eine adäquate Wahl des Untersuchungsdesigns und die Kombination der verwendeten Datenerhebungsmethoden (standardisierter Fragebogen und offene schriftliche Stellungnahmen) aus. Dadurch war es möglich, den Effekt der Intervention zu testen, den Prozess besser zu verstehen und kognitive Prozesse der Studierenden (= Argumentationen zu Neuromythen) sichtbar zu machen. Als besondere Stärke ist auch die auf beide Methodenstränge ausgerichtete Darstellung und Diskussion der Ergebnisse hervorzuheben. Schließlich ist die Beachtung und Prüfung von Gütekriterien sowohl im quantitativen als auch im qualitativen Teil der Studie positiv zu erwähnen.

Die Ergebnisse dieser Studie im Prä-Post-Follow-up-Design sind – da keine Kontrollgruppe besteht – allerdings mit Vorsicht zu interpretieren. Des Weiteren wurde in Bezug auf die Konzeptwechseltexte, die inhaltlich zwar unterschiedlich waren, nicht systematisch zwischen den Studierenden variiert, worauf die Autorinnen und Autoren auch selbst hinweisen. Auf diese Interventionsbedingungen sollte in künftigen Studien, die sich mit ähnlichen Fragestellungen beschäftigen, geachtet werden. Bezogen auf die Methodenkombination könnte künftig erwogen werden, Fehlvorstellungen nicht nur auf Basis schriftlicher Stellungnahmen zu erfassen, sondern auch Leitfadeninterviews oder Fokusgruppen mit gezielt ausgewählten Personen zu führen, die beispielsweise den in dieser Studie definierten Konzeptwechselgruppen angehören könnten. Dadurch könnte noch elaborierteres sprachliches Material zu den Begründungen von Fehlvorstellungen von Personen gewonnen werden.

4.3 Professionsforschung: Emotionen von Lehrpersonen in Change-Prozessen

Quelle:

Scott, C., & Sutton, R. E. (2009). Emotions and change during professional development for teachers: A Mixed Methods Study. *Journal of Mixed Methods Research, 3*(2), 151–171. https://doi.org/10.1177/1558689808325770

4.3 Professionsforschung: Emotionen von Lehrpersonen in Change-Prozessen

Kurzbeschreibung des Themas der Studie:
Lehrpersonen erleben eine Vielfalt an Emotionen. Neben der Unterrichtstätigkeit an sich gehen auch Veränderungen der eigenen Unterrichtspraxis, z. B. im Zuge von Reformen oder der Teilnahme an Weiterbildungsprogrammen, mit zahlreichen Emotionen einher. Die Studie stellt die Frage nach der Bedeutung solcher Emotionen in unterrichtspraktischen Change-Prozessen. Konkret wurde eine Weiterbildungsmaßnahme untersucht, die darauf abzielte, Lehrpersonen im Hinblick auf die Unterstützung von Schülerinnen und Schülern bei Schreibprozessen (z. B. durch Vormachen, Brainstorming, Schreiben eines ersten Versuchs, Editieren dieses Versuchs etc.) zu professionalisieren.

Welche Forschungsfragen/Zielsetzungen wurden verfolgt?
Es wurden drei Zielsetzungen verfolgt: 1) Die Emotionen von Lehrpersonen über die Zeit während einer Weiterbildung sollten erfasst werden. 2) Der Zusammenhang dieser Emotionen mit der Akzeptanz der Inhalte der Weiterbildung sollte exploriert werden. 3) Es galt festzustellen, inwieweit ein Mixed-Methods-Ansatz zu einem besseren Verständnis der Emotionen in Change-Prozessen führen kann, als dies bisherige Mono-Method-Studien (quan oder qual) erreicht hatten (Scott und Sutton 2009; S. 152).

Aus diesen drei Zielsetzungen ergaben sich die folgenden Forschungsfragen:

Phase 1:

1. What are the trends in teachers' emotions during the year in which they are asked to use the writing process?
2. What changes do teachers report in their teaching practice?
3. How are the trends in emotions related to changes in practices?

Phase 2:

4. How do teachers' reflections on emotions and changes in teacher practices illuminate understanding of the relationships between emotions and change in teacher practices as found in Phase 1? (als Zitat übernommen aus dem Text; Scott und Sutton 2009, S. 153)

Die Fragen der Phase 1 wurden auf Basis der Fragebogendaten beantwortet, die sich aus offenen und geschlossenen Antworten zusammensetzen. Die Forschungsfrage der Phase 2 wurde mit Hilfe der Interviewdaten beantwortet.

Wie lauteten die Gründe für die Anwendung eines Mixed-Methods-Ansatzes?
Die Autorinnen begründeten die Wahl eines Mixed-Methods-Ansatzes mit der Komplementarität der methodischen Zugänge als „rationale" (Scott und Sutton 2009, S. 153).
Der Fragebogen in Phase 1 enthielt sowohl offene als auch geschlossene Fragen. Die Auswertung der offenen Fragen diente dem folgenden Zweck: „confirming or disconfirming the findings from the scale items" (Scott und Sutton 2009, S. 156). Hiermit wurde die *rationale* „Validität" realisiert, d. h., es ging um die Überprüfung der Konvergenz oder Divergenz der Ergebnisse.

Welches Design kam zur Anwendung?
Es wurde ein explanatives sequentielles Design angewandt, das zwei Phasen kombinierte. Die Autorinnen sprechen in Anlehnung an Onwueguzie et al. (2007) von einer „equal-status sequential multitype mixed analysis" (Scott und Sutton 2009, S. 153). Man könnte die Studie auch den „Mixed-Methods-Interventionsstudien" zuordnen, wenn man die Weiterbildung als Intervention betrachtet. Allerdings war die bei Interventionsstudien (im Sinne eines experimentellen oder quasi-experimentellen Designs) übliche Vergleichsgruppe nicht vorhanden.

Im überwiegend quantitativen Part der Studie (Phase 1) wurde ein Längsschnittdesign realisiert, in dem Fragebögen vor der Weiterbildung und in einer Follow-up-Messung vier Monate nach der Weiterbildung eingesetzt wurden. Zudem wurde nach jeder Weiterbildungsmaßnahme ein Kurzfragebogen verwendet, woraus insgesamt acht Messungen der Lehrer:innenemotionen über die Zeit resultierten. Phase 1 enthielt auch qualitative Elemente, indem offene Fragen in den Fragebogen integriert wurden. Die qualitative Studie der Phase 2 stützte sich auf Interviews mit den Teilnehmerinnen und Teilnehmern, die nach der Weiterbildung durchgeführt wurden.

Wie wurde die Stichprobenziehung realisiert?
In Phase 1 nahmen 50 Lehrpersonen an der Studie teil, die auch den Weiterbildungslehrgang besuchten ($N = 44$, nach Abzug jener Lehrpersonen, die den Fragebogen nicht ausgefüllt haben). Damit liegt eine Gelegenheitsstichprobe vor. In Phase 2 wurden Lehrpersonen aus diesem Sample vertiefend interviewt: sowohl solche, die sehr positive Emotionen im Change-Prozess erlebten, als auch solche, die weniger positive Emotionen berichteten. Die Autorinnen nutzten die Daten aus Phase 1, um eine bewusst gezogene Stichprobe für Phase 2 zu generieren („purposive sampling"). Insgesamt nahmen 16 Lehrpersonen an den Interviews teil.

4.3 Professionsforschung: Emotionen von Lehrpersonen in Change-Prozessen

Welche Datenerhebungsmethoden wurden kombiniert?

Als Datenerhebungsmethoden kamen Fragebögen (in der Langversion sowie in der Kurversion zur Evaluation der einzelnen Weiterbildungsworkshops) und teilstrukturierte Interviews zum Einsatz. Die teilstrukturierten Interviews wurden erst nach der Datenerhebung und -analyse von Phase 1 durchgeführt. Sie griffen die Themen der Phase 1 vertieft auf. Der Fragebogen arbeitete mit standardisierten Items und auch mit offenen Erzählimpulsen. Die teilstandardisierten Interviews waren anhand von Themen strukturiert.

Wie erfolgten die Datenanalyse und die Ergebnisdarstellung?

Die quantitativen Daten wurden statistisch, die qualitativen Daten überwiegend inhaltsanalytisch ausgewertet. Es kamen sowohl deduktive als auch induktive Techniken der qualitativen Inhaltsanalyse zur Anwendung.

Dem jeweiligen Forschungszugang entsprechend wurden die quantitativen Ergebnisse vor allem in Tabellen/Abbildungen auf Basis konkreter statistischer Kennwerte dargestellt, während die qualitativen Ergebnisse narrativ beschrieben und durch den Einbezug konkreter Aussagen der Lehrpersonen illustriert wurden.

Die Ergebnisdarstellung erfolgte integrativ, d. h., entlang der Forschungsfragen 1–4 wurden in jeweils eigenen Abschnitten sowohl die Ergebnisse der Phase 1 als auch der Phase 2 beschrieben. Konkret belegten z. B. die quantitativen Daten eine Zunahme der positiven Emotionen der Lehrpersonen im Zuge der Weiterbildung. Allerdings nahmen die positiven Emotionen bis zur Follow-up-Messung vier Monate nach der Weiterbildung wieder ab. Die qualitativen Daten der Interviews konkretisierten das Emotionserleben der Lehrpersonen: Positive Emotionen waren vor allem auf das Schreiben der Schüler:innen bezogen, seltener jedoch auf das eigene Schreiben oder das Unterrichten von Schreiben. Im Allgemeinen sprechen die qualitativen Ergebnisse eher für „Mixed Emotions", d. h., im Zuge des Schreibunterrichts entstanden sowohl positive als auch negative Emotionen. Daraus schlussfolgern die Autorinnen, dass es nicht ausreicht, nur positive Affekte zu erheben (wie im quantitativen Teil der Studie), sondern dass auch negative emotionale Zustände künftig erfasst werden sollten, um Emotionen in Change-Prozessen hinreichend zu untersuchen.

Bezüglich der Frage, inwieweit sich die Unterrichtspraxis der Lehrpersonen verändert hat, ergab sich quantitativ, dass Lehrpersonen stärker auf eine Modellierung der Schreibtechniken durch Vorzeigen setzten und gleichzeitig weniger häufig die „Veröffentlichung" der Schreibergebnisse umsetzten. Dadurch wurde das mündliche Teilen von Schreibprodukten in den Vorderrund gerückt. In den vertiefenden Interviews begründeten die Lehrpersonen diese veränderte Praxis mit der Teilnahme an der Weiterbildung, die u. a. ihr Selbstbewusstsein stärkte.

Auch die positiven Emotionen der Schüler:innen, die durch das Teilen der Schreibprodukte beobachtet wurden, bestärkten die Lehrpersonen darin, in ihrem unterrichtlichen Handeln weniger auf das Publizieren der Schreibprodukte als vielmehr auf das mündliche Teilen (z. B. durch Vortragen) zu setzen. Quantitativ wurde kein Zusammenhang zwischen den erlebten Emotionen und der veränderten Unterrichtspraxis festgestellt; qualitativ ergaben sich Hinweise für einen Zusammenhang zwischen der veränderten Unterrichtspraxis und Mixed Emotions. Die Autorinnen erkennen den Mehrwert der Studie darin, dass die quantitativen Methoden allein vorschnell falsche Schlüsse nahegelegt hätten, was durch die vertiefenden qualitativen Methoden verhindert wurde.

An welchen Stellen erfolgte die Integration? Wurde eine Metainferenz/eine gemeinsame Schlussfolgerung gezogen?
Die Integration erfolgte an mehreren Stellen dieser Studie: Zum einen wurden Forschungsfragen entwickelt, die sowohl auf Basis der Phase 1 als auch der Phase 2 beantwortet wurden, weshalb eine Integration hier bereits auf Ebene der Formulierung der Forschungsfragen stattfand. Zudem wurde im Zuge der Umsetzung des Designs integriert: Die qualitative Stichprobe wurde bewusst auf Basis der quantitativen Ergebnisse gezogen. Auch der Interviewleitfaden wurde auf Grundlage der Ergebnisse der 1. Phase entwickelt. Des Weiteren erfolgte eine Integration im Zuge der Ergebnisdarstellung. Die Ergebnisse wurden gegliedert nach den Forschungsfragen, zuerst einzeln nach Phase und danach vergleichend dargestellt. In der Interpretation wurden die Ergebnisse aufeinander bezogen. Eine Schlussfolgerung – basierend auf allen verfügbaren Daten – wurde gezogen.

Wurden Gütekriterien explizit angesprochen?
Über die Gütekriterien wurde explizit wenig ausgesagt. Die Reliabilität wurde angesprochen, indem für die quantitativen Daten Cronbach's Alpha und für die qualitativen Daten der Kappa Koeffizient berichtet wurde. Zusätzlich wurde die „rationale" der Mixed-Methods-Studie angeführt. Implizit – aus der Umsetzung und der Beschreibung der Studie und – ergeben sich weitere Hinweise auf die Anwendung der Gütekriterien. Die Ökonomie als Nebengütekriterium kommt zum Beispiel zum Ausdruck, indem die Autorinnen für Kurzfragebögen plädieren, die die Lehrpersonen nicht zu sehr beanspruchen.

Zusammenfassende Bewertung:
Die Studie begründet den Mixed-Methods-Ansatz sehr schlüssig und setzt diesen in der Durchführung auch konsequent um. Die Begründung erfolgt explizit und ergibt sich logisch aus den Forschungsfragen und -zielen. Die Kombination von

Fragebögen mit Leitfadeninterviews ist in der empirischen Bildungsforschung eine häufige und erfüllt auch für diese Studie ihren Zweck. Begleitend wären z. B. auch Videoanalysen des konkreten Unterrichtshandelns interessant gewesen, um einen noch objektiveren Blick auf das Unterrichtshandeln zu gewinnen. Bei der verschränkenden Datenanalyse wären möglicherweise auch Joint Displays zusätzlich gewinnbringend umsetzbar gewesen. Die Stichprobe für die quantitative Messung beruht auf einem relativ kleinen Convenience Sampling. Dies hat auch Effekte auf die Datenanalyse, die keine allzu komplexen statistischen Analysen zulässt. Da meist aber nur eine geringe Anzahl der Lehrpersonen an spezifischen Weiterbildungsmaßnahmen teilnimmt, ergibt sich diese Stichprobengröße logisch aus dem Feld. Insgesamt überzeugt die Studie durch ein konsequentes „Mixing" an mehreren Stellen des Forschungsprozesses, wodurch die Studie als „echte" Mixed-Methods-Studie klassifiziert werden kann.

4.4 Hochschulforschung: Akademische Langeweile von Hochschulstudierenden

Quelle:

Sharp, J. G., Hemmings, B., Kay, R., Murphy, B., & Elliott, S. (2017). Academic boredom among students in higher education: A mixed-methods exploration of characteristics, contributors and consequences. *Journal of Further and Higher Education*, *41*(5), 657–677. https://doi.org/10.1080/0309877X.2016.1159292

Kurzbeschreibung des Themas der Studie:
Erfahrungen von Langeweile von Studierenden sind häufig negativ mit Lernen, Engagement und Studienerfolg assoziiert. Basierend auf der Control-Value-Theorie (Pekrun 2006) untersucht die Studie Prädiktoren und Folgen erlebter Langeweile in universitärer Lehre an einer britischen Hochschule. Konkret wurden Fragebogendaten von 235 Studierenden und vertiefende Einzelinterviews von zehn Studierenden genutzt, um Auslöser, Coping-Strategien und interindividuelle Unterschiede in der Erfahrung von Langeweile zu untersuchen.

Welche Forschungsfragen/Zielsetzungen wurden verfolgt?
Eine klar formulierte Forschungsfrage oder dezidierte Studienziele werden von den Autorinnen und Autoren nicht genannt. Allgemein verfolgt die Studie jedoch das Ziel, Langeweile von Studierenden (auch als „akademische Langeweile"

bezeichnet) an einer britischen Universität zu untersuchen, weil Studien zu diesem Thema in Großbritannien noch relativ rar sind („The formal study of academic boredom in higher education remains, however, a relatively underdeveloped field and one surprisingly neglected in the UK", Sharp et al.., 2017, S. 657). Auf Basis der berichteten Ergebnisse lässt sich zudem das Ziel ableiten, Charakteristika, Ursachen und Konsequenzen von Langeweile bei Studierenden zu ergründen.

Welche Begründungen für einen Mixed-Methods-Ansatz wurden gegeben?
Die Autorinnen und Autoren argumentieren, dass die Komplexität und situierte, vorübergehende und schwer fassbare Natur des Phänomens „akademische Langeweile" einen vielschichtigen Datenzugang erfordert. Wie sie am Ende des Manuskripts in der Diskussion ausführen: „the adoption of a mixed methods approach drawing together quantitative data from questionnaires and qualitative data from interviews proved particularly effective in probing this otherwise transient, elusive and highly situated phenomenon" (Sharp et al., 2017, S. 673). Auch wenn eine explizite Begründung für die Verwendung eines Mixed-Methods-Ansatzes im Manuskript nicht erwähnt wird, so deutet dieses Zitat doch auf die „Komplementarität" als Begründung für die Integration quantitativer und qualitativer Daten mit dem Ziel eines vertieften Verständnisses studentischer Langeweile hin.

Welches Design kam zur Anwendung?
Es wurde ein gleichgewichtetes explanatives sequentielles Design angewandt, in dem zwei Phasen kombiniert wurden. In einer ersten Phase der Studie wurden mehrere Fragebogenskalen eingesetzt, darunter die von den Autorinnen und Autoren entwickelte Boredom Proneness Scale in UK Higher Education (BPS-UKHE). Ziel war, die Prävalenz von Langeweile und die fünf Subdimensionen *Tedium, Time, Challenge, Concentration* und *Patience* zu messen. In einer zweiten Phase der Studie wurden zehn Studierende ausgewählt, die auf den Skalen des BPS-UKHE besonders hohe und besonders niedrige Werte erreichten. Das Ziel der Interviews war, Reflexionen der Studierenden zu ihren eher stark bzw. eher gering ausgeprägten Langeweile-Erfahrungen im Studium zu sammeln.

Wie wurde die Stichprobenziehung realisiert?
In Phase 1 nahmen 235 Studierende teil, die an der britischen Universität rekrutiert wurden; es handelt sich also um eine Gelegenheitsstichprobenziehung. In Phase 2 der Studie nahmen zehn ausgewählte Studierende teil. Diese wurden aufgrund ihres Antwortverhaltens in Phase 1 bewusst ausgewählt, um von Langeweile besonders gering und besonders stark betroffene Studierende vertieft zu

befragen. Auch wenn die Autorinnen und Autoren den Begriff nicht selbst verwenden, handelt es sich dabei um einen Maximum-Variation-Ansatz mit dem Ziel, die maximale Bandbreite positiver und negativer Langeweile-Erfahrungen abzubilden.

Welche Datenerhebungsmethoden wurden kombiniert?
Als Datenerhebungsmethoden kamen zwei Verfahren zum Einsatz. In Phase 1 setzten die Autorinnen und Autoren ein quantitatives Fragebogeninstrument ein (BPS-UKHE sowie einige demografische Zusatzfragen). In der anschließenden Phase 2 wurden teilstrukturierte Leitfadeninterviews genutzt. Die Fragen waren:

> (a) What do you think are the main ingredients of an interesting/boring lecture? (b) If you find yourself getting bored in a lecture, what do you do? (c) Do you find writing your assignments interesting/boring? (d) What motivates you to keep going during an assignment? (e) Are you able to devote as much time to your academic work as you would like? (siehe Sharp et al. 2017, S. 661)

Wie erfolgten Datenanalyse und Ergebnisdarstellung?
Die quantitativen Fragebogendaten wurden statistisch ausgewertet: Es wurden Mittelwerte und Standardabweichungen der fünf Teilskalen des BPS-UKHE benannt und die Korrelate eines aggregierten Gesamtwerts mit ausgewählten Variablen (Zeit für Selbststudium, Anwesenheit in Lehrveranstaltungen, Zeit für Teilzeitbeschäftigung zur Studienfinanzierung und Abschlussnote) berichtet. Die qualitativen Interviewdaten wurden inhaltsanalytisch ausgewertet.

Die Ergebnisdarstellung erfolgte überwiegend integrativ entlang der drei Aspekte Charakteristika, Ursachen und Konsequenzen akademischer Langeweile. Die Charakteristika von Langeweile wurden hinsichtlich der oben genannten Teilskalen deskriptiv dargestellt. Die Ursachen von Langeweile wurden mittels der Interviewdaten rekonstruiert. Hier artikulierten die Studierenden eine klare Präferenz für kleinere und interaktivere Formate im Vergleich zu großen Vorlesungen. Gründe für langweilige Vorlesungen waren überwiegend mit der Dozentin/dem Dozenten und der Art der Inhaltsvermittlung assoziiert. Insbesondere ein übermäßiger und unangemessener Gebrauch von PowerPoint wurde als langweilig erlebt. Die Folgen von Langeweile wurden erneut mittels Interviewdaten qualitativ inhaltsanalytisch ausgewertet. Die häufigsten Coping-Strategien waren Tagträume und inneres Abschalten. Die qualitativen Analysen der Ursachen und Folgen akademischer Langeweile wurden durch exemplarische Textauszüge aus den Interviews illustriert.

An welchen Stellen erfolgte die Integration? Wurde eine Metainferenz/eine gemeinsame Schlussfolgerung gezogen?
Die Integration erfolgte an mehreren Stellen dieser Studie: Zum einen wurde auf Designebene integriert: Die qualitative Stichprobe wurde bewusst auf Basis der quantitativen Ergebnisse gezogen. Auch die Interpretation der Ergebnisse wurde aufeinander bezogen, und die Interviewdaten wurden dazu genutzt, die Ausprägung der Mittelwerte der einzelnen Teilskalen zu kontextualisieren und zu vertiefen. Die quantitativen und die qualitativen Ergebnisse wurden also „side-by-side" integrierend in Textform dargestellt. Im Hinblick auf die Strategien, die Studierende einsetzen, wenn ihnen langweilig ist, halten Sharp et al. (2017, S. 669) beispielsweise fest:

> While each strategy was adopted by a greater proportion of those more prone to boredom than others, and in a greater number of combinations (mean 2.4 per person in the high category, 1.6 per person in the low category), the differences observed were only significant with texting ($\chi^2 = 7.9$, $df = 2$, $p < .05$, $V = 0.184$). Among some of those more prone to boredom than others at interviews, a strong sense of helplessness and inward-looking blame was attached to account for making little progress. This also provoked occasional reference to the financial cost of being at university:
>
> I am not taking anything in when I'm getting bored. ... I doodle or clock watch ... or switch off ... [...]. (Heather)
>
> [...] With regards the university, it makes me feel like it's a waste of money, a waste of time, especially cause of the distance I have to get to uni. (Howie)

In diesem Beispiel folgt zuerst die quantitative Ergebnisdarstellung zu den Konsequenzen von Langeweile von Studierenden, welche in der Folge mit Interviewauszügen illustriert wird. Nach der integrierenden Darstellung der Ergebnisse werden diese Befunde auch abschließend integrierend diskutiert.

Wurden Gütekriterien explizit angesprochen und wenn ja, welche?
Gütekriterien der Erhebungen und Auswertungen der Studie wurden nicht explizit erwähnt oder diskutiert. Zwar wurden Verweise auf die Reliabilität der BPS-UKHE-Skalen in anderen Forschungsarbeiten angeboten, die Reliabilität wurde in der aktuellen Studie aber nicht berichtet. Auch Aussagen zur Objektivität, Validität, Intersubjektivität oder Inferenzqualität wurden nur implizit angedeutet, nicht aber explizit diskutiert.

Zusammenfassende Bewertung:
Insgesamt ist die Studie ein gelungenes Beispiel für eine Mixed-Methods-Arbeit im Kontext der Hochschulforschung. Die Verwendung eines sequentiellen Designs von Fragebogen- und Interviewdaten ist dabei in sehr guter Weise dargelegt und geschildert. Auch die theoretische Fundierung in der Control-Value-Theorie und die berichteten Ergebnisse überzeugen. Bei der verschränkenden Datenanalyse wären möglicherweise auch Joint Displays zusätzlich gewinnbringend umsetzbar gewesen. Auch eine Diskussion der Güte der Daten und der methodischen Aspekte hätte die Qualität der Studie weiter erhöht. Dennoch haben die Autorinnen und Autoren an mehreren Stellen ein Mixing von quantitativen und qualitativen Zugängen erfolgreich umgesetzt, um das komplexe Phänomen akademischer Langeweile sowie ihrer Charakteristika, Ursachen und Konsequenzen (erstmals) auch an britischen Universitäten zu erforschen.

Die vier Beispielstudien, die in diesem Kapitel analysiert wurden, orientierten sich in den gestellten Fragen an den Teilbereichen von Mixed-Methods-Studien, die wir im Kap. 3 Schritt für Schritt ausgeführt haben. Sie stellen folglich eine mögliche Realisierung von Mixed-Methods-Projekten zu diversen Fragestellungen dar. Im nächsten Kapitel gehen wir wieder weg vom konkreten Beispiel hin zu einer allgemeinen Systematik. Wir arbeiten systematisch jene Punkte aus, die für die Planung und Durchführung einer eigenen Mixed-Methods-Studie zu beachten sind.

Weiterführende Literatur

Gläser-Zikuda, M., Seidel, T., Rohlfs, C., Gröschner, A., & Ziegelbauer, S. (Hrsg.). (2012). *Mixed Methods in der empirischen Bildungsforschung.* Waxmann.
Weitere empirische Beispiele finden sich in den folgenden Journals: *Journal of Mixed Methods Research*: https://journals.sagepub.com/home/mmr
International Journal of Multiple Research Approaches: https://www.tandfonline.com/toc/rmra20/current

Planung und Realisierung einer Mixed-Methods-Studie

5

> **Lernziele**
>
> **Sie können**
>
> - zentrale Aspekte, die es bei der Planung und Durchführung einer Mixed-Methods-Studie zu beachten gibt, verstehen,
> - eine eigene Mixed-Methods-Studie entwickeln. ◄

Eine Mixed-Methods-Studie zu planen und umzusetzen, setzt voraus, dass Forscher:innen mit dem Mixed-Methods-Zugang und seinen Möglichkeiten vertraut sind und dass sie gleichzeitig das forschungsmethodische Handwerkszeug mitbringen, sowohl den quantitativen als auch den qualitativen Part der Studie entsprechend den Qualitätskriterien durchzuführen. Demzufolge ist hohe forschungsmethodische Kompetenz eine Voraussetzung, die häufig auch durch kollaboratives Arbeiten erreicht wird (Hagenauer und Gläser-Zikuda 2019).

Im folgenden Abschnitt werden zentrale Bereiche, die es bei der Planung und Durchführung einer Mixed-Methods-Studie zu berücksichtigen gibt, angesprochen. Danach kommen Forscher:innen (insbesondere Doktoranden und Doktorandinnen) zu Wort, die ihre Erfahrungen mit Mixed-Methods-Projekten beschreiben.

5.1 Schritte im Forschungsprozess

Ein Mixed-Methods-Projekt benötigt eine umfangreiche Planung. Die wesentlichen Schritte, die es von der Präzisierung der Forschungsfrage bis hin zur Publikation zu beachten gibt, werden in diesem Abschnitt zusammenfassend dargestellt. Sie bauen auf den in Kap. 3 diskutierten Grundlagen auf. Diese Schritte können selbstverständlich nur bedingt in „emergent designs" angewandt werden. Des Weiteren ist zu beachten, dass auch iterative Prozesse in Mixed-Methods-Studien auftreten können.

1) Präzisierung des Forschungsanliegens/der Problemstellung – Literaturarbeit
Wie in den Abschn. 3.3 und 3.4 ausgeführt, ist ein Mixed-Methods-Ansatz nicht zwingendermaßen besser als ein Mono-Method-Ansatz. Ob ein Mixed-Methods-Ansatz angebracht ist, wird durch die abgeleiteten Forschungsfragen bestimmt. Daher steht auch zu Beginn eines möglichen Mixed-Methods-Projekts eine umfangreiche Literaturarbeit, anhand derer sich das Forschungsanliegen nach und nach präzisieren lässt. Die Literaturarbeit nimmt in Forschungsprojekten einen zentralen Stellenwert ein, und es sollte ausreichend Zeit hierfür eingeplant werden. Auch für explorative sequentielle Mixed-Methods-Designs ist die theoretische Arbeit zu Beginn unabdingbar; auch wenn sie aufgrund einer geringeren Zahl bisheriger Forschungsarbeiten im gewählten Feld womöglich geringfügiger ausfällt.

In der empirischen Bildungsforschung eignen sich unterschiedliche Datenbanken, um eine Literaturübersicht zu gewinnen. Im deutschsprachigen Raum ist besonders das Fachportal Pädagogik bekannt. Im internationalen Raum wird häufig auf das Education Resources Information Center (ERIC) oder das Web of Science zurückgegriffen.

Es gibt mittlerweile eine beinahe unüberschaubar hohe Zahl an wissenschaftlichen Zeitschriften im Bereich der empirischen Bildungsforschung auf internationaler Ebene. Zeitschriften, die einen Impact-Faktor aufweisen, sind dabei systematisch in Web of Science aufzufinden.

Neben Zeitschriften mit Impact-Faktor existieren solche, in denen ebenfalls Artikel auf hohem Niveau publiziert werden. So haben z. B. viele namhafte deutschsprachige Zeitschriften keinen Impact-Faktor, obwohl in ihnen qualitativ sehr hochwertige Studien publiziert werden. Das liegt daran, dass deutschsprachige Texte international seltener rezipiert werden. Die Qualität einer Forschungsarbeit kann folglich immer nur durch das eigenständige kritische Lesen beurteilt

5.1 Schritte im Forschungsprozess

werden. Die Wahrscheinlichkeit, dass Forschungsarbeiten, die nicht den wissenschaftlichen Standards entsprechen, nicht publiziert werden, kann durch ein (Double-blind-)Reviewverfahren erhöht werden.

Neben Zeitschriftenartikeln, die empirische Originalstudien publizieren, sollte auch nach aktuellen Reviewbeiträgen, Metaanalysen oder Handbuchartikeln recherchiert werden, da diese Texte zumeist einen guten Überblick über den aktuellen Stand der Forschung geben. Ein Blick in das Literaturverzeichnis lohnt sich, um die eine oder andere weiterführende und relevante Quelle zu finden („Schneeballverfahren"). Diese Suchstrategie sollte aber eine systematische Suche in Datenbanken nicht ersetzen! Im Bereich der empirischen Bildungsforschung haben auch Monografien und Sammelbände nach wie vor einen bedeutsamen Stellenwert. Eine umfassende Literaturrecherche sollte folglich auch diese Publikationsmedien berücksichtigen.

Abschließend sei erwähnt, dass man die Datenbank-Recherche auch gut nutzen kann, um einen Überblick über publizierte Mixed-Methods-Studien im jeweiligen Feld zu gewinnen. So könnte man z. B. in der Datenbank ERIC die Schlagworte *„Mixed Methods"* eingeben (Eingrenzung auf „peer-reviewed only") und erhält in Folge eine Liste an Studien, die im Bereich „Mixed Methods" erschienen sind (siehe Abb. 5.1).

Abb. 5.1 lässt erkennen, dass der Großteil der Mixed-Methods-Studien innerhalb der letzten zehn Jahre (seit 2014) publiziert worden ist; insgesamt 10.718 Studien. Geht man 20 Jahre zurück, so erhöht sich die Zahl im Verhältnis nur geringfügig auf 13.463.

▶ **Merke** Bevor Sie mit der Planung der methodischen Feinheiten der Studie beginnen, führen Sie eine umfassende Literaturarbeit durch. Nutzen Sie hierfür die unterschiedlichen Datenbanken, die für Forschungsarbeiten aus der empirischen Bildungsforschung national und international existieren. Nur durch eine systematische Literaturarbeit können Sie die Forschungslücke/das Ziel Ihrer Arbeit genau und präzise spezifizieren und forschungsmethodische Anregungen ableiten.

2) Ableitung der Forschungsfrage(n) und der Zielsetzung
Im Zuge der Literaturarbeit kristallisieren sich die Forschungsfragen heraus und werden kontinuierlich präzisiert. Dies gilt insbesondere für parallele Designs. In einem sequentiellen Mixed-Methods-Design werden durch die Literaturarbeit zumindest die Forschungsfragen für den ersten Teil der Studie abgeleitet, während sich die konkreten Forschungsfragen für die weiteren Teile auch erst im Laufe der Studiendurchführung ergeben können.

Abb. 5.1 Recherche nach Mixed-Methods-Studien in der Datenbank Eric (Stand: 06.02.2023)

Für einen Mixed-Methods-Ansatz spricht, wenn Forschungsfragen abgeleitet werden, die sowohl qualitative als auch quantitative methodische Zugänge benötigen. Auch die Mixed-Methods-Forschungsfrage sollte – wo immer möglich – formuliert werden, um einer fehlenden Integration bereits von Beginn an entgegenzuwirken.

▶ **Merke** Formulieren Sie die Forschungsfragen so, dass daraus klar hervorgeht, welche Aspekte des Phänomens Sie mit dem quantitativen Teil der Untersuchung und welche Aspekte Sie mit dem qualitativen Teil der Untersuchung überprüfen/explorieren/testen wollen.

3) (Erste) Festlegung des Designs und Formulierung der Rationale
Sind die Forschungsfragen festgelegt, können Designüberlegungen stattfinden:

- Soll das Projekt parallel (+) oder sequentiell (→) durchgeführt werden?

5.1 Schritte im Forschungsprozess

- Sind die qualitativen und die quantitativen Stränge gleichgewichtet (z. B. QUAL + QUAN), oder findet eine Gewichtung (z. B. QUAL + quan) statt?

Aus den Designüberlegungen und den Forschungsfragen ergibt sich auch die Begründung („rationale"). Was verspricht man sich von einem Mixed-Methods-Zugang? Die Begründung soll im Forschungsantrag, in der Publikation etc. ausgeführt werden. Es reicht dabei nicht aus, die Komplexität des Forschungsgegenstands zu betonen. Vielmehr ist herauszuarbeiten, *inwiefern* ein Mixed-Methods-Zugang einen Erkenntnisgewinn verspricht, der über die Verwendung eines qualitativen oder quantitativen Zugangs allein hinausgeht. An dieser Stelle ist auch zu erwähnen, dass sich Designs erst im Zuge der Untersuchung entwickeln können – so genannte „emergent designs". Wählt man diesen Ansatz, so werden viele Entscheidungen erst während der Projektrealisierung umgesetzt werden können.

Werden komplexe Mixed-Methods-Designs angewandt, dann empfiehlt es sich, diese auch in Form von Prozessgrafiken zu illustrieren. Beispiele werden im Abschn. 5.2 gegeben.

▶ **Merke** Explizieren Sie das Design (sofern „fixed" und nicht „emergent") und auch die Begründung („rationale") für Ihre Untersuchung.

4) Planung der Mixed-Methods-Komponenten – Das Forschungskonzept/der Projektantrag
Nun gilt es, die methodischen Entscheidungen in einem Forschungskonzept (Projektskizze, Exposé, Drittmittelantrag) zu präzisieren. Konkret sind in diesem Zusammenhang die folgenden Fragen relevant:

- Auf welche wissenschaftstheoretische Positionierung stütze ich mein Forschungskonzept?
- Wie gewinne ich die Stichprobe bzw. die Fälle (im quantitativen Teil/ im qualitativen Teil)? Kommt es an dieser Stelle ggf. bereits zu einer Integrationsleistung?
- Welche Datenerhebungsmethoden werden miteinander kombiniert und warum?
- Welche Datenarten werden generiert und genutzt?
- Wie werden die Daten ausgewertet?
- Kommt es zu einer Transformation der Daten? (Qualifizierung, Quantifizierung) oder allgemeiner: Kommt es zu einer Integration auf Ebene der Datenanalyse?
- An welchen Stellen will ich die Integration im Projekt umsetzen?

- Wie werden die Gütekriterien berücksichtigt und wie werden diese überprüft? (z. B. Fetters 2020, Kap. 14)
- Wie werden ethische Grundsätze in der Studie berücksichtigt? (z. B. „informed consent", Anonymität, ...) (z. B. Fetters 2020, Kap. 12)
- Wie wird Datenschutz und Datensicherheit gewährleistet werden? (z. B. Leicht und Hessel 2022)
- Wie wird das Forschungsdatenmanagement umgesetzt? (z. B. Putnings et al. 2021)
- Organisatorisches: Welche Meilensteine sind zu setzen? Wie viel Zeit benötige ich dafür? Welche Ressourcen und Kompetenzen werden benötigt? Wo soll publiziert werden?
- Ergebnisdarstellung: Wie und für wen soll publiziert werden?

Prinzipiell müssen diese Fragen in jedem Forschungsprojekt gestellt und geklärt werden. Hinzu kommt bei Mixed-Methods-Studien der Aspekt der sinnvollen Kombination der unterschiedlichen Zugänge, welche auf Basis der Begründung beurteilt werden kann. Zentral ist auch, dass im Zuge der Projektbeschreibung die korrekte Mixed-Methods-Terminologie angewandt wird. Da diese aktuell noch nicht sehr einheitlich ist, muss das Vorgehen jedenfalls möglichst konkret beschrieben werden.

▶ **Merke** Für die Studienplanung gelten die gängigen Standards der empirischen Sozialforschung. Sie müssen bei Mixed-Methods-Studien zudem all jene Kriterien berücksichtigen, die für diesen Zugang spezifisch sind – insbesondere die sinnvolle Kombination und in der Folge Integration der Forschungszugänge.

5) Durchführung der Mixed-Methods-Studie
Sobald das Forschungskonzept ausgereift und ggf. das Genehmigungsverfahren erfolgreich durchlaufen ist, kann mit der Durchführung der Mixed-Methods-Studie begonnen werden. Die im Projektantrag (oder bei Dissertationen in der Disposition) formulierte Studie muss nun in der entsprechenden Qualität umgesetzt werden. Die einzelnen zu beachtenden Punkte wurden bereits im vorigen Abschnitt 4) dargestellt. An dieser Stelle sei nochmals darauf verwiesen, dass eine Mixed-Methods-Studie eine Integrationsleistung und eine Schlussfolgerung aus allen Teilergebnissen beinhalten muss. Studien ohne Integrationsleistung sind

keine Mixed-Methods-Studien. Dieser Aspekt sollte im Rahmen der Projektdurchführung immer im Hinterkopf behalten werden.

▶ **Merke** Realisieren Sie ein sinnvolles Mixing der Studie und vergessen Sie nicht die Metainferenz. Die Integration kann dabei auf unterschiedlichen Ebenen und zu unterschiedlichen Zwecken durchgeführt werden.

6) Alleine oder im Team? – Eine Frage der Ressourcen und Kompetenzen
Diese Frage ist bereits bei der Konzepterstellung im Zuge der Planung der notwendigen Ressourcen zu beachten. Wie bereits erwähnt, ist es von zentraler Bedeutung, sowohl die quantitativen als auch die qualitativen Teile eines Projekts gut umzusetzen. Hinzu kommt die notwendige Expertise im Hinblick auf die Mixed-Methods-Forschung. Das stellt hohe Ansprüche an die Forschenden. Es sollte auf alle Fälle vermieden werden, dass gerade jene methodischen Zugänge gewählt werden, die man am besten beherrscht oder die in der eigenen Arbeitsgruppe präferiert werden, da sich die Methodenbegründung immer aus dem zu untersuchenden Problem/Phänomen ergibt (Lieber und Weisner 2010). Daher gilt es zu überlegen, Forschungsgruppen zu bilden, in denen sich Expertisen wechselseitig ergänzen. Abzuraten ist die Anwendung eines Mixed-Methods-Forschungszugangs, wenn Expertise lediglich in einem Forschungsparadigma vorliegt. In einem solchen Fall besteht das Risiko, dass zum einen keine gleichwertigen Mixed-Methods-Projekte realisiert werden (d. h., jener Ansatz, mit dem man vertraut ist, wird höher gewichtet) und zum anderen forschungsmethodische Ungenauigkeiten im jeweils weniger vertrauten Ansatz passieren (z. B. indem man die Logik der quantitativen Stichprobengewinnung auf die qualitative Stichprobe überträgt). Auch Johnson (2015) rät auf Basis des dialektischen Pluralismus zur Zusammenarbeit in „mixed teams" (S. 161).

Möchte man ein Mixed-Methods-Projekt in einer Qualifizierungsarbeit umsetzen (z. B. Dissertation) und gibt es hierfür keine zusätzlichen Personalressourcen, so ist auf alle Fälle darauf zu achten, sich rechtzeitig und kontinuierlich methodisch zu qualifizieren, regelmäßig in den Austausch mit Expertinnen und Experten zu treten und das eigene Projekt und dessen Umsetzung zur Diskussion zu stellen. Im Bereich der empirischen Bildungsforschung finden national und auch international sehr viele Methodenworkshops (z. B. bei Tagungen, während Seasonal Schools, innerhalb von Doctorate Schools) statt, sodass eine systematische Qualifizierung und Spezialisierung möglich sind.

▶ **Merke** Beachten Sie den erhöhten Zeit- und Ressourcenaufwand bei Mixed-Methods-Studien und die vielfältigen Ansprüche an die Forschungskompetenzen.

Bei der Realisierung von Mixed-Methods-Studien könnten ggf. Forschungsteams sinnvoll sein.

7) Berichtlegung – Publikation
Naturgemäß sind Mixed-Methods-Forschungsarbeiten durch die Kombination mehrerer Teilstudien komplexer – d. h., deren transparente Beschreibung benötigt einen größeren Umfang – was Fragen der Publikationsmöglichkeit aufwirft. Wie auch Burzan (2016) anmerkt, gilt es, die Publikationsstrategie am besten bereits zu Beginn des Projekts oder bereits bei der Projektplanung (z. B. bei Forschungsanträgen) mitzudenken.

Eine Publikation in der Form einer Monografie ist immer möglich, da diese ausreichend Raum für die Darstellung des Mixed-Methods-Projekts lässt. Viele renommierte Verlage haben bereits Mixed-Methods-Studien in ihr Verlagsprogramm aufgenommen.

Allerdings ist auch zu beobachten, dass in der empirischen Bildungsforschung die Publikationstätigkeit auf Basis von Zeitschriftenartikeln immer weiter zunimmt. Viele Förderinnen bzw. Förderer und Drittmittelgeber:innen erwarten Beiträge in hochrangigen Zeitschriften bzw. anderen renommierten Publikationsmedien, die aus den geförderten Forschungsprojekten resultieren. Dies hat nicht nur zur Folge, dass Projektleiter:innen aufgefordert sind, diese Publikationen auch entsprechend zu platzieren, sondern hat auch eine Veränderung der Kultur der Qualifikationsarbeiten nach sich gezogen. Mittlerweile ist es möglich und zunehmend üblich, die Dissertation oder Habilitation im Fach nicht nur in Form einer Monografie, sondern alternativ auch in kumulativer Form (mehrere Zeitschriftenbeiträge und ein verbindendes Rahmenpapier) einzureichen.

Entscheidet man sich für die Publikation einer Mixed-Methods-Studie in Form von einzelnen (Zeitschriften-)Beiträgen, so stellt sich die Herausforderung, *wie* diese Studie publiziert wird, sodass auch das für die Mixed-Methods-Forschung zentrale „Mixing" möglichst umfassend und nachvollziehbar dargelegt werden kann. Regelmäßig werden die quantitativen und qualitativen Teile der Studie in separaten Beiträgen publiziert. Entscheidet man sich für dieses Vorgehen, so muss dennoch sichergestellt werden, dass die Beiträge aufeinander bezogen werden und eine Integration erfolgt. So ist es beispielsweise bei getrennten Artikeln eher schwierig, Ergebnisse auf Basis von Joint Displays zusammenzuführen. Ein zusätzlicher Artikel, der diese Integrationsleistung fokussiert, könnte hier Abhilfe schaffen, wobei unbedingt zu beachten ist, dass es hier zu keinen Doppelpublikationen kommt (indem z. B. die quantitativen und qualitativen Ergebnisse wiederholt dargestellt werden). Bei Qualifikationsarbeiten kann die Integration unter Umständen auch im begleitenden Rahmenpapier stärker ausgeführt werden, sofern die Zeichenbeschränkung bei Zeitschriftenartikeln dafür nicht ausreichen sollte.

Es ist weiter möglich, die Mixed-Methods-Studie als Gesamtes zu publizieren, d. h., die qualitativen und quantitativen Zugänge in einem Paper zu verbinden. Hier stellt sich meist die Frage nach der maximalen zulässigen Länge des Papers. Sollten mehrere Forschungsfragen vorliegen, so könnte man sich entscheiden, in einem Artikel die erste Hauptfragestellung mit den quantitativen und qualitativen Elementen und in einem zweiten Paper eine weitere Hauptfragestellung zu bearbeiten. Ob dies möglich ist, hängt natürlich von der jeweiligen Forschungsfrage ab.

Zudem könnte die Entscheidung getroffen werden, ein stärker methodisch orientiertes Paper zu verfassen, in dem die methodologischen und methodischen Entscheidungen, die der Studie zugrunde liegen, vertieft beschrieben werden. Für eine Einreichung würde sich ein methodologisch und methodisch orientiertes Journal eignen (für verschiedene Varianten der Publikation siehe auch Bazeley 2010; für Hinweise zur Publikation von Mixed-Methods-Manuskripten siehe Dahlberg et al. 2010; Fetters und Freshwater 2015).

Insgesamt bestehen bei Mixed-Methods-Projekten somit verschiedene Publikationsmöglichkeiten. Für das jeweilige Projekt ist individuell zu überlegen, welche Publikationsstrategie die geeignetste ist. Aufgrund der vorherrschenden Publikationsstrukturen besteht das Risiko, dass die Teile des Mixed-Methods-Projekts in den Publikationen sandwichartig zerlegt werden, wodurch unter Umständen der Mehrwert des Mixed-Methods-Zugangs und im Besonderen die Tiefe der Integrationsleistung gemindert wird. Dies gilt es zu vermeiden.

Zudem legen Dissertationsordnungen häufig eine Mindestanzahl an Publikationen bei kumulativen Dissertationen fest. Diese strukturelle Besonderheit erhöht auch die Gefahr, dass Forschungsprojekte in kleinere Häppchen zerlegt werden, da relativ rasch erste Publikationen eingereicht werden müssen (um die Dissertation im gegebenen Zeitraum abschließen zu können). Auch dieser strukturelle Umstand kann ein Risiko für eine qualitativ hochwertige Publikation von Mixed-Methods-Studien darstellen. In diesem Zusammenhang sollten Promotionsbetreuer:innen ihren Doktorandinnen und Doktoranden beratend zur Seite stehen, um ein sinnvoll ausgearbeitetes Publikationskonzept zu entwickeln. Diese

Koordinationsnotwendigkeit steigt, wenn innerhalb eines Projekts mehrere Personen dissertieren oder sich habilitieren und ein Mixed-Methods-Projekt in viele Einzelpublikationen heruntergebrochen werden muss.

▶ **Merke** Legen Sie die Publikationsstrategie Ihres Mixed-Methods-Projekts bereits von Beginn an fest. Achten Sie darauf, dass die Integrationsleistung durch das „separate" Publizieren von Teilaspekten der Studie nicht leidet.

5.2 Aktuelle Mixed-Methods-Projekte – Erfahrungen und Lessons Learned

Im folgenden Abschnitt kommen Forscher:innen zu Wort, die in ihrer Dissertation eine Mixed-Methods-Studie im Bereich der empirischen Bildungsforschung umsetzen bzw. umgesetzt haben. Sie berichten, wie sie mit den in diesem Kapitel aufgeworfenen Aspekten in ihren Projekten umgehen bzw. umgegangen sind und welche Entscheidungen sie für ihre Projekte (warum) getroffen haben.

5.2.1 Motivation von Mentoren und Mentorinnen im Schulpraktikum (Clara Kuhn)

In meinem kumulativen Dissertationsvorhaben beschäftige ich mich zum einen mit der Eingangsmotivation von Mentorinnen und Mentoren (Kuhn et al. 2022a) – Lehrpersonen, die Studierende in den schulpraktischen Phasen betreuen – und zum anderen mit der aktuellen Motivation der Mentorinnen und Mentoren (Kuhn et al. 2022b). Zu Beginn meiner Forschungsarbeit stand das umfassende Einlesen in verschiedene Motivationstheorien, um aus den zahlreich zur Verfügung stehenden Theorien die passenden auszuwählen. Entschieden habe ich mich nach dieser Phase für zwei etablierte Motivationstheorien: die Erwartungs-mal-Wert-Theorie (Eccles 2005) und die Zielorientierungstheorie (Butler 2012, 2014). Mein Ziel ist es, diese beiden Theorien, die bereits in anderen Bereichen (z. B. bezogen auf Lehramtsstudierende) angewandt und erforscht wurden, auf ihre Anwendbarkeit im Mentoring-Kontext zu überprüfen und entsprechend zu adaptieren. Nach einer intensiven Literaturarbeit zu den Theorien, dem Schulpraktikum, Mentoring und verschiedenen Forschungsmethoden war für mich klar, dass ich mit dem Mixed-Methods-Design arbeiten möchte. Ich wählte das explorative sequentielle Design (QUAL → QUAN) (siehe Abb. 5.2), da mir die geführten Interviews einen differenzierten Einblick in die für die Mentorinnen und Mentoren relevanten Aspekte für deren Entscheidung, Mentor:in zu werden, gewährten. Basierend auf dem gewonnenen Wissen war es mir möglich, einen Fragebogen zu erstellen, welcher auf den Ansichten der Mentorinnen und Mentoren fußt und somit ökologisch valide an den Mentoring-Kontext angepasst wurde (siehe Creswell und Plano Clark 2018).

In meiner Mixed-Methods-Studie wurden qualitative Interviews geführt ($N = 23$), welche nach der qualitativen Inhaltsanalyse (Mayring 2015) ausgewertet wurden (siehe z. B. Kuhn et al. 2022a), um die folgenden leitenden Fragen zu beantworten: „Welche Faktoren motivieren Lehrer:innen, Mentor:in zu werden, und wie lassen sich diese in die EWT einordnen?" und „Welche Zielorientierungen verfolgen Mentorinnen und Mentoren im Schulpraktikum?" (QUAL) (Kuhn et al. 2022b). Aus den Interviewauszügen und basierend auf den Theorien und den bisher bestehenden Instrumenten wurden in einem weiteren Schritt Items für einen Fragebogen entwickelt. Hier fand eine Integrationsleistung auf Designebene statt, d. h., die Interviewergebnisse dienten als Grundlage für die Instrumentenentwicklung. Nach einer Vortestung ($N = 20$) wurde der Fragebogen in einem größeren Sample eingesetzt ($N = 189$), um generalisierbare Aussagen zur quantitativen Forschungsfrage „Wie steht die Motivation der Mentorinnen und Mentoren mit der Qualität des Mentorings und dem Enthusiasmus der Mentorinnen und Mentoren in Verbindung?" zu ermöglichen (Kuhn et al. 2023). Am Ende der Forschungsarbeiten erfolgte die Zusammenführung der qualitativen und der quantitativen Ergebnisse – die Metainferenz, welche im Rahmenpapier meiner Dissertatin dargestellt wurde.

Wichtig für eine qualitativ hochwertige Durchführung der Studien war die eigenständige Weiterbildung innerhalb der gewählten Forschungsmethoden. Ich habe mich von Beginn an kontinuierlich mit Kolleginnen und Kollegen, die in den unterschiedlichen Methoden Expertinnen bzw. Experten sind, ausgetauscht und das Angebot von Methodenworkshops, vor allem bei Seasonal Schools, wahrgenommen. Der für mich herausforderndste Punkt in der Vorbereitung und Durchführung der Studie war die Ressourcen- sowie Zeitplanung. Der Zeitaufwand für mein gewähltes Design ist hoch, da Interviews geführt, transkribiert und ausgewertet werden müssen (QUAL). Erst wenn die Auswertung abgeschlossen ist, kann mit der Entwicklung der Items begonnen werden. Durch das sequentielle Design können folglich Abläufe nicht parallel erfolgen. Es ist also wichtig, bei der Planung zu bedenken, wie viel Zeit man für die Umsetzung des Projekts hat und welche Ressourcen einem zur Verfügung stehen. Durch eingeworbene Drittmittel war es mir beispielsweise möglich, dass ich einen Großteil der Interviewtranskription auslagern konnte. Realistische Meilensteine und Ziele sowie

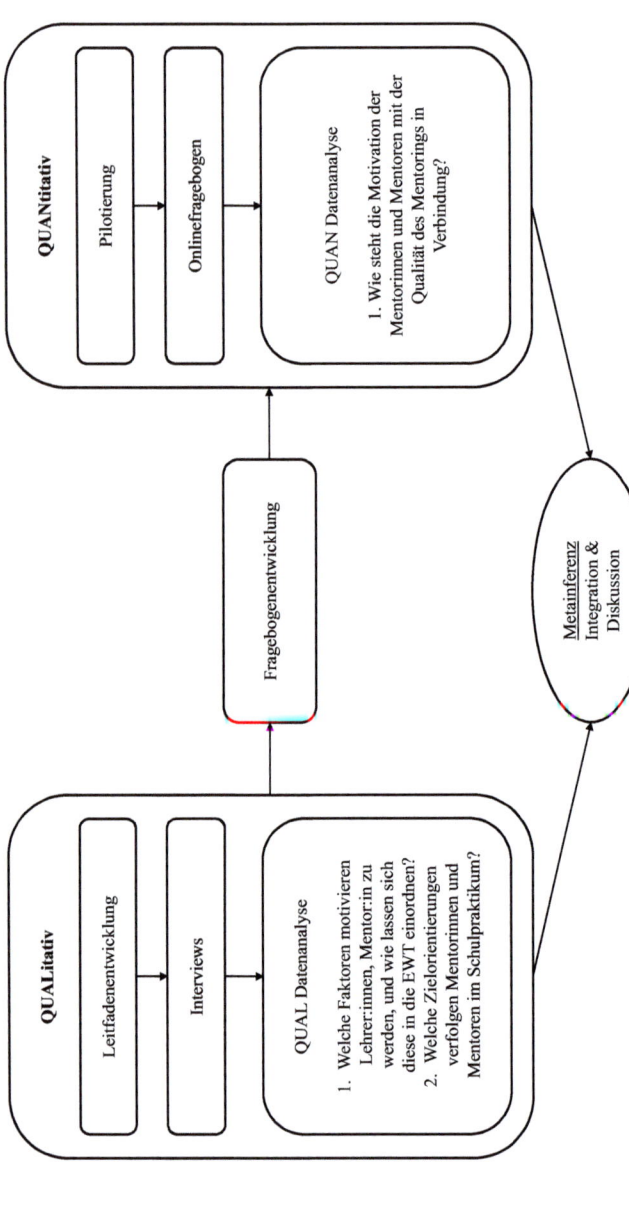

Abb. 5.2 Schematische Darstellung des explorativen sequentiellen Mixed-Methods-Designs am Beispiel Motivation von Mentorinnen und Mentoren. (Eigene Darstellung von Clara Kuhn)

das nötige Adaptieren des Forschungsplans sind wichtig, damit die Motivation und Freude an der Arbeit aufrecht bleiben.

5.2.2 Wie genderkompetent sind Physiklehrer:innen? – Erhebungen des professionellen Wissens und der Einstellungen zu gendergerechter Unterrichtsgestaltung sowie deren Glauben an Geschlechterstereotype (Verena Auer)

In meinem Dissertationsprojekt beforsche ich die professionelle Genderkompetenz von Physiklehrer:innen. Der Beweggrund für mein Forschungsinteresse ist der anhaltende Gender Gap im Bereich MINT *(Mathematik, Informatik, Naturwissenschaft, Technik)*. Bei der Literaturrecherche zu Beginn meines Forschungsvorhabens rund um den Themenkomplex „Frauen und MINT" bin ich auf eine Reihe an didaktischen Empfehlungen gestoßen, wie man Mädchen im Physikunterricht optimal fördern kann (z. B. Hoffmann 2002; Labudde et al. 2000). Ich habe allerdings nur wenige Forschungsergebnisse darüber gefunden, ob Physiklehrer:innen dieses fachdidaktische Wissen kennen und anwenden und wie deren Einstellung zu gendergerechter Unterrichtsgestaltung ist. Dass Physikunterricht möglicherweise nicht gendergerecht gestaltet ist, also z. B. nicht auch den Interessen und Vorerfahrungen der Mädchen entspricht, könnte ein Grund für den Gender Gap im Bereich MINT sein. Ein weiterer Grund könnten implizite Theorien von Lehrer:innen sein, wie z. B. der Glauben an Geschlechterstereotype, wofür es auch Indizien aus der Forschung gibt (z. B. Tiedemann 2002; Ziegler et al. 1998).

Ziel meines Dissertationsvorhabens ist daher die Erforschung der Genderkompetenz von (österreichischen) Physiklehrer:innen. Unter Genderkompetenz wird in diesem Projekt, nach der Definition von Grünewald-Huber und von Gunten (2008), das Zusammenspiel von komplexem Wissen und Können verstanden, das gendergerechten Unterricht ermöglicht. Dabei stütze ich mich theoretisch auf den Kriterienkatalog für Genderkompetenz (Grünewald-Huber und von Gunten 2008) sowie auf die sieben Empfehlungen für die Gestaltung eines mädchengerechten, koedukativen Physikunterrichts (Herzog, Gerber et al. 1998).

Um die verschiedenen Facetten von Genderkompetenz empirisch zu erheben, erschien mir ein paralleler Mixed-Methods-Ansatz am besten geeignet (QUAL + QUAN) (siehe Abb. 5.3). Die „rationale" für dieses Mixed-Methods-Projekt liegt in der Komplementarität der verschiedenen Forschungsmethoden, die gemeinsam zur Beantwortung der Forschungsfragen beitragen. Während es

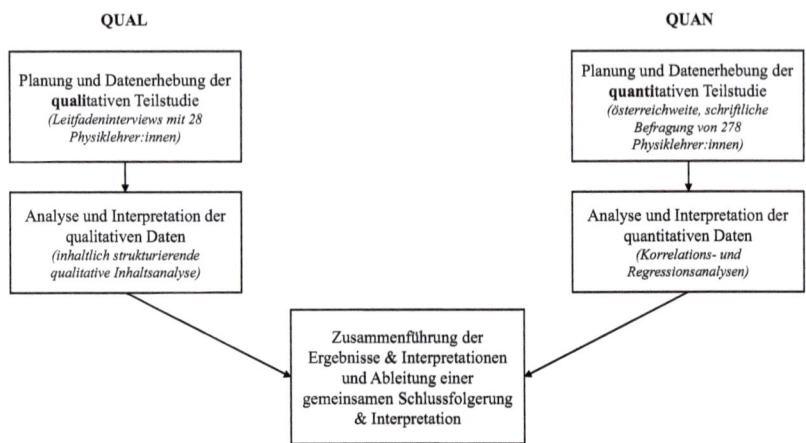

Abb. 5.3 Schematische Darstellung des parallelen Mixed-Methods-Designs am Beispiel der Einstellung von Physiklehrkräften zum gendersensiblen Unterricht. (Eigene Darstellung von Verena Auer)

die qualitativen Interviews ermöglichen, die Einstellung und das Wissen von Physiklehrer:innen zu gendergerechtem Unterricht im Detail und kontextualisiert zu explorieren, ermöglicht die quantitative Fragebogenuntersuchung die Testung von Beziehungen zwischen den Merkmalen und der begleitend eingesetzte implizite Assoziationstest die Erforschung impliziter Geschlechterstereotype.

In der Interviewstudie (QUAL) habe ich Physiklehrer:innen ($N = 28$) zum Unterrichtsverhalten ihrer Schüler:innen sowie zu ihrem Wissen und ihrer Einstellungen zu gendergerechter Unterrichtsgestaltung befragt. Zudem wurden die Lehrer:innen nach ihren Beobachtungen von geschlechterstereotypem Schüler:innenverhalten im Physikunterricht sowie ihrem pädagogisch-didaktischen Umgang damit befragt. Die Transkripte wurden mittels inhaltlich strukturierender qualitativer Inhaltsanalyse nach Mayring (2015) ausgewertet. Erste Ergebnisse wurden bereits auf Tagungen vorgestellt (Auer 2021a, b; Auer et al. 2022).

Die mit Physiklehrer:innen ($N = 278$) österreichweit durchgeführte quantitative Onlinestudie bestand aus drei Schwerpunkten: Einerseits wurden mittels *Implizitem Assoziationstest (IAT)* (Greenwald et al. 1998) die unbewussten Assoziationen zwischen den Kategorien „Geschlecht" (weiblich/männlich) und „Studienrichtungen" (naturwissenschaftlich/geisteswissenschaftlich) gemessen. Dabei ordneten die Probandinnen und Probanden in insgesamt fünf verschiedenen Durchgängen Vornamen und Studienfächer *(Stimuli)* in die jeweilige passende

Kategorie ein. In den beiden Messrunden, in denen die Kategorien kombiniert werden, wurde die Reaktionszeit der Teilnehmer:innen beim Zuordnen der Stimuli gemessen. Daraus kann man Rückschlüsse darauf ziehen, ob eine der Studienrichtungen mit einem Geschlecht stärker assoziiert wird als mit dem anderen. Im zweiten Teil wurden die Physiklehrer:innen nach ihrer Einschätzung zum Einfluss von Geschlechterstereotypen auf die Frauenquote im physikalischen Bereich befragt. Die Skalen wurden aus dem SESTEM-Projekt (Ertl et al. 2017) übernommen und sprachlich an den Fokus dieser Studie angepasst. Im dritten Schwerpunkt wurden die Physiklehrer:innen über ihr (gendergerechtes) Unterrichtsverhalten befragt – diese Skalen sind auf Basis der Literatur, die bereits in der Interviewstudie herangezogen wurde, entwickelt worden. Ob implizite Assoziationen, gendergerechtes Unterrichtsverhalten und der Glauben an den Einfluss von Geschlechterstereotypen zusammenhängen, wurde abschließend mittels Korrelations- und Regressionsanalysen analysiert.

In der abschließenden Metainferenz und -darstellung aller Teilergebnisse wird die übergeordnete Frage: „Wie genderkompetent sind Physiklehrer:innen?" beantwortet.

Für mich als Doktorandin bietet dieses Mixed-Methods-Design die Chance, Kompetenzen in verschiedenen Forschungsmethoden zu erlangen und deren Vorzüge kennenzulernen. Es ist dabei aber ratsam, sich von kompetenten Betreuer:innen beraten zu lassen sowie sich eigenständig fortzubilden, sodass die Umsetzung der einzelnen Methoden in geeigneter Qualität stattfindet. Außerdem sollte eingeplant werden, dass die Aufbereitung und Auswertung qualitativer Daten viel Zeit erfordert. Hier sollte man sich zeitnah über mögliche Finanzierungen, wie z. B. ein Stipendium, informieren, sodass man nichtwissenschaftliche Tätigkeiten im Prozess an studentische Hilfskräfte vergeben kann. Mit der Vorstellung der Ergebnisse auf Tagungen habe ich bislang gute Erfahrungen damit gemacht, einzelne Fragestellungen/Studien aus dem Gesamtprojekt zu präsentieren, um die Übersichtlichkeit zu gewährleisten. Das gesamte Dissertationsprojekt publiziere ich monografisch.

5.2.3 Online- und Präsenzlehre aus Sicht von Lehramtsstudierenden – Eine Mixed-Methods-Studie zu emotionalen und motivationalen Effekten (Melanie Stephan)

In meiner Dissertation (Stephan 2021) zur Online- und Präsenzlehre aus Sicht von Lehramtsstudierenden legte ich den Fokus auf emotionale und motivationale

Effekte. Für mich war von Interesse, inwieweit sich Lern- und Leistungsemotionen, -motivation und Leistung zwischen Lehramtsstudierenden, die eine Präsenzveranstaltung besuchen, und Lehramtsstudierenden, die eine Onlineveranstaltung zur Vorbereitung auf das Staatsexamen Schulpädagogik besuchen, unterscheiden. Das hierfür an einer deutschen Universität angebotene Vorbereitungsseminar fand bis zum Wintersemester 2017/18 als Präsenzveranstaltung statt. Anschließend fand eine inhaltsgleiche Überführung in einen betreuten Onlinekurs statt. Zur Präzisierung der Forschungsfrage und Entwicklung der Forschungsmethodik diente nicht nur eine umfassende Aufarbeitung des Forschungsstands,[1] sondern insbesondere auch der Austausch mit etablierten Wissenschaftlerinnen und Wissenschaftlern, Nachwuchswissenschaftlerinnen und -wissenschaftlern aus unterschiedlichen Fachdisziplinen sowie die Teilnahme an Fachtagungen. Dabei wurde mir zunächst von der Erforschung dieser multidimensionalen Konstrukte abgeraten: Dies sei zu komplex für eine Dissertation.

Bisherige Studien, die sich insbesondere auf den schulischen Bereich beziehen (z. B. Hagenauer und Hascher 2018; Meyer und Gläser-Zikuda 2020) lassen jedoch auf die hohe Relevanz affektiver Aspekte in Lern- und Leistungskontexten schließen. Die Erforschung von latenten Emotionskonstrukten kann nur durch mehrere verschiedene Perspektiven auf den Forschungsgegenstand geschärft werden. Dem Hinweis begegnete ich daher mit einer Forschungsmethodik, die es erlaubt, den Forschungsgenstand aus verschiedenen Perspektiven zu betrachten. Ich wählte ein deduktives Vorgehen, dem wesentlich die Kontroll-Wert-Theorie der Lern- und Leistungsemotionen (Pekrun 2006) sowie das Technologieakzeptanzmodell (Venkatesh und Bala 2008) zugrunde lagen. Die Studie lässt sich als konvergentes Paralleldesign, bestehend aus drei Forschungssträngen, einordnen. (siehe Abb. 5.4). Hierbei führte ich eine Fragebogenstudie (quan, $N = 470$), einen Leistungstest (quan, $N = 419$) sowie qualitative Leitfadeninterviews mit insgesamt 21 Lehramtsstudierenden durch (dazu wurden $N = 11$ Interviews für die vertiefende Analyse ausgewählt), die sich auf das Staatsexamen im Fach Schulpädagogik vorbereiten wollten.

Die quantitativen Teilstudien wurden als längsschnittliches Prä-Post-Design umgesetzt. Somit fand im Zeitraum vom Wintersemester 2017/2018 bis zum Wintersemester 2018/19 jeweils eine Erhebung zum Beginn und eine weitere zum Ende eines Semesters statt. Die Probanden wurden nach Abschluss des Vorbereitungskurses um Beteiligung an einem Leitfadeninterview gebeten.

---

[1] Beispielsweise unterstützte mich die Forschungsarbeit von Butz et al. (2015) in Bezug auf die forschungsmethodischen Vorüberlegungen und bei deren Präzisierung.

5.2 Aktuelle Mixed-Methods-Projekte – Erfahrungen und Lessons Learned

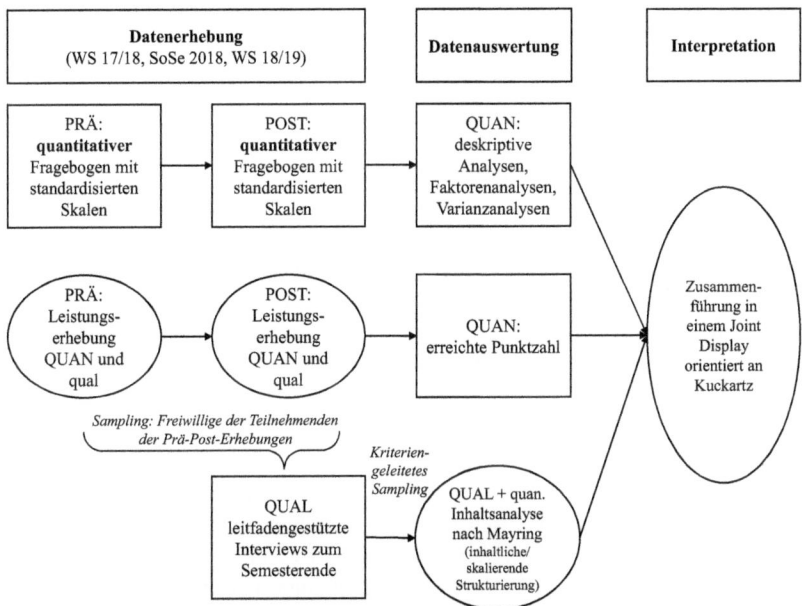

Abb. 5.4 Darstellung des parallelen Mixed-Methods Designs am Beispiel einer Untersuchung zum Thema Emotionen und Motivation in der Präsenz- und Onlinelehre. (Eigene Darstellung von Melanie Stephan)

Die Datenauswertung und Interpretation erfolgte zunächst je Forschungsstrang. Bereits hier fand ein „Mixing" zwischen den Paradigmen statt. Die Leitfadeninterviews wurden im Sinne der qualitativen Inhaltsanalyse nach Mayring (2015) mit der Auswertungstechnik der skalierenden Strukturierung quantifiziert. Eine während der Interviewdurchführung angewendete Legetechnik ermöglichte dieses Vorgehen (bspw. wurden die Interviewten gebeten, die von ihnen empfundenen Emotionen hinsichtlich ihrer Intensität zu klassifizieren).

Für die forschungsstrangübergreifende Zusammenführung der Ergebnisse wurde ein Joint Display in tabellarischer Darstellung angelegt (Kuckartz 2017). Die tabellarische Struktur bildete sich aus den wesentlichen Aufgaben, die für die Mixed-Methods-Forschung formuliert wurden:

- Triangulation – Inwieweit finden sich übereinstimmende Ergebnisse?
- Komplementarität – Inwieweit ergänzen sich die Ergebnisse?

- Expansion – Wird eine inhaltliche Erweiterung erreicht?
- Initiation – Werden Widersprüche erkennbar?
- Entwicklung – Welche forschungsmethodischen Ableitungen ergeben sich? (Kuckartz 2014, S. 58, orientiert an Greene 2008).

Erst diese systematische Zusammenführung erbrachte den Mehrwert der Mixed-Methods-Forschung. Das tabellarische Joint Display wurde anhand der thematischen Schwerpunkte Lern- und Leistungsmotivation, Lern- und Leistungsemotion, Leistung und Technologieakzeptanz ausgerichtet. Die Darstellung konzentrierte sich auf eine integrierte Zusammenfassung. Einzelergebnisse wurden an anderer Stelle der Dissertation vertieft dargestellt. Exemplarisch soll das tabellarische Joint Display zu den Lern- und Leistungsemotionen bezogen auf die Aspekte Komplementarität/Expansion und Initiation aus der Dissertation wiedergegeben werden (siehe Tab. 5.1).

Nach meinen Erfahrungen ist der Mehraufwand der Mixed-Methods-Forschung, insbesondere dann, wenn man diese allein durchführt, nicht zu unterschätzen. Nicht nur, dass man sich in beiden Forschungsparadigmen forschungsmethodisches Know-how aneignen muss; zeitaufwändig ist insbesondere die präzise Darlegung der durchgeführten Erhebungs- und Auswertungsschritte, nicht zu vergessen die Datenaufbereitung und -zusammenführung. Wie gezeigt wurde, erbrachte diese Mixed-Methods-Forschung dennoch wertvolle Erkenntnisse hinsichtlich des Vergleichs von Präsenz- und Onlinelehre im Hochschulkontext (vgl. Stephan et al. 2019) und sicherte zudem die Forschungsgüte.

5.2.4 Ein Mixed-Methods-Design zur Untersuchung der Implementation eines nationalen Schulentwicklungsprojekts für Schulen mit besonderen Herausforderungen (Matteo Carmignola)

Meine Promotionsarbeit (Carmignola 2021) beruht auf dem Untersuchungsdesign und ausgewählten Datenerhebungen der Begleitevaluation des Projekts „Grundkompetenzen absichern" (kurz: GruKo; Hofmann und Carmignola 2019; Sobanski 2019), das im Frühjahr 2017 vom Bundesministerium für Bildung, Wissenschaft und Forschung initiiert wurde mit dem Ziel, österreichweit Schüler:innen in deren

5.2 Aktuelle Mixed-Methods-Projekte – Erfahrungen und Lessons Learned

Tab. 5.1 Auszug aus einem tabellarischen Joint Display. (Stephan 2021, S. 261 f.)

Lern- und Leistungsemotionen	
Komplementarität/ Expansion:	Dass das Spektrum an Lern- und Leistungsemotionen durch die qualitativen Interviews erweitert wird, war intendiert. Beachtenswert ist jedoch die Vielzahl an bedeutenden Emotionen, die die Lehramtsstudierenden berichteten. Angst und Freude gehören zu den am meisten untersuchten Lern- und Leistungsemotionen (Loderer et al. 2018, S. 8; Porsch 2018, S. 273–276), aus den Berichten der Lehramtsstudierenden geht jedoch hervor, das Unsicherheit (möglicherweise auch eine schwache Form von Angst), aber auch Vertrautheit von weitaus zentralerer Bedeutung erschienen. Beide Emotionen weisen einen starken Bezug zum Kontrollerleben auf Die qualitativen Daten erlaubten einen vertieften Einblick in die verschiedenen emotionalen Komponenten. Hierbei wurde offensichtlich, welche vielfältigen körperlichen Reaktionen Lern- und Leistungsemotionen bei Studierenden auslösen. Die Spannweite der berichteten physiologischen Reaktionen reichte von Herzrasen, Weinen bis hin zu Panikattacken, die das Atmen erschwerten. Zum Teil wurde nichts dergleichen empfunden und stattdessen innere Ruhe und Emotionshemmung beschrieben Darüber hinaus erbrachte die qualitative Analyse einen Einblick in die Gerichtetheit der Emotionen. Nur ein kleiner Teil der Lern- und Leistungsemotionen bezog sich direkt auf das jeweilige Lernsetting des Vorbereitungskurses, jedoch vermittelte dieser verschiedene Emotionen. So ist die vertraute Atmosphäre des Präsenzkurses einerseits darauf zu beziehen, dass der Ablauf bekannt ist, aber auch auf die Dozentin, die als Ansprechpartnerin für Fragen geschätzt wurde. Dies vermittelte Sicherheit und Gelassenheit. Im Onlinekurs führten die Materialien und die zum Teil empfundene unzureichende inhaltliche Tiefe zu einer Verstärkung von Prüfungsangst und Ärger Insbesondere positive Emotionen (u. a. Hoffnung, Freude und Neugier), aber auch negative Emotionen (Angst, Unsicherheit, Ärger, Hoffnungslosigkeit) wurden als motivierend erlebt. Hoffnung und Vertrautheit wurden in der Präsenzveranstaltung von fast allen Lehramtsstudierenden als motivierend erlebt, dagegen kaum (Hoffnung) bzw. gar nicht (Vertrautheit) von den Onlinelernenden benannt. Unterschiede zeigten sich insgesamt jedoch insbesondere auf individueller Ebene
Initiation:	Vergleicht man Präsenz- und Onlinelehre direkt miteinander, so bildet sich aus den quantitativen Daten, im Vergleich zu den qualitativen Ergebnissen[2], ein deutlich anderes, wenn auch nicht zwangsläufig widersprüchliches Bild. Die quantitativen Daten zeigen, dass die positiven Emotionen (Freude, Hoffnung, Stolz) in beiden Lernsettings gegenüber den negativen überwogen. Im Onlinesetting waren Ärger und Langeweile zum Semesterende bedeutend stärker, Freude hingegen geringer ausgeprägt als in der Präsenzveranstaltung Über Vertrautheit, Hoffnung und Bewunderung wurde von den meisten befragten Lehramtsstudierenden des Präsenzkurses berichtet. Mindestens die Hälfte der Lehramtsstudierenden des Onlinekurses empfanden hingegen Unsicherheit, Ablehnung und/oder Neugier Für die befragten Lehramtsstudierenden der Präsenzveranstaltung erwies sich die Bedeutung der Emotion Hoffnung weitaus größer als für jene des Onlinekurses. Die quantitativen Ergebnisse zeigen lediglich ein ähnlich starkes Absinken der Hoffnung zum Semesterende innerhalb beider Lernsettings an. Ein bedeutender Unterschied zwischen Präsenz- und Onlinelehre ist hingegen zum Semesterende nicht vorhanden Das aus den quantitativen Ergebnissen hervorgehende, bedeutend stärkere Erleben von Langeweile im Onlinekurs zur Vorbereitung auf das Staatsexamen Schulpädagogik wird durch die qualitativen Daten nicht bestätigt. Langeweile wurde von den Lehramtsstudierenden eher mit dem nicht erlebten Lernsetting assoziiert, das heißt, diese Emotion als tatsächlich erlebt berichtet worden wäre. Vielmehr bietet die Onlinelehre, aber auch die Präsenzlehre zum Semesterbeginn Anlass zur Neugier. Der Langeweile wirkt die Möglichkeit im Onlinesetting entgegen, vermeintlich „langweilige" Themen flexibel überspringen zu können

---

[2] Wären die Leistungsemotionen in der quantitativen Erhebung offen oder mit einer ähnlichen Vielfalt abgefragt worden, wie es bei den Leitfadeninterviews möglich war, wären die Ergebnisse möglicherweise ähnlich ausgefallen.

Kompetenzentwicklung zu fördern.[3] Auf Grundlage der Ergebnisse der Bildungsstandarderhebungen wurden unter Berücksichtigung von Kontextmerkmalen 256 Pflichtschulen (Volks- und Mittelschulen) für das Projekt GruKo identifiziert, die mit Unterstützung einer mehrjährigen Schulentwicklungsbegleitung an Themen der Schul- und Unterrichtsqualität arbeiten müssen. Dieses Spannungsfeld zwischen Fremdsteuerung und der Initiierung von nachhaltigen Entwicklungsprozessen macht die Untersuchung der Projektimplementation besonders interessant. Dabei werden die Prozesse der Initiierung, Leitung und Begleitung dieser Schulentwicklungsinitiative analysiert. Ein besonderer Fokus liegt zudem auf den Implementationsoutcomes der Teilnahmemotivation und Projektakzeptanz und deren Zusammenhänge zum (wahrgenommenen) Schulleitungshandeln.

Aufgrund der Komplexität der Implementationsprozesse wird auf ein Mixed-Methods-Design gesetzt, das eine quantitative Large-Scale-Erhebung und eine quantitative Analyse mit einer qualitativen Fokusstudie an ausgewählten Schulstandorten kombiniert. Die Forschungszugänge werden im Modus eines *Vertiefungsdesigns* verbunden (Kuckartz 2014, S. 162), das auch als *explanatives Design* (Hagenauer und Gläser-Zikuda 2019; Schreier und Echterhoff 2013) bzw. als *„sequential explanatory design"* (Ivankova et al. 2006) in der methodologischen Literatur beschrieben wird (QUAN → QUAL). Die zweifache Großschreibung drückt aus, dass der qualitative Forschungsstrang nicht nur der Beleuchtung der Befunde der quantitativen Untersuchung dient und als solcher dem quantitativen Strang untergeordnet ist, sondern dass beide Forschungsstränge als ebenbürtig zu werten sind, da auch in der qualitativen Studie weiterführende Fragestellungen verfolgt werden.

In Anlehnung an Mayoh et al. (2012) stellt Abb. 5.5 das applizierte Mixed-Methods-Design dar, das – neben einem sequentiellen Einsatz von quantitativen und qualitativen Untersuchungsschritten – explizite Integrationsschritte vorsieht, die sich an drei neuralgischen Punkten konkretisieren:

Die erste Integrationsleistung liegt in der 1) *datenbasierten Schulauswahl:* Bereits in der Konzeptionsphase des Evaluationsvorhabens verfolgte der Projektleiter die Idee, Schulen auf Grundlage der Variablenausprägungen in den quantitativen Erhebungen zu identifizieren, um Standorte mit einem günstigen bzw. weniger günstigen Projektverlauf für eine qualitative Interviewstudie aufzusuchen. Aus dem Vergleich kontrastierender Verläufe können so Evidenzen über Gelingensbedingungen von Implementationsprozessen generiert werden. Die Qualität

---

[3] Weitere Publikationen zur Implementationsstudie sind unter https://uni-salzburg.elsevierpure.com/de/projects/prozessevaluation-des-bmbwf-projekts-grundkompetenzen-absichern/publications/ abrufbar.

5.2 Aktuelle Mixed-Methods-Projekte – Erfahrungen und Lessons Learned

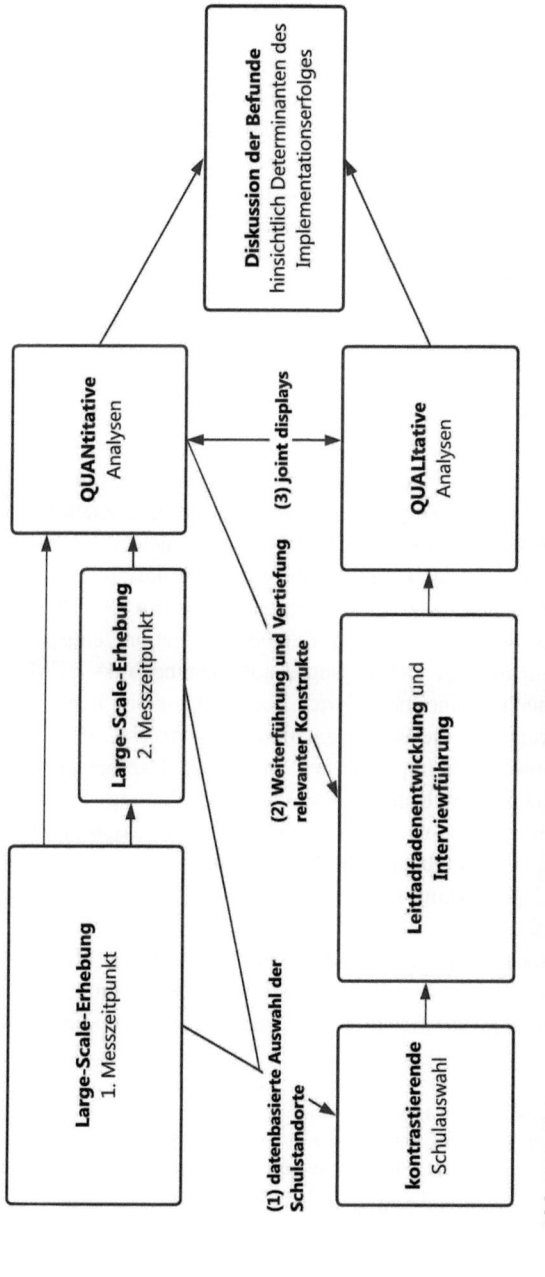

Abb. 5.5 Schematische Darstellung des Vertiefungsdesigns unter Hervorhebung der drei zentralen Integrationsprozesse der quantitativen Elemente in den qualitativen Forschungsprozess am Beispiel eines nationalen Schulentwicklungsprojekts. (Eigene Darstellung von Matteo Carmignola)

des Projektverlaufs wird auf Grundlage der Operationalisierung des quantitativen Forschungsstrangs mittels der Werte von z-Standardisierungen bestimmt. Die Einschätzung eines günstigen oder weniger günstigen Verlaufs wurde etwa hinsichtlich der Projektakzeptanz der Lehrpersonen und der Schulleitung am Standort, der Teilnahmemotivation, der psychologischen Grundbedürfnisse, der Stile des Leitungshandelns wie auch der Einschätzungen zu Veränderungen durch die Teilnahme am Projekt im zweiten Messzeitpunkt getroffen. Diese Variablen nehmen auch im zweiten Integrationsschritt einen besonderen Stellenwert ein, da bei der 2) *Entwicklung der Leitfäden* zentrale Konstrukte zur Bestimmung der Themen der qualitativen Interviews und zur Formulierung der Interviewfragen aufgegriffen wurden. Dadurch weist das Design eine komplementäre Dimension auf, bei der die Konstrukte und Ergebnisse der quantitativen Analysen auch hinsichtlich der internen und ökologischen Validität geprüft werden können (Ivankova 2014; Patry 2008). Als weiteres Element der Methodenintegration stellen 3) *Joint Displays*[4] die Möglichkeit eines visuellen Vergleichs der Ergebnisse aus beiden Forschungssträngen dar, die sich in explanativen Studien bewährt hat (Haynes-Brown und Fetters 2021). Ein letzter Integrationsschritt des Designs erfolgt in der Diskussion der Studienergebnisse, die neben der Interpretation der Befunde eine Reflexion in Bezug auf die Erkenntnisleistung des gewählten Mixed-Methods-Ansatz umfasst (vgl. die Empfehlungen von APA 2020, S. 108).

Das hohe Ertragspotential der Mixed-Methods-Integration zeigt sich bei den Ergebnissen nicht nur in einer Bestätigung der Beziehungen der SEM-basierten Analysen, sondern auch in einer nuancierten Beschreibung von relevanten Faktoren und Prozessen rund um die Implementation eines Projekts, die nicht zuletzt die Formulierung praktischer Implikationen unterstützt. Darüber hinaus können die Befunde der qualitativen Untersuchung zur Formulierung von Interpretationsmodellen genutzt werden, wie es etwa mit den Ergebnissen zur Dimension „Sinnhaftigkeit" zur Beschreibung der Adaptionsprozesse zur Integration des (fremdbestimmten) Entwicklungsstimulus in den konkreten Schulentwicklungsprozess vor Ort erfolgt ist.

Gleichzeitig werden in der Promotionsarbeit auch für das Mixed-Methods-Design Limitationen formuliert, welche – auch als persönlicher Lernertrag – in zukünftigen Projekten optimiert werden können. Zum einen sei die Auswahl der

---

[4] Aus Platzgründen muss auf die Darstellung eines *Joint Displays* verzichtet werden. Diese stellen eine etwa einseitige Tabelle dar, bei der in der ersten Zeile ein Diagramm mit den z-standardisierten für die Variablen des thematischen Abschnitts (bzw. Zweckmäßigkeit, Nutzen und Outcomes des Projekts) gesetzt wird und in den Zellen darunter eine kurze Auflistung von zentralen Auswertungsergebnissen der vier untersuchten Schulstandorte folgt.

5.2 Aktuelle Mixed-Methods-Projekte – Erfahrungen und Lessons Learned

Schulen auf Grundlage von z-Standardisierungen genannt. Die Kontraste zwischen den Schulstandorten erwiesen sich aufgrund der z-Werte als markant und wurden zudem durch die qualitativen Analysen vielfach bestätigt und akzentuiert: Gleichzeitig müssen die Kontraste auch kritisch hinterfragt werden, da bei manchen Skalen die Dispersion der Mittelwerte so gering war, dass ein Unterschied von fast zwei Standardabweichungen in absoluten Werten nur einen halben Skalenpunkt ausmachte. Zur Optimierung könnte daher auf normierte Skalen gesetzt werden, um zu bestimmen, ob eine Ausprägung hoch oder niedrig ist. Zum anderen stellt das explanative Design sowohl eine Stärke als auch eine Schwäche dar: Die sequentielle Verbindung von quantitativen und qualitativen Strängen machte es notwendig, Konstrukte der quantitativen Untersuchung als Themen der Interviewstudie wieder zu thematisieren, um das Integrationspotential voll auszuschöpfen (Ivankova et al. 2006). Trotz zusätzlicher Aspekte, die auch in dieser Studie im Leitfaden aufgegriffen wurden, blieben die thematischen beziehungsweise theoretischen Perspektiven weitgehend auf das ursprüngliche Hypothesenmodell beschränkt. Demgegenüber hätte eine qualitative Studie *vor* der quantitativen Phase (also ein exploratives Design) womöglich den Untersuchungshorizont erweitert und mitunter die Entscheidung für Konstrukte und leitende Hypothesen positiv beeinflusst. Gerade im Rahmen der Evaluation eines nationalen Schulentwicklungsprojekts mit einer komplexen Steuerungslogik hätte dadurch die ökologische Validität des Studiendesigns weiter optimiert werden können.

Entwicklungen und Ausblick 6

Lernziele

Sie können

- aktuelle methodische Entwicklungen in der empirischen Bildungsforschung beschreiben und
- deren Implikationen für die Mixed-Methods-Forschung innerhalb der empirischen Bildungsforschung erläutern,
- die eigene Haltung zum Einsatz von Mixed Methods in Projekten der empirischen Bildungsforschung entwickeln und zum Ausdruck bringen. ◄

Die empirische Bildungsforschung ist national und international sehr gut etabliert. Dies zeigt sich unter anderem im Bestehen und in der Neugründung zahlreicher wissenschaftlicher Organisationen (z. B. GEBF) sowie Publikationsorganen (z. B. *Zeitschrift für Bildungsforschung*). Auch die umfassende Förderung großangelegter nationaler Projekte (z. B. NEPS) und internationaler Projekte (z. B. PISA, TIMSS, TALIS) im Feld der empirischen Bildungsforschung zeugt von dem Aufwind, den diese in den letzten Jahrzehnten erfahren hat. Wir möchten im Folgenden fünf Entwicklungen herausgreifen, die wir im Feld beobachten, und auf deren Implikationen für die Mixed-Methods-Forschung eingehen. In der Beschreibung dieser Entwicklungen fokussieren wir insbesondere auf die deutschsprachige empirische Bildungsforschung.

1) Interdisziplinarität der empirischen Bildungsforschung
Die empirische Bildungsforschung zeichnet sich durch ihren interdisziplinären Zugang aus. Häufig arbeiten Forscher:innen verschiedener Disziplinen, z. B. der Erziehungswissenschaft, der (Pädagogischen) Psychologie, der Soziologie, der Fachdidaktik etc. zusammen, um eine Forschungsfrage zu bearbeiten. Diese Zusammenarbeit bietet ein großes Potential, da verschiedene theoretische Perspektiven auf dieselbe übergreifende Forschungsfrage gerichtet werden können und sich die Disziplinen zum Teil auch in der Verwendung der verschiedenen empirischen Forschungsmethoden unterscheiden. Dies ist insbesondere für die Mixed-Methods-Forschung sehr gewinnbringend, da selten ein einzelner Forscher/eine einzelne Forscherin alle im Projekt zur Anwendung kommenden Forschungsmethoden zufriedenstellend abdecken kann. Auch die Theorientriangulation ermöglicht einen umfassenderen Blick auf den Forschungsgegenstand.

Allerdings besteht auch in der interdisziplinären Zusammenarbeit das Risiko, dass überwiegend „parallel" gearbeitet wird – sich bestimmte Personen folglich für bestimmte Teilbereiche verantwortlich zeigen – und im Endeffekt eine geringe bis keine Integrationsleistung erfolgt. Dies kann sich im Prozess z. B. in einer klaren Aufgabentrennung äußern, ohne dass substantielle integrative Diskussionen oder gar eine praktische Umsetzung integrierter unterschiedlicher Ansätze stattfinden würden. In der Verschriftlichung der Ergebnisse des jeweiligen Projekts könnte sich eine solch lose Zusammenarbeit in nicht verbundenen Publikationen niederschlagen. Dadurch würde auch das Potential des Mixed-Methods-Projekts größtenteils nicht ausgeschöpft werden. Nach Bazeley (2010) sollte sich eine interdisziplinäre Zusammenarbeit wie folgt gestalten: „A meaningful interdisciplinary or multidisciplinary collaboration involves demonstrating respect for all included methods, sharing knowledge, learning from each other, and avoiding simply contributing to particular (compartmentalized) elements of the study based on individual areas of expertise" (S. 299). Wie eine sinnvolle Teamzusammensetzung und -zusammenarbeit aussehen kann, hängt natürlich stark vom Thema und der Fragestellung des jeweiligen Projekts ab. Würde man sich in einem Forschungsprojekt z. B. für die Entwicklung des Stresserlebens von Lehrpersonen im Berufseinstieg interessieren, so könnte eine interdisziplinäre Zusammenarbeit von Erziehungswissenschaftlerinnen und Erziehungswissenschaftlern, Psychologen und Psychologinnen, Biologen und Biologinnen und Fachdidaktikerinnen und Fachdidaktikern sinnvoll sein. Auch die methodischen Expertisen sind in dieser Zusammensetzung mitzudenken (z. B. biologische Auswertung von Cortisolmessungen, psychologische Messungen von Stress im Längsschnitt, Rekonstruktion von Unterrichtserfahrungen und deren Bedeutung für das Stresserleben gezielt ausgewählter Lehrpersonen anhand von Tiefeninterviews).

Gelingt es, diese Offenheit und Zusammenarbeit in interdisziplinären Projekten zu leben, so können Mixed-Methods-Projekte gewinnbringend – unter Einhaltung der zugrunde liegenden Gütekriterien – realisiert werden, da auch auf Forscher:innenebene die Komplementarität der Expertisen bestmöglich ausgeschöpft werden kann. Auch in interdisziplinären Projekten, in denen womöglich unterschiedliche Vorstellungen im Hinblick auf die Adäquatheit von Forschungsmethoden oder auf sprachliche Konventionen herrschen, gilt im Endeffekt, dass die Qualität von Mixed-Methods-Forschungsprojekten insbesondere auch über die erreichte Integration bestimmt wird, wodurch es zu einer umfassenderen Erkenntnis kommt, die über die bloße Addition der aus den qualitativen und den quantitativen Ergebnissen gewonnenen Schlussfolgerungen hinausgeht.

2) Komplexität der Forschungsprojekte
Bildung und Bildungsprozesse sind durch eine hohe Komplexität gekennzeichnet, die sich unter anderem durch eine Mehrebenenstruktur (Makro-/Meso-/Mikroebene; siehe Mejeh und Hagenauer 2022), durch eine hohe Dynamik bzw. Prozesshaftigkeit und durch eine starke Kontextabhängigkeit auszeichnen. Für die Erfassung dieser komplexen Prozesse bedarf es einer adäquaten Methodologie. In den letzten Jahrzehnten hat die Bildungsforschung in diesem Feld große Fortschritte gemacht. Dies zeigt sich strukturell unter anderem auch darin, dass viele Lehrstühle eingerichtet wurden, die sich mit quantitativen oder qualitativen Methoden der empirischen Bildungsforschung beschäftigen; seltener findet man im deutschsprachigen Raum Professuren für Mixed Methods. An diesen Lehrstühlen steht die Weiterentwicklung der empirischen Forschungsmethoden im Zentrum der Forschungsbemühungen. Auch zahlreiche Zeitschriften im Bereich der empirischen Bildungsforschung sind vor allem methodischen und methodologischen Fragestellungen gewidmet. 2010 fand in Jena zudem die erste deutschsprachige Tagung der empirischen Bildungsforschung statt, die dem Thema „Mixed Methods" galt (Gläser-Zikuda et al. 2012). Diese (strukturellen) Entwicklungen demonstrieren deutlich den Wert, der der Forschungsmethodologie in der empirischen Bildungsforschung zugeschrieben wird, und das kontinuierliche Bemühen um den Diskurs über die Weiterentwicklung derselben.

Betrachtet man nun die verwendeten Forschungsmethoden im Detail, so werden im Hinblick auf das gewählte Design Querschnittsstudien zunehmend seltener eingesetzt, da sie lediglich korrelative Aussagen ermöglichen, keine kausalen Klärungen zulassen und Prozesse nicht abbilden können. Zu beobachten ist gleichzeitig ein Anstieg von Projekten, die komplexe Längsschnittdesigns einsetzen, die – wo immer möglich – auch verschiedene Perspektiven (z. B.

Lehrer:innen, Schüler:innen und Schulleiter:innen) – berücksichtigen. Die verschiedenen Perspektiven werden auch im Bereich der international vergleichenden Schulleistungsstudien berücksichtigt, auch wenn ein „echtes" Längsschnittdesign, auch Paneldesign genannt, in dem *dieselben* Schüler:innen bezogen auf ihre Leistungsentwicklung über mehrere Jahre getestet werden, darin nicht realisiert werden kann. Trendanalysen, die z. B. Schüler:innenkompetenzen über mehrere Jahre hinweg vergleichend analysieren (z. B. die Lesekompetenz der Schüler:innen wird alle drei Jahre gemessen), sind aber durchaus möglich. Im Bereich der allgemeinen und insbesondere der fachdidaktischen Unterrichtsforschung erfreuen sich (quasi-)experimentelle Designs großer Beliebtheit.

Wie bereits im Abschn. 5.1 aufgezeigt, kommen auch Mixed-Methods-Ansätze in der empirischen Bildungsforschung zunehmend zur Anwendung, um durch die Komplementarität der methodischen Zugänge ein möglichst umfassendes (valides) Bild des Forschungsgegenstands zu erhalten. Unser Eindruck ist, dass die Kombination von quantitativen und qualitativen Methoden häufig dadurch begründet wird, dass man mit dem quantitativen Strang eine Generalisierung erreichen, mit dem qualitativen Strang wiederum das Kontext- oder Prozessverständnis erhöhen möchte. Dies ist insbesondere eine Argumentation, die man in parallelen Mixed-Methods-Designs findet. Des Weiteren nutzen eher quantitativ orientierte Forscher:innen das explorative sequentielle Design regelmäßig, um durch die qualitativen Ergebnisse der „Vorstudie" ein Messinstrument zu entwickeln, das im Endeffekt eine Generalisierung ermöglicht[1]. Explanative sequentielle Designs findet man im deutschsprachigen Raum eher selten; insbesondere solche Studien, die darauf abzielen, unerwartete Ergebnisse der quantitativen Studie durch die qualitative Studie zu erklären (eine solche Studie findet sich beispielsweise bei Carmignola et al. 2021). Womöglich lässt sich dies auch darauf zurückführen, dass dieses Design einige Schwierigkeiten beim Schreiben des Forschungsantrags aufwirft, da sich die offenen Fragen erst im Laufe des Forschungsprozesses ergeben. Im Hinblick auf die Kombination der Forschungsmethoden findet sich in der empirischen Bildungsforschung (im deutschsprachigen Raum) sehr häufig die Verbindung von Fragebogen und Interviews (siehe auch Baur und Hering 2017), während weitere interessante Kombinationen, wie z. B. von Ethnografie und Experience-Sampling Studie, eher selten vorkommen.

---

[1] Interessanterweise würde Morse (2015, S. 219) – eine Forscherin, die ihre Wurzeln im qualitativen Paradigma hat, diesen Zugang anders gewichten. Sie argumentiert, dass in einem Projekt, in dem die qualitativen Daten dazu dienen würden, einen quantitativen Fragebogen zu entwickeln, die Gewichtung auf der qualitativen Komponente liegen müsste (QUAL, quan), da von dem Ergebnis der qualitativen Studie auch die Validität des quantitativen Fragebogens abhängt.

Insgesamt ist festzuhalten, dass das Potential der Mixed-Methods-Forschung in der empirischen Bildungsforschung zunehmend erkannt wird und Mixed-Methods-Projekte folglich verstärkt konzipiert und umgesetzt werden. Ihr Potential wird u. E. allerdings noch nicht vollständig genutzt. Eine künftige (Weiter-) Entwicklung könnte darin liegen, gleichgewichtige Mixed-Methods-Projekte verstärkt anzuwenden (QUAL +/→ QUAN), ohne dass einer der beiden Ansätze dominiert (QUAL +/→ quan; QUAN +/→ qual). Zudem könnte künftig das Spektrum qualitativer und quantitativer Forschungsmethoden inklusive der Möglichkeit der Datenanalyse (bei zunehmender Innovation der Datenarten) noch stärker genutzt und auch die Struktur der Studiengänge angepasst werden. Diese beiden Implikationen setzen – wie bereits im ersten Punkt dieses Kapitels erwähnt – eine echte Kooperation zwischen Forschenden voraus, die unterschiedliche methodologische Traditionen verfolgen, oder aber ein hohes Methoden-Knowhow eines Forschers/einer Forscherin, dem/der es gelingt, beide Zugänge gleichgewichtet und in gleicher Qualität umzusetzen. Abschließend sei darauf hingewiesen, dass die empirische Bildungsforschung umfangreiche Datensätze für Sekundäranalysen bereitstellt (z. B. die Datensätze der international vergleichenden Bildungsforschung auf der OECD-Homepage oder der IEA-Homepage, Datensätze der deutschsprachigen Bildungsforschung siehe: https://www.forschungsdaten-bildung.de/). Auch diese Datensätze könnten künftig vermehrt verwendet werden, um Mixed-Methods-Fragestellungen zu untersuchen (siehe z. B. Hense 2017).

3) Technologisierung in der empirischen Bildungsforschung

Mixed-Methods-Studien erfahren im Zuge zunehmender Digitalisierung auch erweiterte Möglichkeiten der Datenerhebung. Diese Erweiterung vollzieht sich in zwei Bereichen: der Entwicklung neuer Datenerhebungsverfahren und der Generierung neuer Kontexte für Datenerhebungen.

Die Entwicklung neuer Datenerhebungsverfahren für Mixed-Methods-Forschungen, die u. a. auch die Nutzung anderer Datensorten abseits der „Klassiker" wie Beobachtungs- und Befragungsdaten fördert, korrespondiert mit einer allgemeinen Entwicklung neuer Verfahren, die in der empirischen Bildungs- und Unterrichtsforschung in den letzten Jahren Einzug gehalten hat. Zu diesen neuen Verfahren zählen etwa physiologische Messungen wie Eye Tracking, Face Reading, oder elektrodermale Aktivität sowie alle neurowissenschaftlichen Verfahren: Eye Tracking zeichnet die Augenbewegungen von Lernenden auf, um daraus etwa Rückschlüsse auf Aufmerksamkeits- und Informationsverarbeitungsprozesse abzuleiten; Face Reading misst Bewegungen der Gesichtsmuskulatur, um aus den mimischen Aktionen Rückschlüsse etwa auf Emotion und Affekt zu ziehen. Die Messung elektrodermaler Aktivität, etwa der Schweißsekretion, dient etwa als Indikator für Stress und Cognitive Load: Neurowissenschaftliche Verfahren wie Elektroenzephalografie (EEG) oder funktionales Magnetresonanzimaging (fMRI) zeichnen den zeitlichen Verlauf bzw. die räumliche Verortung neuronaler Aktivität ab, um daraus Rückschlüsse auf die Verarbeitung bestimmter Lernstimuli im Gehirn ziehen zu können. All diesen physiologischen Messungen gemeinsam ist eine relative Unbeeinflussbarkeit: Lernende können ihre elektrodermale Aktivität, ihre Augenbewegungen oder ihre neuronalen Aktivitäten in der Regel kaum über längere Zeitspannen bewusst kontrollieren; das macht diese Messungen anders als Antworten in Fragebögen oder Interviews frei von sozialer Erwünschtheit, weswegen ihnen häufig eine höhere Objektivität attestiert wird. Neben diesen physiologischen Messungen erfährt der Ansatz der Learning Analytics einen großen Aufschwung: Die Verwendung von Learning Analytics ermöglicht es, enorme Datenmengen aus Lernmanagementsystemen oder Massive Open Online Courses (MOOCs) auszuwerten und etwa für die Prognose des Lern- und Studienerfolgs nutzbar zu machen. Diese neuen Verfahren werden nicht nur in quantitativen Studien verwendet, sondern häufig auch in Mixed-Methods-Ansätzen zum Einsatz gebracht. Zum Beispiel nutzten Gegenfurtner und Seppänen (2013), Szulewski et al. (2019) sowie White und Kollegen (2018) in Mixed-Methods-Studien Eye Tracking zur quantitativen Erhebung von Blickbewegungen sowie qualitative Analysen von Protokollen lauten Denkens zur Triangulation und Kontextualisierung der erhobenen Eye-Tracking-Daten.

Neben der Entwicklung neuer Datenerhebungsverfahren führt die Technologisierung von Bildungsmedien auch zu neuen Kontexten, in denen Mixed-Methods-Studien stattfinden. Diese neuen Kontexte sind beispielsweise Social-Media-Plattformen wie TikTok, X und Snapchat, die als Räume für digitale Kommunikation und Lernprozesse quantitativ und qualitativ untersucht werden können. Daneben haben uns die Corona-Pandemie und die Lockdowns in den Jahren 2020 und 2021 auch vor Augen geführt, wie Bildung digital von zu Hause organisiert werden kann. Der Einsatz synchroner Webinare, asynchroner Onlineformate, digitaler Simulationen, Lernvideos, Flipped Classrooms und weiterer digitalisierter Bildungskontexte eröffnet neue Möglichkeiten, quantitative und qualitative Daten über Lernprozesse und Lernprodukte zu sammeln. Es kann vermutet werden, dass die fortschreitende Technologisierung der Bildung in den folgenden Jahren noch zu weiteren Entwicklungen neuer Datenerhebungsverfahren und neuer Kontexte für Datenerhebungen in Mixed-Methods-Studien führt, die derzeit noch nicht final absehbar sind. Bei entsprechender Sachausstattung an Schulen kann diese Technologisierung auch darin helfen, etablierte Grenzen zwischen formellen und informellen Bildungskontexten zu überwinden, und Ubiquität bzw. Übergänge im Lehr-Lern-Prozess als Gegenstand der empirischen Bildungsforschung in den Fokus rücken.

Zusätzlich zu einer Erweiterung der Möglichkeiten für Datenerhebungen bietet die Technologisierung der Bildungsforschung auch neue Möglichkeiten für die Datenauswertung, nämlich konkret in Form von Analysesoftware. Der Markt frei zugänglicher Open Source Software und kommerzieller Programme ist groß. Beispiele für Programme zur statistischen Analyse quantitativer Daten sind SPSS, R, oder MPlus. Beispiele für Programme zur Analyse qualitativer Daten sind MAXQDA, Atlas.ti oder NVivo. Im Programm MAXQDA befinden sich bereits erste Module, die Möglichkeiten der Analyse, Darstellung und Illustration von Mixed-Methods-Daten zulassen (Kuckartz 2014; Rädiker und Kuckartz 2019).

4) Systematische Reviews, Meta-Analysen und Meta-Ethnografien
In der empirischen Bildungsforschung wird jedes Jahr eine enorme Menge an Publikationen veröffentlicht. Es wird zunehmend schwieriger, jede neue Veröffentlichung in einem bestimmten Fachgebiet zu lesen. Umso bedeutender wird dabei die Rolle von Übersichtsarbeiten, die bestehende Studienlagen zusammenfassen und integrieren. Grundsätzlich lassen sich dabei drei Arten von Übersichtsarbeiten unterscheiden: Meta-Analysen, Meta-Ethnografien und systematische Reviews. Meta-Analysen sind definiert als statistische Analysen von Effektstärken, die in Studien berichtet werden; sie werden häufig genutzt, um quantitative Studien zu aggregieren (Schmidt und Hunter 2015). Meta-Ethnografien sind qualitative Synthesen der Ergebnisse qualitativer Studien (Noblit und Hare 1988). Systematische Reviews wiederum haben den Anspruch, alle bisher veröffentlichten (und unveröffentlichten) Studien zu einer bestimmten Forschungsfrage zu identifizieren und eine Synthese des bestehenden Forschungsstands anzubieten. Dabei werden Studien mitunter aus allen Paradigmen integriert, also quantitative, qualitative und Mixed-Methods-Forschungen.

Systematische Reviews bieten sich derzeit insbesondere auch für Mixed-Methods-Studien an, weil Reviews offen sind für qualitative und quantitative Arbeiten. Tatsächlich existiert eine Vielzahl an Literaturübersichten, die auf der Basis von Mixed-Methods-Studien angefertigt wurden und nur solche inkludieren. Zu sehr aktuellen Beispielen zählen etwa der Review von Litsou et al. (2021) über sexuelle Lernprozesse von Jugendlichen mittels Pornografie und der Review von Waseh und Dicker (2019) zum Einsatz von Telemedizin in der medizinischen Erstausbildung im Hochschulkontext.

Es bleibt abzuwarten, ob neben Meta-Analysen für quantitative und Meta-Ethnografien für qualitative Forschung noch eine dritte Art von Review entwickelt werden wird, die sich exklusiv Mixed-Methods-Studien widmet. Zweifelsohne wäre eine solche Entwicklung von hoher Relevanz, berücksichtigt man die wachsende Zahl an Studien, die qualitative und quantitative Daten integrieren. Eine solche dritte Form von Übersichtsarbeit wäre dann besonders vielversprechend, wenn sie dezidiert auf die unterschiedlichen epistemologischen und methodologischen Besonderheiten quantitativer und qualitativer Forschungszweige innerhalb von Mixed-Methods-Arbeiten eingeht und die Synthese der unterschiedlich generierten Daten bzw. Ergebnisse kritisch reflektiert.

5) Studium und Qualifikation in der empirischen Bildungsforschung
Qualitativ hochwertige empirische Forschung setzt hohe Kompetenz der Forschenden voraus. Diese gilt es bereits im Studium zu fördern. Während in Teildisziplinen der empirischen Bildungsforschung, z. B. Erziehungswissenschaft, Psychologie oder Soziologie, die empirischen Forschungsmethoden in Curricula eine relativ lange Tradition haben und sich als eigene Module abbilden, ist die Lehre von empirischen Forschungsmethoden in der Lehrer:innenbildung deutlich jünger und als ein Resultat der Reformierung derselben zu sehen, die international und im deutschsprachigen Raum zunehmend auf die so genannte „Evidenzorientierung" im Zuge der „Neuen Steuerung" von Schule setzt. Damit Lehrpersonen diese empirischen Evidenzen jedoch auch entsprechend interpretieren und ggf. selbst ihren Unterricht erforschen/evaluieren können (siehe z. B. den Ansatz der Aktionsforschung, Altrichter und Posch 1996), benötigen sie Kenntnisse der empirischen Forschungsmethoden. Dieser evidenzorientierte Ansatz wird in der Lehrer:innenbildung allerdings nach wie vor sehr divers diskutiert. Fakt ist, dass in vielen Curricula der Lehrer:innenbildung auch empirische Forschungsmethoden Einzug gehalten haben, jedoch mit unterschiedlichen Schwerpunkten und in unterschiedlichem Maße. Insgesamt liegt der Anteil der empirischen Forschungsmethoden im Lehramtsstudium nach wie vor deutlich unter jenem eines reinen „Fachstudiums" (wie z. B. der Erziehungswissenschaft).

In diesem Zusammenhang ist auch zu erwähnen, dass in Disziplinen wie z. B. Erziehungswissenschaft, Psychologie oder Soziologie (oder verwandten Disziplinen) je nach Standort häufig ein methodologischer Zugang (qualitativ oder quantitativ) dominiert und die Studierenden eher in Ausnahmefällen eine gleichwertige Ausbildung in beiden Bereichen erfahren. Explizite Mixed-Methods-Kurse finden sich in Curricula selten; sie werden eher als Workshops für Doktorierende/Post-Docs angeboten.

Diese Entwicklung hat Konsequenzen für die Mixed-Methods-Ansätze an sich sowie auch für die Ausgestaltung wissenschaftlicher Karrieren im Bereich der empirischen Bildungsforschung. Während es nach einem Fachstudium der Erziehungswissenschaft, Psychologie oder Soziologie (oder verwandten Disziplinen) meist ohne Auflagen möglich ist, ein Doktoratsstudium im jeweiligen Fach bzw. im Feld der empirischen Bildungsforschung anzuschließen, ist dies für Abgänger:innen des Lehramts meist nicht der Fall, da ihnen umfassende Kenntnisse der empirischen Forschungsmethoden fehlen, die für den Erfolg eines empirischen Projekts wesentlich sind. Durch Brückenmodule, Auflagen bzw. verpflichtende Seasonal-Schools und weitere Initiativen können auch Lehramtsstudierende eine wissenschaftliche Biografie in der empirischen Bildungsforschung einschlagen; die Hürden sind allerdings deutlich höher. In der Schweiz gestaltet sich die Situation nochmals anders, da das Lehramtsstudium (überwiegend) an der Pädagogischen Hochschule und nicht an der Universität angesiedelt ist. Lehramtsstudierende müssen folglich zuerst das Fach, z. B. Erziehungswissenschaft, an der Universität studieren, bevor sie für ein Doktorat zugelassen werden. Das Doktorat erfolgt in der jeweiligen Disziplin, in der das Masterstudium abgeschlossen wurde.

Die (nach wie vor) eingeschränkte Vermittlung empirischer Forschungsmethoden im Lehramtsstudium und die zum Teil „eindimensionale" Ausbildung im Fachstudium (qualitative oder quantitative Ansätze) erschweren auch Mixed-Methods-Projekte. Auch wenn in einem Projektteam zusammengearbeitet wird, in dem sich Expertisen wechselseitig ergänzen, so sind doch ein Grundverständnis und eine Grundoffenheit für die verschiedenen methodischen Zugänge notwendig, um eine sinnvolle und gewinnbringende Kommunikation im Projektteam zu ermöglichen.

Ob umfassende, gleichgewichtige Curricula künftig eine Perspektive haben werden, ist eine Frage, die es an den verschiedenen Standorten zu diskutieren gilt. Das Ergebnis hängt stark von der Summe der ECTS-Punkte ab, die im jeweiligen Curriculum für empirische Forschungsmethoden und deren zugrunde liegende Methodologie zur Verfügung stehen. Es besteht das Risiko, dass die Studierenden durch einen eher oberflächlichen Einblick in die verschiedenen methodologischen Zugänge am Ende keinen dieser Zugänge wirklich beherrschen und qualitätsvoll umsetzen.

Damit Mixed-Methods-Forschung als methodologischer Zugang in der empirischen Bildungsforschung auch künftig Anwendung findet, sollten bereits Studierende einen Überblick über die Vielfalt empirischer Zugänge gewinnen können, und zwar ohne eine Dominanz qualitativer oder quantitativer Methoden. Es wäre zu wünschen, wenn in Curricularkommissionen der verschiedenen Disziplinen empirischer Bildungsforschung die Frage diskutiert würde, wie qualitative und quantitative Forschung sowie Elemente der Mixed-Methods-Forschung bereits im Studium sinnvoll und systematisch verankert werden könnten.

Schlussüberlegung

Die bisherigen Ausführungen haben verdeutlicht, dass die empirische Bildungsforschung einen theorie- und methodenpluralen sowie interdisziplinären Forschungsbereich darstellt. Daher haben Mixed-Methods-Designs, wie im vorliegenden Band erläutert und anhand vielfältiger Forschungsbeispiele dargestellt, ein besonderes Potential für die Erforschung dieses komplexen Felds. Nicht zuletzt zeigt dies auch die steigende Zahl an entsprechenden Mixed-Methods-Studien und Publikationen im nationalen wie internationalen Kontext. Neben diesen vielversprechenden Entwicklungen sollten aber auch die Herausforderungen der Anwendung von Mixed Methods nicht aus dem Blick geraten, da diese letztendlich Fragen der wissenschaftlichen Qualität bzw. Güte der Ergebnisse empirischer Bildungsforschung tangieren.

Der vorliegende Band verfolgt nicht zuletzt das Ziel, zu einem besseren Verständnis der Bedeutung von Mixed Methods in der empirischen Bildungsforschung beizutragen. Dadurch werden jene Disziplinen, die sich in diesen Forschungsbereich einbringen, in ihren Bemühungen unterstützt, methodenintegrative Designs in den Forschungsprojekten umzusetzen; dort wo die jeweils postulierten Forschungsfragen dies als sinnvoll nahelegen. Dies schließt gleichermaßen die entsprechenden Studiengänge wie auch vertiefende Angebote im Rahmen der wissenschaftlichen Qualifikationsphasen ein. Schließlich soll auf dieser Grundlage unter methodologischen Gesichtspunkten ein Beitrag zur Weiterentwicklung der empirischen Bildungsforschung geleistet werden.

Wir möchten diesen Band mit einem Rat von Abbas Tashakkori zum Umgang mit Mixed-Methods-Forschung beschließen (siehe folgende Seite). Dieser Rat an Forschende hat seine Gültigkeit auch in der empirischen Bildungsforschung – einem Feld, in dem wir wiederholt mit unvorhergesehenen oder unklaren Ergebnissen konfrontiert werden, das Offenheit auch für „emergent designs" erfordert, in dem es (reflektierte) Kreativität und Flexibilität in der Anwendung von Mixed Methods braucht (siehe z. B. Vogl 2023, S. 497) und in dem wir aufgrund der Vielfalt an Theorien und methodischen Zugängen und der genuinen Interdisziplinarität der empirischen Bildungsforschung insbesondere auch Kollaborationen zwischen Forschenden initiieren sollten.

> I advise you only to use mixed methods if your question clearly requires it! Often a simpler design is sufficient and/or more effective for answering questions. Do not limit/commit yourself to a rigid preplanned and narrow conceptualization of research design. Every mixed methods study can or might lead to a different design than what was expected. Freedom and opportunity to allow your design to emerge is an advantage of mixed methods! Know your limitations and seek help! Not everyone is an expert in every type of approach or method. Collaborative mixed methods studies might be potentially more fruitful. Keep in mind that mixed methodology is an advancement and formalized extension of how we answer questions in everyday life! Travel back and forth between different types of evidence and ask questions about their implications. Postpone making conclusions until you reach a comfortable level of certainty about the meaning of these outcomes (Tashakkori 2017; zitiert nach Fetters und Molina-Azorin 2017, S. 427).

Literatur

Allwood, C. M. (2012). The distinction between qualitative and quantitative research methods is problematic. *Quality & Quantity, 46*(5), 1417–1429. https://doi.org/10.1007/s11135-011-9455-8.

Altrichter, H., Aichner, W., Soukup-Altrichter, K., & Welte, H. (2010). PraktikerInnen als ForscherInnen. Forschung und Entwicklung durch Aktionsforschung. In B. Friebertshäuser, A. Langer, A. Prengel, & S. Richter (Hrsg.), *Handbuch qualitative Forschungsmethoden in der Erziehungswissenschaft* (3. Aufl., S. 803–818). Juventa.

Altrichter, H., & Maag Merki, K. (2010). *Handbuch Neue Steuerung im Schulsystem.* VS.

Altrichter, H., & Posch, P. (1996). *Lehrerinnen und Lehrer erforschen ihren Unterricht: Unterrichtsentwicklung und Unterrichtsevaluation durch Aktionsforschung* (4. Aufl.). Klinkhardt.

Altrichter, H., & Posch, P. (2008). Forschende Entwicklung und Entwicklungsforschung – Argumente für eine Neubewertung von Aktionsforschungsansätzen in der deutschsprachigen Bildungsforschung. In F. Hofmann, C. Schreiner, & J. Thonhauser (Hrsg.), *Qualitative und quantitative Aspekte. Zu ihrer Komplementarität in der erziehungswissenschaftlichen Forschung* (S. 75–98). Waxmann.

Anderson, T., & Shattuck, J. (2012). Design-based research: A decade of progress in education research? *Educational Researcher, 41*(1), 16–25. https://doi.org/10.3102/0013189X11428813.

APA (2020). *Publication manual of the American Psychological Association* (7th ed.). APA. https://doi.org/10.1177/1066480720911625.

Aßmann, A. (2013). Klaus Mollenhauer (1928–1998): Kritisch-emanzipatorische Pädagogik, Studentenbewegung und die deutsche Nachkriegserziehungswissenschaft. In K. Kenklies (Hrsg.), *Person und Pädagogik. Systematische und historische Zugänge zu einem Problemfeld* (S. 133–181). Klinkhardt.

Auer, V. (2021a). *How gender competent are Austrian physics teachers? A qualitative exploration of teachers' pedagogical content knowledge in gender-equitable teaching.* Posterpräsentation bei der JURE-Tagung 2021. Abstract verfügbar unter: https://www.earli.org/sites/default/files/2021-08/JURE2021-Book-of-Abstracts_0.pdf.

Auer, V. (2021b). *Was wissen Physiklehrkräfte über gendergerechte Unterrichtsgestaltung?* Vortrag auf der virtuellen Jahrestagung der Gesellschaft für Didaktik der Chemie und

Physik (GDCP) 2021. Abstract verfügbar unter: https://cdn.gdcp-tagung.de/wp-content/uploads/securepdfs/2021/09/GDCP-Tagung-2021-Abstracts-Vortraege.pdf.

Auer, V., Hagenauer, G., Zumbach, J. & Strahl, A. (2022). „,Das ist [...] die Klasse als Ganzes einfach wahrnehmen und trotzdem jeden Einzelnen versuchen zu fördern, das zu machen, was er oder sie gerade braucht' – Ergebnisse einer Interviewstudie mit Physiklehrpersonen über gendersensible Unterrichtsgestaltung" [Posterpräsentation]. ÖFEB Kongress, Graz, Österreich.

Baumert, J. (2002). Deutschland im internationalen Bildungsvergleich. In N. Killius, J. Kluge, & L. Reisch (Hrsg.), *Die Zukunft der Bildung* (S. 100–150). Suhrkamp.

Baumert, J. (2016). Leistungsgrenzen der empirischen Bildungsforschung. Das Beispiel von Large-Scale-Assessment-Studien zwischen Wissenschaft und Politik. *Zeitschrift für Erziehungswissenschaft, 19* (Suppl. I), 215–253. https://doi.org/10.1007/s11618-016-0704-4.

Baumert, J., Cortina, K. S., & Leschinsky, A. (2003). Grundlegende Entwicklungen und Strukturprobleme im allgemeinbildenden Schulwesen. In K. S. Cortina, J. Baumert, A. Leschinsky, K. U. Mayer, & L. Trommer (Hrsg.), *Das Bildungswesen in der Bundesrepublik Deutschland. Strukturen und Entwicklungen im Überblick* (S. 52–147). Rowohlt.

Baumert, J., Klieme, E., Neubrand, M., Prenzel, M., Schiefele, U., Schneider, W., Stanat, P., Tillmann K.-J., & Weiß, M. (Hrsg.). (2001). *PISA 2000 Basiskompetenzen von Schülerinnen und Schülern im internationalen Vergleich.* Leske+Budrich.

Baumert, J., & Kunter, M. (2006). Stichwort: Professionelle Kompetenz von Lehrkräften. *Zeitschrift für Erziehungswissenschaft, 9*(4), 469–520. https://doi.org/10.1007/978-3-658-00908-3_13.

Baumert, J., & Kunter, M. (2013). The COACTIV model of teachers' professional competence. In M. Kunter, J. Baumert, W. Blum, U. Klusmann, S. Krauss, & M. Neubrand (Eds.), *Cognitive activation in the mathematics classroom and professional competence of teachers* (pp. 25–48). Springer. https://doi.org/10.1007/978-1-4614-5149-5_2.

Baur, N. (2019). Linearity vs. circularity? On some common misconceptions on the differences in the research process in qualitative and quantitative research. *Frontiers in Education, 4,* 53. https://doi.org/10.3389/feduc.2019.00053.

Baur, N., & Hering, L. (2017). Die Kombination von ethnographischen Beobachtungen und standardisierter Befragung. Mixed-Methods-Designs jenseits der Kombination von qualitativen Interviews mit quantitativen Surveys. *Kölner Zeitschrift für Soziologie und Sozialpsychologie, 69*(2), 387–414. https://doi.org/10.1007/s11577-017-0468-8.

Baur, N., Kelle, U., & Kuckartz, U. (2017). Mixed Methods – Stand der Debatte und aktuelle Problemlagen. *Kölner Zeitschrift für Soziologie und Sozialpsychologie, 69*(2), 1–37. https://doi.org/10.1007/s11577-017-0450-5.

Bazeley, P. (2010). Writing up multimethod and mixed methods research for diverse audience. In A. Tashakkori & C. Teddlie (Eds.), *SAGE handbook of mixed methods in social & behavioral research* (2nd ed., pp. 296–313). Sage.

Bazeley, P. (2012). Integrative analysis strategies for mixed data sources. *American Behavioral Scientist, 56*(6), 814–828. https://doi.org/10.1177/0002764211426330.

Bazeley, P. (2018). *Integrating analyses in mixed methods research.* Sage.

Bedenlier, S., Händel, M., Kammerl, R., Gläser-Zikuda, M., Kopp, B., & Ziegler, A. (2021). Akademische Mediennutzung Studierender im Corona-Semester 2020. *MedienPädagogik, 40,* 229–252. https://doi.org/10.21240/mpaed/40/2021.11.18.X.

Literatur

Bergman, M. M. (2009). The straw men of the qualitative-quantitative divide and their influence on mixed methods research. In M. M. Bergman (Ed.), *Advances in mixed methods research* (pp. 11–22). Sage.

Biesta, G. (2010). Pragmatism and the philosophical foundations of mixed methods research. In A. Tashakkori & C. Teddie (Eds.), *SAGE handbook of mixed methods in social & behavioral research* (2nd ed., pp. 95–117). Sage.

Blömeke, S. (2004). Erste Phase an Universitäten und Pädagogischen Hochschulen. In S. Blömeke, P. Reinhold, G. Tulodziecki, & J. Wildt (Hrsg.), *Handbuch Lehrerbildung* (S. 262–274). Klinkhardt.

Blossfeld, H.-P., von Maurice, J., & Schneider, T. (2011). The national educational panel study: Need, main features, and research potential. *Zeitschrift für Erziehungswissenschaft, 14*(1), 5–17. https://doi.org/10.1007/s11618-011-0178-3.

Blumentritt, L., Kühn, S. M., & van Ackeren, I. (2014). (Keine) Zeit für Freizeit? Freizeit im Kontext von gymnasialer Schulzeitverkürzung aus Sicht von Schülerinnen und Schülern. *Diskurs Kindheits- und Jugendforschung, 9*(3), 355–370. https://doi.org/10.3224/diskurs.v9i3.16627.

Bohnsack, R. (1991). *Rekonstruktive Sozialforschung*. Leske+Budrich.

Bohnsack, R. (2009). Q*ualitative Bild- und Videointerpretation. Die dokumentarische Methode*. Barbara Budrich.

Borko, H. (2004). Professional development and teacher learning: mapping the train. *Educational Researcher, 33*(8), 3–15. https://doi.org/10.3102/0013189X033008003.

Bos, W., Hornberg, S., Arnold, K.-H., Faust, G., Fried, L., Lankes, E.-M., Schwippert, K., & Valtin, R. (2008). IGLU: Eine Schulleistungsstudie der IEA und ihre nationale Erweiterung. In W. Bos, S. Hornberg, K.-H. Arnold, G. Faust, L. Fried, E.-M. Lankes, K. Schwippert, & R. Valtin (Hrsg.). *IGLU-E 2006 – Die Länder der Bundesrepublik Deutschland im nationalen und internationalen Vergleich*. (S. 9–17). Waxmann.

Brandt, J.-O., Bürgener, L., Barth, M., & Redman, A. (2019). Becoming a competent teacher in education for sustainable development. Learning outcomes and processes in teacher education. *International Journal of Sustainability in Higher Education, 20*(4), 630–653. https://doi.org/10.1108/ijshe-10-2018-0183.

Breidenstein, G., Hirschauer, S., Kalthof, H., & Nieswand, B. (2015). *Ethnografie* (2. Aufl.). UVK.

Brendel, S., Hanke, U., & Macke, G. (2019). *Kompetenzorientiert Lehren an Hochschulen*. Barbara Budrich.

Bromme, R. (2001). Teacher expertise. In N. J. Smelser, P. B. Baltes, & F. E. Weinert (Eds.), *International encyclopedia of the behavioral sciences: Education* (pp. 15459–15465). Pergamon.

Brügelmann, H. (2015). *Vermessene Schulen – standardisierte Schüler. Zu Risiken und Nebenwirkungen von PISA, Hattie, VerA & Co*. Beltz.

Bryman, A. (2006). Integrating quantitative and qualitative research: how is it done? *Qualitative Research, 6*(1), 97–113. https://doi.org/10.1177/1468794106058877.

Bundesministerium für Bildung und Forschung (BMBF) (2008). *Stand der Anerkennung nonformalen und informellen Lernens in Deutschland im Rahmen der OECD Aktivität „Recognition of non-formal and informal learning"*. BMBF.

Burzan, N. (2016). *Methodenplurale Forschung: Chancen und Probleme von Mixed Methods*. Beltz Juventa.

Bustamante, C. (2019). TPACK and teachers of Spanish: development of a theory-based joint display in a mixed methods research case study. *Journal of Mixed Methods Research, 13*(2), 163–178. https://doi.org/10.1177/1558689817712119.

Butler, R. (2012). Striving to connect: Extending an achievement goal approach to teacher motivation to include relational goals for teaching. *Journal of Educational Psychology, 104*(3), 726–742. https://doi.org/10.1037/A0028613.

Butler, R. (2014). What teachers want to achieve and why it matters: An achievement goal approach to teacher motivation. In P. W. Richardson, S. A. Karabenick, & H. M. G. Watt (Eds.), *Teacher motivation: Theory and practice* (pp. 20–35). Routledge.

Cain, T. (2014). Self study, action research and other approaches to teachers' practitioner research in music education. In T. de Baets & T. Buchborn (Eds.), *European Perspectives on Music Education* (Vol. 3, pp. 84–100). Helbling.

Calderon, A., Merono, L., & MacPhail, M. (2020). A student-centred digital technology approach: the relationship between intrinsic motivation, learning climate and academic achievement of physical education pre-service teachers. *European Physical Education Review, 26*(1), 241–262. https://doi.org/10.1177/1356336x19850852.

Carmignola, M. (2021). *Schulentwicklungsprozesse initiieren, leiten und begleiten. Eine Implementationsstudie zu „Grundkompetenzen absichern" mit dem besonderen Fokus auf das Schulleitungshandeln, die Teilnahmemotivation und Projektakzeptanz*. Dissertation am Fachbereich Erziehungswissenschaft, Universität Salzburg, Salzburg.

Carmignola, M., Martinek, D., & Hagenauer, G. (2021). 'At first I was overwhelmed, but then—I have to say—I did almost enjoy it'. Psychological need satisfactions and vitality of student teachers during the first Covid19 lockdown. *Social Psychology of Education, 24,* 1607–1641. https://doi.org/10.1007/s11218-021-09667-2.

Chi, M. T. H. (1997). Quantifying qualitative analyses of verbal data: A practical guide. *Journal of the Learning Sciences, 6*(3), 271–315. https://doi.org/10.1207/s15327809jls0603_1.

Coates, A. (2021) The prevalence of philosophical assumptions described in mixed methods research in education. *Journal of Mixed Methods Research, 15*(2), 171–189. https://doi.org/10.1177/1558689820958210.

Cohen, J. (1988). *Statistical power analysis for the behavioural sciences* (2nd ed.). Erlbaum.

Cohen, L., Manion, L., & Morrison, K. (2017). *Research Methods in Education*. Routledge.

Collins, K. M. T. (2010). Advanced sampling designs in mixed research. In A. Tashakkori & C. Teddlie (Eds.), *SAGE handbook of mixed methods in social & behavioral research* (2nd ed., pp. 353–377). Sage.

Corrigan, J. A., & Onwuegbuzie, A. J. (2020). Toward a meta-framework for conducting mixed methods representation analyses to optimize meta-inferences. *The Qualitative Report, 25*(3), 785–812. https://doi.org/10.46743/2160-3715/2020.3579.

Creamer, E. G. (2022). *Advancing grounded theory with mixed methods*. Routledge.

Crede, E., & Borrego, M. (2013). From ethnography to items: a mixed methods approach to developing a survey to examine graduate engineering student retention. *Journal of Mixed Methods Research, 7*(1), 62–80. https://doi.org/10.1177/1558689812451792.

Creswell, J. W. (2009). *Research Designs. Qualitative, quantitative and mixed methods approaches* (3rd ed.). Sage.

Creswell, J. W. (2015a). *A concise introduction to mixed methods research*. Sage.

Creswell, J. W. (2015b). Revisiting mixed methods and advancing scientific practices. In S. N. Hesse-Biber & R. B. Johnson (Eds.), *The Oxford handbook of multimethod and mixed methods research inquiry* (pp. 57–71). Oxford University Press.

Creswell, J. W., & Plano Clark, V. L. (2007). *Designing and conducting mixed methods research*. Sage.

Creswell, J. W., & Plano Clark, V. L. (2011). *Designing and conducting mixed methods research* (2nd ed.). Sage.

Creswell, J. W., & Plano Clark, V. L. (2018). *Designing and conducting mixed methods research* (3rd ed.). Sage.

Criblez, L., & Lehmann, L. (2016). Die Reform der Lehrerinnen- und Lehrerbildung seit 1990. Ausgangslage und Kontexte der Reformen. In L. Criblez, L. Lehmann, & C. Huber (Hrsg.), *Lehrerbildungspolitik in der Schweiz seit 1990. Kantonale Reformprozesse und nationale Diplomanerkennung* (S. 33–66). Chronos.

Dahlberg, B., Wittink, M. N., & Gallo, J. J. (2010). Funding and publishing integrated studies. Writing effective mixed methods manuscripts and grant proposals. In A. Tashakkori & C. Teddlie (Eds.), *SAGE handbook of mixed methods in social & behavioral research* (2nd ed., pp. 775–802). Sage.

Dalehefte, I. M., & Kobarg, M. (2012). Einführung in die Grundlagen systematischer Videoanalysen in der empirischen Bildungsforschung. In M. Gläser-Zikuda, T. Seidel, C. Rohlfs, A. Gröschner, & S. Ziegelbauer (Hrsg.), *Mixed Methods in der empirischen Bildungsforschung* (S. 15–36). Waxmann.

Darling-Hammond, L., & Bransford, J. D. (Eds.). (2005). *Preparing teachers for a changing world: What teachers should learn and be able to do*. Jossey-Bass.

Denzin, N. K. (1978). *The research act: A theoretical introduction to sociological methods*. Praeger.

Deutscher Bildungsrat (1974). *Aspekte für die Planung der Bildungsforschung* (Empfehlungen der Bildungskommission, Bd. 1). Klett.

Deutsches PISA-Konsortium. (2003). *PISA 2000 – Ein differenzierter Blick auf die Länder der Bundesrepublik Deutschland*. Leske+Budrich.

Dickinson, W. B. (2010). Visual displays for mixed methods findings. In A. Tashakkori & C. Teddlie (Eds.), *SAGE handbook of mixed methods in social & behavioral research* (2nd ed., pp. 469–504). Sage.

Dinkelaker, J., & Herrle, M. (2009). *Erziehungswissenschaftliche Videographie: Eine Einführung*. Springer VS. https://doi.org/10.1007/978-3-531-91676-7.

Döring, N., & Bortz, J. (2016). *Forschungsmethoden und Evaluation in den Sozial- und Humanwissenschaften* (5. Aufl.). Springer.

Doyle, L., Brady, A.-M., & Byrne, G. (2016). An overview of mixed methods research – revisited. *Journal of Research in Nursing, 21*(8), 623–635. https://doi.org/10.1177/1744987116674257.

Drewek, P. (2013). Das dreigliedrige Schulsystem im Kontext der politischen Umbrüche und des demographischen Wandels im 20. Jahrhundert. *Zeitschrift für Pädagogik, 59*(4), 508–525. https://doi.org/10.25656/01:11976.

Ebner, M; Neuhold, B., & Schön, M. (2013). Learning Analytics – wie Datenanalyse helfen kann, das Lernen gezielt zu verbessern. In A. Hohenstein & K. Wilbers (Hrsg.), *Handbuch E-Learning*. 48. Erg.-Lfg., 1–20.

Eccles, J. S. (2005). Subjective task value and the Eccles et al. model of achievement-related choices. In A. J. Elliot & C. S. Dweck (Eds.), *Handbook of competence and motivation* (pp. 105–121). Guilford.

Eisenhart, M. A., & Howe, K. R. (1992). Validity in Educational Research. In M. LeCompte, W. Millroy, & J. Preissle (Eds.), *The Handbook of Qualitative Research in Education* (pp. 642–680). Academic Press.

Elstrodt-Wefing, N., Starke, A., Möhring, M., & Ritterfeld, U. (2019). Umsetzung unterrichtsintegrierter Sprachförderung im Primarbereich. Eine Mixed-Methods-Untersuchung bei Lehrkräften in BiSS-Verbünden. *Empirische Sonderpädagogik, 11*(3), 191–209. https://doi.org/10.25656/01:17779.

Ercikan, K., & Roth, W.-M. (2006). What good is polarizing research into qualitative and quantitative? *Educational Researcher, 35*(5), 14–23. https://doi.org/10.3102/0013189X035005014.

Ertl, B., Luttenberger, S., & Paechter, M. (2017). The impact of gender stereotypes on the self-concept of female students in STEM subjects with an under-representation of females. *Frontiers in Psychology, 8*, 703. https://doi.org/10.3389/fpsyg.2017.00703.

Fatke, R., & Oelkers, J. (2014). Das Selbstverständnis der Erziehungswissenschaft: Geschichte und Gegenwart. Einleitung zum Beiheft. In R. Fatke & J. Oelkers (Hrsg.), *Zeitschrift für Pädagogik. Das Selbstverständnis der Erziehungswissenschaft: Geschichte und Gegenwart* (Beiheft Bd. 60, S. 7–13). Beltz. https://doi.org/10.25656/01:9083.

Faul, F., Erdfelder, E., Buchner, A., & Lang, A. G. (2009). Statistical power analyses using G* Power 3.1: Tests for correlation and regression analyses. *Behavior Research Methods, 41*(4), 1149–1160. https://doi.org/10.3758/BRM.41.4.1149.

Fend, H. (1982). *Gesamtschule im Vergleich*. Beltz.

Fend, H. (1990). Bilanz der empirischen Bildungsforschung. *Zeitschrift für Pädagogik,36*(5), 687–709. https://doi.org/10.25656/01:14604.

Fend, H. (2008). *Schule gestalten*. VS.

Fetters, M. D. (2020). *The mixed methods research workbook. Activities for designing, implementing, and publishing projects*. Sage.

Fetters, M. D., & Freshwater, D. (2015). Publishing a methodological mixed methods research article. *Journal of Mixed Methods Research, 9*(3), 203–213. https://doi.org/10.1177/1558689815594687.

Fetters, M. D., & Molina-Azorin, J. F. (2017). The *Journal of Mixed Methods Research* starts a new decade: Perspectives of past editors on the current state of the field and future directions. *Journal of Mixed Methods Research, 11*(4), 423–432. https://doi.org/10.1177/1558689817729476.

Flick, U. (2007). *Triangulation. Eine Einführung* (2. Aufl.). VS.

Flick, U. (2011). *Triangulation. Eine Einführung* (3. Aufl.). VS.

Flick, U. (2020). Triangulation. In G. Mey & K. Mruck (Hrsg.), *Handbuch Qualitative Forschung in der Psychologie* (2. Aufl., S. 185–199). Springer.

Flick, U., Kardorff, E., von Keupp, H., von Rosenstiel, L., & Wolff, S. (Hrsg.). (1991). *Handbuch Qualitative Sozialforschung*. PVU.

Frey, A. (2006). Methoden und Instrumente zur Diagnose beruflicher Kompetenzen von Lehrkräften – eine erste Standortbestimmung zu bereits publizierten Instrumenten. In C. Allemann-Ghionda (Hrsg.), *Kompetenzen und Kompetenzentwicklung von Lehrerinnen und Lehrern*. 51. Beiheft der Zeitschrift für Pädagogik (S. 30–46). Beltz. https://doi.org/10.25656/01:7369.

Friebertshäuser, B. (2008). Vom Nutzen der Ethnographie für das pädagogische Verstehen. In B. Hünersdorf, B. Müller, & C. Maeder (Hrsg.), *Ethnographie und Erziehungswissenschaft* (S. 49–64). Juventa.

Friebertshäuser, B., Langer, A., & Prengel, A. (Hrsg.). (2013). *Handbuch qualitative Forschungsmethoden in der Erziehungswissenschaft* (4. durchges. Aufl.). Beltz Juventa.

Friebertshäuser, B., Langer, A., Prengel, A., & Richter, S. (Hrsg.). (2010). *Handbuch qualitative Forschungsmethoden in der Erziehungswissenschaft* (3. Aufl.). Beltz Juventa.

Froehlich, D. E., Beausaert, S., & Segers, M. (2021). Similarity-attraction theory and feedback-seeking behavior at work: How do they impact employability? *Studia Paedagogica, 26*(2), 77–96. https://doi.org/10.5817/SP2021-2-4.

Froehlich, D. E., & Gegenfurtner, A. (2019). Social support in transitioning from training to the workplace: A social network perspective. In H. Fasching (Hrsg.), *Beziehungen in pädagogischen Arbeitsfeldern und ihren Transitionen über die Lebensalter* (S. 208–222). Klinkhardt.

Froehlich, D. E., Rehm, M., & Rienties, B. C. (Eds.). (2020). *Mixed methods social network analysis: Theories and methodologies in learning and education*. Routledge.

Galliott, N., & Graham, L. J. (2016). Focusing on what counts: using exploratory focus groups to enhance the development of an electronic survey in a mixed-methods research design. *Australian Educational Researcher, 43*(5), 567–585. https://doi.org/10.1007/s13384-016-0216-5.

Gaupp, N. (2013). Entstehungsbedingungen von Übergängen von der Schule in den Beruf aus qualitativer und quantitativer Perspektive [50 Absätze]. *Forum Qualitative Research, 14*(2), Art. 12. https://doi.org/10.17169/fqs-14.2.1895.

Gegenfurtner, A., Lehtinen, E., Jarodzka, H., & Säljö, R. (2017). Effects of eye movement modeling examples on adaptive expertise in medical image diagnosis. *Computers & Education, 113*(1), 212–225. https://doi.org/10.1016/j.compedu.2017.06.001.

Gegenfurtner, A., Schmidt-Hertha, B., & Lewis, P. (2020). Digital technologies in training and adult education. *International Journal of Training and Development, 24*(1), 1–4. https://doi.org/10.1111/ijtd.12172.

Gegenfurtner, A., & Seppänen M. (2013). Transfer of expertise: An eye-tracking and think-aloud study using dynamic medical visualizations. *Computers & Education, 63*, 393–403. https://doi.org/10.1016/j.compedu.2012.12.021.

Gegenfurtner, A., Zitt, A., & Ebner, C. (2020). Evaluating webinar-based training: A mixed methods study on trainee reactions toward digital web conferencing. *International Journal of Training and Development, 24*(1), 5–21. https://doi.org/10.1111/ijtd.12167.

Ghiara, V. (2020). Disambiguating the role of paradigms in mixed methods research. *Journal of Mixed Methods Research, 14*(1), 11–25. https://doi.org/10.1177/1558689818819928.

Gibson, A., & Helsper, W. (2018). Passungstypologie von individuellen und institutionellen Schülerhabitus. Eine mehrebenenanalytische relationale Typenbildung. In R. Bohnsack, N. F. Hoffmann, & I. Nentwig-Gesemann (Hrsg.), *Typenbildung und Dokumentarische Methode. Forschungspraxis und methodologische Grundlagen* (S. 151–169). Barbara Budrich.

Glaser, B. G., & Strauss, A. (1967). *The discovery of grounded theory*. Aldine.

Gläser-Zikuda, M., Hagenauer, G., & Stephan, M. (2020). The potential of qualitative content analysis for empirical educational research [38 paragraphs]. *Forum Qualitative Research, 21*(1), Article 7. https://doi.org/10.17169/fqs-21.1.3443.

Gläser-Zikuda, M., Seidel, T., Rohlfs, C., Gröschner, A., & Ziegelbauer, S. (2012). Einleitung. In M. Gläser-Zikuda, T. Seidel, C. Rohlfs, A. Gröschner, & S. Ziegelbauer (Hrsg.), *Mixed Methods in der empirischen Bildungsforschung* (S. 7–13). Waxmann.

Gniewosz, B. (2015). Testverfahren. In H. Reinders, H. Ditton, C. Gräsel, & B. Gniewosz (Hrsg.), *Empirische Bildungsforschung. Strukturen und Methoden* (2. Aufl., Bd. 2, S. 71–81). VS.

Gräsel, C. (2011). Was ist Empirische Bildungsforschung? In H. Reinders, H. Ditton, C. Gräsel, & B. Gniewosz (Hrsg.), *Empirische Bildungsforschung. Strukturen und Methoden* (Bd. 1, S. 13–28). VS.

Graham, A., Powell, M. A., Thomas, N., & Anderson, D. (2017). Reframing 'well-being' in schools: the potential of recognition. *Cambridge Journal of Education, 47*(4), 439–455. https://doi.org/10.1080/0305764X.2016.1192104.

Graham, A., Powell, M. A., & Truscott, J. (2016). Facilitating student well-being: relationships do matter. *Educational Research, 58*(4), 366–383. https://doi.org/10.1080/00131881.2016.1228841.

Grecu, A. L., & Völcker, M. (2018). Potenziale und Herausforderungen der Integration qualitativer und quantitativer Forschungsmethoden. In M. S. Maier, C. I. Keßler, U. Deppe, A. Leuthold-Wergin, & S. Sandring (Hrsg.), *Qualitative Bildungsforschung* (S. 229–246). Springer.

Greene, J. C. (2007). *Mixed methods in social inquiry.* Jossey-Bass.

Greene, J. C. (2008). Is mixed methods social inquiry a distinctive methodology? *Journal of Mixed Methods Research, 2*(1), 7–22. https://doi.org/10.1177/1558689807309969.

Greene, J. C., Caracelli, V. J., & Graham, W. F. (1989). Toward a conceptual framework for mixed-method evaluation designs. *Educational Evaluation and Policy Analysis, 11*(3), 255–274. https://doi.org/10.3102/01623737011003255.

Greenwald, A. G., McGhee, D. E., & Schwartz, J. L. K. (1998). Measuring individual differences in implicit cognition: The Implicit Association Test. *Journal of Personality and Social Psychology, 74*(6), 1464–1480. https://doi.org/10.1037/0022-3514.74.6.1464.

Greve, W., & Wentura, D. (1997). *Wissenschaftliche Beobachtung. Eine Einführung.* Beltz.

Grospietsch, F., & Mayer, J. (2021). Angebot, Nutzung und Ertrag von Konzeptwechseltexten zu Neuromythen bei angehenden Biologielehrkräften. *Zeitschrift für Didaktik der Naturwissenschaften, 27*(1), 83–107. https://doi.org/10.1007/s40573-021-00127-0.

Grünewald-Huber, E., & von Gunten, A. (2008). *Werkmappe Genderkompetenz. Materialien für geschlechtergerechtes Unterrichten.* Verlag Pestalozzianum.

Guest, G., Bunce, A., & Johnson, L. (2006). How many interviews are enough? An experiment with data saturation and variability. *Field Methods, 18*(1), 59–82. https://doi.org/10.1177/1525822X05279903.

Guetterman, T., Creswell, J. W., & Kuckartz, U. (2015). Using joint displays and MAXQDA software to represent the results of mixed methods research. In M. McCrudden, G. Schraw, & C. Buckendahl (Eds.), *Use of visual displays in research and testing: Coding, interpreting, and reporting data* (pp. 145–175). Information Age.

Hagenauer, G., & Gläser-Zikuda, M. (2019). Mixed-Methods. In M. Harring, C. Rohlfs, & M. Gläser-Zikuda (Hrsg.), *Handbuch Schulpädagogik* (S. 801–812). Waxmann.

Hagenauer, G., & Gläser-Zikuda, M. (2022). Mixed Methods. In H. Reinders, D. Bergs-Winkels, I. Post, & A. Prochnow (Hrsg.), *Lehrbuch Empirische Bildungsforschung. Eine elementare Einführung* (S. 253–267). Springer VS.

Hagenauer, G., & Hascher, T. (Hrsg.). (2018). *Emotionen und Emotionsregulation in Schule und Hochschule*. Waxmann.

Haider, G., Eder, F., Specht, W., & Spiel, C. (2003). *Zukunft:schule. Das Reformkonzept der Zukunftskommission. Zwischenbericht 2003*. Wien: BMBWK.

Hartinger, A., Dresel, M., Matthes, E., Nett, U. E., Peuschel, K., & Gegenfurtner, A. (Hrsg.). (2022). *Lehrkräfteprofessionalität im Umgang mit Heterogenität. Theoretische Konzepte, Förderansätze, empirische Befunde*. Waxmann.

Hauserman, C. P., Ivankova, N. V., & Stick, S. L. (2013). Teacher perceptions of principal leadership qualities: A mixed methods study. *Journal of School Leadership, 23*(1), 34–63. https://doi.org/10.1177/105268461302300102.

Haynes-Brown, T. K. (2022). Using theoretical models in mixed methods research: an example from an explanatory sequential mixed methods study exploring teachers' beliefs and use of technology. *Journal of Mixed Methods Research, 17*(3), 243–263. https://doi.org/10.1177/15586898221094970.

Haynes-Brown, T. K., & Fetters, M. D. (2021). Using joint displays as an analytic process: an illustration using bar graphs joint displays from a mixed methods study of how beliefs shape secondary school teachers' use of technology. *International Journal of Qualitative Methods, 20*, 1–14. https://doi.org/10.1177/1609406921993286.

Hecht, P., Niedermair, C., & Feyerer, E. (2016). Einstellungen und inklusionsbezogene Selbstwirksamkeitsüberzeugungen von Lehramtsstudierenden und Lehrpersonen im Berufseinstieg. Messverfahren und Befunde aus einem Mixed-Methods-Design. *Empirische Sonderpädagogik, 1*, 86–102. https://doi.org/10.25656/01:11856.

Helm, C., Huber, S., & Loisinger, T. (2021). Was wissen wir über schulische Lehr-Lern-Prozesse im Distanzunterricht während der Corona-Pandemie? – Evidenz aus Deutschland, Österreich und der Schweiz. *Zeitschrift für Erziehungswissenschaft, 24*(2), 237–311. https://doi.org/10.1007/s11618-021-01000-z.

Helmke, A. (2009). *Unterrichtsqualität und Lehrerprofessionalität*. Kallmeyer/Klett.

Helsper, W. (2004). Antinomien, Widersprüche, Paradoxien. In B. Koch-Priewe, F.-U. Kolbe, & J. Wildt (Hrsg.), *Grundlagenforschung und mikrodidaktische Reformansätze zur Lehrerbildung* (S. 49–97). Klinkhardt.

Helsper, W. (2014). Lehrerprofessionalität – der strukturtheoretische Professionsansatz zum Lehrberuf. In E. Terhart, H. Bennewitz, & M. Rothland (Hrsg.), *Handbuch der Forschung zum Lehrerberuf* (2. Aufl., S. 216–240). Waxmann.

Helsper, W., Klieme, E., & Terhart, E. (2018). Perspektiven zur Entwicklung der empirischen Bildungsforschung. In A. Krüger, F. Radisch, A. Willems, T. Häcker, & M. Walm (Hrsg.), *Empirische Bildungsforschung im Kontext von Schule und Lehrer*innenbildung* (S. 21–53). Klinkhardt.

Helsper, W., Maier, M. S., & Sandring, S. (Hrsg.). (2015). *Perspektiven der Bildungsforschung*. Universitätsverlag Halle-Wittenberg.

Hense, A. (2017). Sequentielles Mixed-Methods-Sampling: Wie quantitative Sekundärdaten qualitative Stichprobenpläne und theoretisches Sampling unterstützen können. *Kölner Zeitschrift für Soziologie und Sozialpsychologie, 69* (Suppl. 2), 237–259. https://doi.org/10.1007/s11577-017-0459-9.

Hoffmann, L. (2002). Promoting girls' interest and achievement in physics classes for beginners. *Learning and Instruction, 12*(4), 447–465. https://doi.org/10.1016/S0959-4752(01)00010-X.

Hofmann, F., & Carmignola, M. (2019). Projekt „Grundkompetenzen absichern". Erste Ergebnisse der Begleitevaluation. *Schulverwaltung, 7*(6), 165–169.

Hopfenbeck, T. N., Lenkeit, J., El Masri, Y., Cantrell, K., Ryan, J., & Baird, J.-A. (2017). Lessons learned from PISA: A systematic review of peer-reviewed articles on the Programme for International Student Assessment, *Scandinavian Journal of Educational Research, 62*(3), 333–353. https://doi.org/10.1080/00313831.2016.1258726.

Hugener, I., Pauli, C., & Reusser, K. (2006). *Dokumentation der Erhebungs- und Auswertungsinstrumente zur schweizerisch-deutschen Videostudie „Unterrichtsqualität, Lernverhalten und mathematisches Verständnis".* 3. Videoanalysen Frankfurt/Main: GFPF u.a. (Materialien zur Bildungsforschung; 15). https://www.pedocs.de/volltexte/2010/3130/pdf/MatBild_Bd15_D_A.pdf

Hupka-Brunner, S., Krebs-Oesch, D., Sacchi, S., Meyer, T., Jann, B. (2022). *The TREE Multi-Cohort Panel Study: Theoretical Framework.* Bern: TREE. https://boris.unibe.ch/170576/1/Hupka_etal_2022_TREE_Theoretical_Framework.pdf

Husfeldt, V. (2011). Wirkungen und Wirksamkeit der externen Schulevaluation. Überblick zum Stand der Forschung. *Zeitschrift für Erziehungswissenschaft, 14*(2), 259–282. https://doi.org/10.1007/s11618-011-0204-5.

Hußmann, S., Thiele, J., Hinz, R., Prediger, S., & Ralle, B. (2013). Gegenstandsorientierte Unterrichtsdesigns entwickeln und erforschen. Fachdidaktische Entwicklungsforschung im Dortmunder Modell. In M. Komorek & S. Prediger (Hrsg.), *Der lange Weg zum Unterrichtsdesign – Zur Begründung und Umsetzung fachdidaktischer Forschungs- und Entwicklungsprogramme.* (S. 25–42). Waxmann.

Ivankova, N. V. (2014). Implementing quality criteria in designing and conducting a sequential QUAN → QUAL mixed methods study of student engagement with learning applied research methods online. *Journal of Mixed Methods Research, 8*(1), 25–51. https://doi.org/10.1177/1558689813487945.

Ivankova, N. V., Creswell, J. W., & Stick, S. L. (2006). Using mixed-methods sequential explanatory design: From theory to practice. *Field Methods, 18*(1), 3–20. https://doi.org/10.1177/1525822X05282260.

Jang, E. E., McDougall, D. E., Pollen, D., Herbert, M., & Russell, P. (2008). Integrative mixed methods data analytic strategies in research on school success in challenging circumstances. *Journal of Mixed Methods Research, 2*(3), 221–247. https://doi.org/10.1177/1558689808315323.

Janík, T. & Seidel, T. (Eds.). (2009). *The Power of Video Studies in Investigating Teaching and Learning in the Classroom.* Waxmann.

Jansen, D. (2006). *Einführung in die Netzwerkanalyse. Grundlagen, Methoden, Forschungsbeispiele* (3. überab. Aufl.). VS.

Johnson, R. B. (2017). Dialectical pluralism: A metaparadigm whose time has come. *Journal of Mixed Methods Research, 11*(2), 156–173. https://doi.org/10.1177/1558689815607692.

Johnson, R. B., & Onwuegbuzie, A. J. (2004). Mixed methods research: A research paradigm whose time has come. *Educational Researcher, 33*(7), 14–26. https://doi.org/10.3102/0013189x033007014.

Johnson, R. B., Onwuegbuzie, A. J., & Turner, L. A. (2007). Toward a definition of mixed methods research. *Journal of Mixed Methods Research, 1*, 112–133. https://doi.org/10.1177/1558689806298224.

Johnson, R. B., & Turner, L. (2003). Data collection strategies in mixed methods research. In A. Tashakkori & C. Teddlie (Eds.). *Handbook of mixed methods in social & behavioral research* (pp. 297–320). Sage.

Katrak, P., Bialocerkowski, A. E., Massy-Westropp, N., Kumar, V. S., & Grimmer, K. A. (2004). A systematic review of the content of critical appraisal tools. *BMC Medical Research Methodology, 4*, 22. https://doi.org/10.1186/1471-2288-4-22.

Kelle, U. (2014). Mixed Methods. In N. Baur & J. Blasius (Hrsg.), *Handbuch Methoden der empirischen Sozialforschung* (S. 153–166). Springer VS.

Kelle, U. (2017). Die Integration qualitative und quantitativer Forschung – theoretische Grundlagen von „Mixed Methods". *Kölner Zeitschrift für Soziologie und Sozialpsychologie, 69* (Suppl. 2), 39–61. https://doi.org/10.1007/s11577-017-0451-4.

Kelle, U., Reith, F., & Metje, B. (2017). Empirische Forschungsmethoden. In M. K.W. Schweer (Hrsg.), *Lehrer-Schüler-Interaktion. Inhaltsfelder, Forschungsperspektiven und methodische Zugänge* (3. überarb. Aufl.; S. 27–63). Springer.

Klafki, W. (1985). *Neue Studien zur Bildungstheorie und Didaktik. Beiträge zur kritisch-konstruktiven Didaktik.* Beltz.

Klieme, E., Artelt, C., Hartig, J., Jude, N., Köller, O., Prenzel, M., Schneider, W., & Stanat, P. (Hrsg.). (2010). *PISA 2009. Bilanz nach einem Jahrzehnt.* Waxmann.

Köller, O. (2014). Entwicklung und Erträge der jüngeren empirischen Bildungsforschung. In R. Fatke & J. Oelkers (Hrsg.), *Zeitschrift für Pädagogik. Das Selbstverständnis der Erziehungswissenschaft: Geschichte und Gegenwart* (Beiheft Bd. 60, S. 102–122). Beltz.

Knappertsbusch, F., Langfeldt, B., & Kelle, U. (2021). Mixed-Methods and Multimethod Research. In B. Hollstein, R. Greshoff, U. Schimank, & A. Weiß (Hrsg.), *Soziologie – Sociology in the German-Speaking World.* (Special Issue Soziologische Review 2020; pp. 261–271) De Gruyter. https://doi.org/10.1515/9783110627275-018.

Knappertsbusch, F., Schreier, M., Burzan, N., & Fielding, N. (2023). Innovative applications and future directions in mixed methods and multimethod social research [52 paragraphs]. *Forum Qualitative Sozialforschung/Forum: Qualitative Social Research, 24*(1), Art. 22, https://doi.org/10.17169/fqs-24.1.4013.

Knoblauch, H., & Vollmer, T. (2022). Ethnographie. In N. Baur & J. Blasius (Hrsg.), *Handbuch Methoden der empirischen Sozialforschung* (S. 659–676). Springer. https://doi.org/10.1007/978-3-658-37985-8_41.

Kosel, C., Holzberger, D., & Seidel, T. (2021). Identifying expert and novice scanpath patterns and their relationship to assessing learning-relevant student characteristics. *Frontiers in Education, 5*, 61275. https://doi.org/10.3389/feduc.2020.612145.

Krammer, G., & Svecnik, E. (2020). Open Science als Beitrag zur Qualität in der Bildungsforschung. *Zeitschrift für Bildungsforschung, 10*, 263–278. https://doi.org/10.1007/s35834-020-00286-z.

Kron, W. (2001). *Grundwissen Pädagogik.* Reinhardt.

Kuckartz, U. (2014). *Mixed Methods. Methodologie, Forschungsdesigns und Analyseverfahren.* Springer VS.

Kuckartz, U. (2017). Datenanalyse in der Mixed-Methods-Forschung. *Kölner Zeitschrift für Soziologie und Sozialpsychologie, 69*(2), 157–183. https://doi.org/10.1007/s11577-017-0456-z.

Kuhn, C., Hagenauer, G., & Gröschner, A. (2022a). "Because you always learn something new yourself!" An expectancy-value-theory perspective on mentor teachers' initial motivations. *Teaching and Teacher Education, 113*, 103659. https://doi.org/10.1016/j.tate.2022.103659.

Kuhn, C., Hagenauer, G., & Gröschner, A. (2022b, March 9–11). *Relevanz von Zielorientierungen beim Mentoring – eine explorative Interviewstudie* [Paper presentation]. 9. GEBF 2022, Bamberg, Deutschland. (online)

Kuhn, C., Hagenauer, G., Gröschner, A., & Bach, A. (2023, Juni 21–23). *Motiviert für's Mentoring? Zusammenhänge mit Verhalten und Enthusiasmus von Mentor*innen* [Paper Präsentation]. 5. IGSP 2023, Muttenz, Schweiz.

Kyriakides, L., & Creemers, B. P. M. (2009). The effects of teacher factors on different outcomes: Two studies testing the validity of the dynamic model. *Effective Education, 1*(1), 61–85. https://doi.org/10.1080/19415530903043680.

Labudde, P., Herzog, W., Neuenschwander, M. P., Violi, E., & Gerber, C. (2000). Girls and physics: teaching and learning strategies tested by classroom interventions in grade 11. *International Journal of Science Education, 22*(2), 143–157. https://doi.org/10.1080/095006900289921.

Lange, A.; Reiter, H.; Schutter, S., & Steiner, C. (Hrsg.). (2018). *Handbuch Kindheits- und Jugendsoziologie.* Springer VS.

Lazarsfeld, P. F. (1972). *Qualitative analysis: Historical and critical essays.* Allyn&Bacon.

Lehtinen, E. (2012). Learning of complex competences: On the need to coordinate multiple theoretical perspectives. In A. Koskensalo, J. Smeds, R. de Cillia, & Á. Huguet (Eds.), *Language: Competencies – change – contact* (pp. 13–27). Lit.

Leicht, M., & Hessel, S. (2022). Datenschutzrechtliche Verantwortlichkeit in der Forschung. *Datenschutz und Datensicherheit – DuD, 46*, 303–309. https://doi.org/10.1007/s11623-022-1608-5.

Lenz, A. S., Gerlach, J., Dell' Aquila, J., & Pester, D. (2019). A mixed-methodological evaluation of a subjective well-being intervention program with elementary-age students. *Journal of Counseling & Development, 98*(2), 200–206. https://doi.org/10.1002/jcad.12314.

Lewalter, D., Gegenfurtner, A., & Renninger, K. A. (2021). Out-of-school programs and interest: Design considerations based on a meta-analysis. *Educational Research Review, 34*, 100406. https://doi.org/10.1016/j.edurev.2021.100406.

Lieber, E., & Weisner, T. (2010). Meeting the practical challenges of mixed methods research. In A. Tashakkori & C. Teddlie (Eds.), *SAGE handbook of mixed methods in social and behavioral research* (2nd ed., pp. 559–579). Sage.

Lipowsky, F. (2009). Unterrichtsentwicklung durch Fort- und Weiterbildungsmaßnahmen für Lehrpersonen. *Beiträge zur Lehrerbildung, 27*(3), 346–360. https://doi.org/10.25656/01:13705.

Litsou, K., Byron, P., McKee, A., & Ingham, R. (2021). Learning from pornography: Results of a mixed methods systematic review. *Sex Education, 21*(2), 236–252. https://doi.org/10.1080/14681811.2020.1786362.

Lund, T. (2012). Combining qualitative and quantitative approaches: some arguments for mixed methods research. *Scandinavian Journal of Educational Research, 56*(2), 155–165. https://doi.org/10.1080/00313831.2011.568674.

Maag Merki, K. (2021). Empirische Bildungsforschung im deutschsprachigen Raum. Rückblick und Ausblick. *Schweizerische Zeitschrift für Bildungswissenschaften 43*(1), 41–50. https://doi.org/10.24452/sjer.43.1.4.

Maag Merki, K., Langer, R., & Altrichter, H. (Hrsg.). (2014). *Educational Governance als Forschungsperspektive. Strategien. Methoden. Ansätze.* Springer VS.

Magsamen-Conrad, K., & Muhleman Dillon, J. (2020). Mobile technology adoption across the lifespan: A mixed methods investigation to clarify adoption stages, and the influence of diffusion attributes. *Computers in Human Behavior, 112*, 106456. https://doi.org/10.1016/j.chb.2020.106456.

Mauderli, D., Neuenschwander, M. P., & Violi, E. (1998). *Physik geht uns alle an: Ergebnisse aus der Nationalfondsstudie „Koedukation im Physikunterricht". Eine Publikation im Rahmen des Nationalen Forschungsprogramms 35 „Frauen in Recht und Gesellschaft – Wege zur Gleichstellung".* Gnägi's Druckegge. Verfügbar unter https://www.walterherzog.ch/forschung/forschungsprojekte-1976-1997/.

Mayoh, J., Bond, C. S., & Todres, L. (2012). An innovative mixed methods approach to studying the online health information seeking experiences of adults with chronic health conditions. *Journal of Mixed Methods Research, 6*(1), 21–33. https://doi.org/10.1177/1558689811416942.

Mayring, P. (1985). Zur subjektiven Bewältigung von Arbeitslosigkeit. *Zeitschrift für Pädagogik, 19*, 516–520. https://doi.org/10.25656/01:22735.

Mayring, P. (1990). *Einführung in die qualitative Sozialforschung.* PVU.

Mayring, P. (2001). Kombination und Integration qualitativer und quantitativer Analyse [31 Absätze]. *Forum Qualitative Social Research, 2*(1), Art. 6. https://doi.org/10.17169/fqs-2.1.967.

Mayring, P. (2012). Qualitative Inhaltsanalyse. Ein Beispiel für Mixed Methods. In M. Gläser-Zikuda, T. Seidel, C. Rohlfs, & A. Gröschner (Hrsg.), *Mixed Methods in der empirischen Bildungsforschung* (S. 27–36). Waxmann.

Mayring, P. (2015). *Qualitative Inhaltsanalyse. Grundlagen und Techniken* (12. Aufl.) Beltz.

McCrudden, M. T., Marchand, G., & Schutz, P. A. (2021). Joint displays for mixed methods research in psychology. *Methods in Psychology, 5*, 10067. https://doi.org/10.1016/j.metip.2021.100067.

McCrudden, M. T., & McTigue E. M. (2019). Implementing integration in an explanatory sequential mixed methods study of belief bias about climate change with high school students. *Journal of Mixed Methods Research, 13*(3), 381–400. https://doi.org/10.1177/1558689818762576.

McIntyre, N. A., & Foulsham, T. (2018). Scanpath analysis of expertise and culture in teacher gaze in real-world classrooms. *Instructional Science, 46*(3), 435–455. https://doi.org/10.1007/s11251-017-9445-x.

Mejeh, M., & Hagenauer, G. (2022). Mixed Methods. In T. Hascher, T. S. Idel, & W. Helsper (Hrsg.), *Handbuch Schulforschung* (S. 151–170). Springer.

Mejeh, M., Hagenauer, G., & Gläser-Zikuda, M. (2023). Mixed methods research on learning and instruction—meeting the challenges of multiple perspectives and levels within a complex field [47 paragraphs]. *Forum Qualitative Sozialforschung/Forum: Qualitative Social Research, 24*(1), Art. 14. https://doi.org/10.17169/fqs-24.1.3989.

Mejeh, M., & Hascher, T. (2021). Soziale Netzwerkanalyse als Erfassungsinstrument sozialer Interaktionen in der Schule. In G. Hagenauer & D. Raufelder (Hrsg.), *Soziale Eingebundenheit. Sozialbeziehungen im Fokus von Schule und Lehrer*innenbildung* (S. 33–46). Waxmann.

Mertens, D. M. (2007). Transformative paradigm: Mixed methods and social justice. *Journal of Mixed Methods Research, 1*(3), 212–225. https://doi.org/10.1177/1558689807302811.

Mertens, D. M. (2009). *Transformative research and evaluation*. Guilford Press.

Meyer, S., & Gläser-Zikuda, M. (2020). Zur Bedeutung individueller und kontextueller Einflussfaktoren auf Lern- und Leistungsemotionen zu Beginn der Sekundarstufe – eine mehrebenenanalytische Betrachtung. *Zeitschrift für Bildungsforschung, 10*(1), 81–102. https://doi.org/10.1007/s35834-019-00258-y.

Misoch, S. (2015). *Qualitative Interviews*. Oldenburg.

Morgan, D. L. (2007). Paradigms lost and pragmatism regained: methodological implications of combining qualitative and quantitative methods. *Journal of Mixed Methods Research, 1*(1), 48–76. https://doi.org/10.1177/2345678906292462.

Morgan, D. L. (2014). *Integrating qualitative and quantitative methods. A pragmatic approach*. Sage.

Morse, J. M. (2003). Principles of mixed methods and multimethod research design. In A. Tashakkori, & C. Teddlie (Eds.), *Handbook of Mixed Methods in Social & Behavioral Research* (pp. 189–208). Sage.

Morse, J. (2010). Procedures and practice of mixed method design. Maintaining control, rigor, and complexity. In A. Tashakkori & C. Teddlie (Eds.), *SAGE handbook of mixed methods in social and behavioral research* (2nd ed., pp. 339–352). Sage.

Morse, J. M. (2015). Issues in qualitatively-driven mixed-method designs: walking through a mixed-method project. In S. N. Hesse-Biber & R. B. Johnson (Eds.), *The Oxford handbook of multimethod and mixed methods research inquiry* (pp. 206–222). Oxford University Press.

Noblit, G. W., & Hare, R. D. (1988). *Meta-ethnography: Synthesizing qualitative studies*. Sage.

O'Cathain, A. (2010). Assessing the quality of mixed methods research: Towards a comprehensive framework. In A. Tashakkori & C. Teddlie (Eds.), *SAGE handbook of mixed methods in social and behavioral research* (2nd ed., pp. 531–555). Sage.

OECD (2019a). *Education at a glance: OECD indicators* (Bundesministerium für Bildung und Forschung, Deutschland für die deutsche Übersetzung). http://creativecommons.org/licenses/by-nc-nd/3.0/de/.

OECD (2019b). PISA 2018 Ergebnisse (Band 1). *Was Schülerinnen und Schüler wissen und können*. https://www.qualitative-research.net/index.php/fqs/article/view/967/2110.

Onwuegbuzie, A. J., & Collins, K. M. T. (2007). A typology of mixed methods sampling designs in social science research. *The Qualitative Report, 12*(2), 281–316. https://doi.org/10.46743/2160-3715/2007.1638.

Onwuegbuzie, A. J., & Johnson, R. B. (2006). The validity issue in mixed research. *Research in the Schools, 13*(1), 48–63. https://doi=10.1.1.534.5506&rep=rep1&type=pdf.

Onwuegbuzie, A. J., & Leech, N. L. (2005). Taking the "Q" out of research: Teaching research methodology courses without the divide between quantitative and qualitative

paradigms. *Quality & Quantity, 39*(3), 267–295. https://doi.org/10.1007/s11135-004-1670-0.
Onwuegbuzie, A., & Teddlie, C. (2003). A framework for analysing data in mixed methods research. In A. Tashakkori & C. Teddlie (Eds.). *Handbook of mixed methods in social and behavioral research* (pp. 351–384). Sage.
Otto, H.-U., & Rauschenbach, T. (Hrsg.). (2012). *Die andere Seite der Bildung. Zum Verhältnis von formellen und informellen Bildungsprozessen* (2. Aufl.). VS.
Palak, D., & Walls, R. T. (2009). Teachers' beliefs and technology practices: A mixed-methods approach. *Journal of Research on Technology in Education, 41*(4), 417–441. https://doi.org/10.1080/15391523.2009.10782537.
Patry, J.-L. (2008). Konkurrenz, Koexistenz, Komplementarität qualitativer und quantitativer Methoden in der Erziehungswissenschaft aus der Perspektive des Kritischen Multiplizismus. In F. Hofmann, C. Schreiner, & J. Thonhauser (Hrsg.), *Qualitative und quantitative Aspekte. Zu ihrer Komplementarität in der erziehungswissenschaftlichen Forschung* (S. 133–150). Waxmann.
Patry, J.-L., & Thonhauser, J. (2016). Erziehungs- und bildungswissenschaftliche Forschung in Österreich. *Erziehungswissenschaft, 27*(52), 7–24. https://doi.org/10.25656/01:12206.
Pauli, C. (2012). Kodierende Beobachtung. In H. de Boer & S. Reh (Hrsg.), *Beobachtung in der Schule – Beobachten lernen* (S. 45–63). VS.
Pauli, C., & Reusser, K. (2006). Von international vergleichenden Video Surveys zur videobasierten Unterrichtsforschung und -entwicklung. *Zeitschrift für Pädagogik, 52*(6), 774–798. https://doi.org/10.25656/01:4488.
Peisert, H. (1967). *Soziale Lage und Bildungschancen in Deutschland*. Piper.
Pekrun, R. (2006). The control-value theory of achievement emotions: Assumptions, corollaries, and implications for educational research and practice. *Educational Psychology Review, 18*(4), 315–341. https://doi.org/10.1007/s10648-006-9029-9.
Petko, D., Honegger, B., & Prasse, D. (2018). Digitale Transformation in Bildung und Schule: Facetten, Entwicklungslinien und Herausforderungen für die Lehrerinnen- und Lehrerbildung. *Beiträge zur Lehrerinnen- und Lehrerbildung, 36*(2), 157–174. https://doi.org/10.25656/01:17094.
Picht, G. (1964). *Die deutsche Bildungskatastrophe*. Walter.
Pickering, A. (1995). *The mangle of practice: Time, agency, and science*. University of Chicago Press.
Plano Clark, V. L., & Badiee, M. (2010). Research questions in mixed methods research. In A. Tashakkori & C. Teddlie (Eds.), *SAGE handbook of mixed methods in social & behavioural research* (2nd ed., pp. 275–304). Sage
Plano Clark, V. L., & Ivankova, N. V. (2016). *Mixed methods research. A guide to the field*. Sage.
Prediger, S., Link, M., Hinz, R., Hussmann, S., Ralle, B., & Thiele, J. (2012). Lehr-Lern-Prozesse initiieren und erforschen. Fachdidaktische Entwicklungsforschung im Dortmunder Modell. *Der mathematische und naturwissenschaftliche Unterricht, 65*(8), 452–457.
Prein, G., & Erzberger, C. (2000). Integration statt Konfrontation! Ein Beitrag zur methodologischen Diskussion um den Stellenwert quantitativen und qualitativen Forschungshandelns. *Zeitschrift für Erziehungswissenschaft, 3*(3), 343–357. https://doi.org/10.1007/s11618-000-0037-0.

Prenzel, M. (2005). Zur Situation der Empirischen Bildungsforschung. In H. Mandl & B. Kopp (Hrsg.), *Impulse für die Bildungsforschung. Stand und Perspektiven. Dokumentation eines Expertengesprächs* (S.7–21). Akademie Verlag.

Prenzel, M. (2012). Empirische Bildungsforschung morgen: Reichen unsere bisherigen Forschungsansätze aus? In M. Gläser-Zikuda, T. Seidel, C. Rohlfs, A. Gröschner, & S. Ziegelbauer (Hrsg.), *Mixed Methods in der empirischen Bildungsforschung* (S. 274–285). Waxmann.

Putnings, M., Neuroth, H., & Neumann, J. (2021). *Praxishandbuch Forschungsdatenmanagement*. De Gruyter.

Rädiker, S., & Kuckartz, U. (2019). *Analyse qualitativer Daten mit MAXQDA*. Springer VS.

Rauin, U., Herrle, M., & Engartner, T. (Hrsg.). (2016). *Videoanalysen in der Unterrichtsforschung. Methodische Vorgehensweisen und Anwendungsbeispiele*. Beltz Juventa.

Reinders, H., Bergs-Winkels, D., Prochnow, A., & Post, I. (Hrsg.). (2022). *Empirische Bildungsforschung. Eine elementare Einführung*. Springer VS.

Reh, S., Rabenstein, K., Fritzsche, B., & Idel, T.-S. (2015). Die Transformation von Lernkulturen: Zu einer praxistheoretisch fundierten Ganztagsschulforschung. In S. Reh, B. Fritzsche, T.-S. Idel, & K. Rabenstein (Hrsg.), *Lernkulturen: Rekonstruktionen pädagogischer Praktiken an Ganztagsschulen* (S. 19–62). Springer VS.

Reinders, H. (2022a). Beobachtung. In H. Reinders, D. Bergs-Winkels, A. Prochnow, & I. Post (Hrsg.), *Bildungsforschung. Eine Elementare Einführung* (S. 223–236). VS.

Reinders, H. (2022b). Fragebogen. In H. Reinders, D. Bergs-Winkels, A. Prochnow, & I. Post (Hrsg.), *Bildungsforschung. Eine Elementare Einführung* (S. 161–173). VS.

Reinders, H., Bergs-Winkels, D., Prochnow, A., & Post, I. (Hrsg.). (2022). *Empirische Bildungsforschung. Eine Elementare Einführung*. VS.

Reinders, H., Ditton, H., Gräsel, C., & Gniewosz, B. (Hrsg.). (2015). *Lehrbuch Empirische Bildungsforschung* (2. Aufl.). VS.

Reinders, H., & Post, I. (2022). Testverfahren. In H. Reinders, D. Bergs-Winkels, A. Prochnow, & I. Post (Hrsg.), *Bildungsforschung. Eine Elementare Einführung* (S. 175–193). VS.

Reinmann, G. (2005). Innovation ohne Forschung? Ein Plädoyer für den Design-Based Research-Ansatz in der Lehr-Lernforschung. *Unterrichtswissenschaft, 33*(1), 52–69. https://doi.org/10.25656/01:5787.

Ritzi, C., & Wiegmann, U. (Hrsg.). (2010). *Beobachten – Messen – Experimentieren: Beiträge zur Geschichte der empirischen Pädagogik, Erziehungswissenschaft*. Klinkhardt.

Romero, C., & Ventura, S. (2007). Educational data mining: A survey from 1995 to 2005. *Expert Systems with Applications 33*(1), 135–146. https://doi.org/10.1016/j.eswa.2006.04.005.

Rosenthal, G. (2022). Gruppendiskussion. In N. Baur & J. Blasius (Hrsg.), *Handbuch Methoden der empirischen Sozialforschung* (S. 647–658). Springer. https://doi.org/10.1007/978-3-658-37985-8_40.

Roth, H. (1963). Die realistische Wendung in der pädagogischen Forschung. *Die Deutsche Schule, 55*(3), 109–119.

Säljö, R. (2021). The conceptualization of learning in learning research: From introspectionism and conditioned reflexes to meaning-making and performativity in situated practices. In G. Kress, S. Selander, R. Säljö, & C. Wulf (Eds.), *Learning as social practice. Beyond education as an individual enterprise* (pp. 146–168). Routledge.

Sandelowski, M., Voils, C. I., & Knafl, G. (2009). On quantitizing. *Journal of Mixed Methods Research, 3*(3), 208–222. https://doi.org/10.1177/1558689809334210.

Scales, P. C., Pekel, K., Sethi, J., Chamberlain, R., & van Boekel, M. (2019). Academic year changes in student-teacher developmental relationships and their linkage to middle and high school students' motivation: a mixed-methods study. *Journal of Early Adolescence, 40*(4), 499–536. https://doi.org/10.1177/0272431619858414.

Scharenberg, K., Wohlgemuth, K., & Hupka-Brunner, S. (2017). Does the structural organisation of lower-secondary education in Switzerland influence students' opportunities of transition to upper-secondary education? A multilevel analysis. *Swiss Journal of Sociology, 43*(1), 63–87. https://doi.org/10.1515/sjs-2017-0004.

Schastak, M. (2020). *Bilinguale Interaktion beim Peer-Learning in der Grundschule. Eine Mixed-Methods Studie mit bilingual türkisch-deutschsprachig aufwachsenden Schüler*innen*. Budrich.

Schmidt, F. L., & Hunter, J. E. (2015). *Methods of meta-analysis: Correcting error and bias in research findings* (3rd ed.). Sage.

Schmidt-Hertha, B., & Müller, M. (2020). Forschung und Publikationskulturen. In H.-J. Abs, H. Kuper, & R. Martini (Hrsg.), *Datenreport Erziehungswissenschaft 2020* (S. 147–170). Budrich.

Schmidt-Hertha, B., & Tippelt, R. (2014). Erziehungswissenschaft und das Verhältnis zu ihren Bezugsdisziplinen vor dem Hintergrund der Stellen- und Besetzungspraxis (1995 bis 2012). In R. Fatke & J. Oelkers (Hrsg.), *Zeitschrift für Pädagogik. Das Selbstverständnis der Erziehungswissenschaft: Geschichte und Gegenwart* (Beiheft Bd. 60, S. 172–183). Beltz. https://doi.org/10.25656/01:9093.

Schnapp, K.-U., Schindler, D., Gschwend, T., & Behnke, J. (2006). Qualitative und Quantitative Zugänge: Eine integrative Perspektive. In J. Behnke, T. Gschwend, D. Schindler, & K.-U. Schnapp (Hrsg.), *Methoden der Politikwissenschaft. Neuere qualitative und quantitative Analyseverfahren* (S. 11–26). Nomos.

Schoonenboom, J. (2019a). A performative paradigm for mixed methods research. *Journal of Mixed Methods Research, 13*(3), 284–300. https://doi.org/10.1177/1558689817722889.

Schoonenboom, J. (2019b). Develop your case! How controversial cases, subcases, and moderated cases can guide you through mixed methods data analysis. *Frontiers in Psychology, 10*, 1369. https://doi.org/10.3389/fpsyg.2019.01369.

Schoonenboom, J., Johnson, R. B., & Froehlich, D. E. (2018). Combining multiple purposes of mixing within a mixed methods research design. *International Journal of Multiple Research Approaches, 10*(1), 271–282. https://doi.org/10.29034/ijmra.v10n1a17.

Schoonenboom, J., & Johnson, R. B. (2017). How to construct a mixed methods research design. *Kölner Zeitschrift für Soziologie & Sozialpsychologie, 69*(2), 107–131. https://doi.org/10.1007/s11577-017-0454-1.

Schreier, M., & Echterhoff, G. (2013). Mixed-Methods-Designs. In W. Hussy, M. Schreier, & G. Echterhoff (Hrsg.), *Forschungsmethoden in Psychologie und Sozialwissenschaften für Bachelor* (2. Aufl., S. 298–310). Springer. https://doi.org/10.1007/978-3-642-34362-9_10.

Schreier, M., & Odağ, Ö. (2020). Mixed Methods. In G. Mey & K. Mruck (Hrsg.), *Handbuch Qualitative Forschung in der Psychologie* (S. 159–183). Springer.

Scott, C., & Sutton, R. E. (2009). Emotions and change during professional development for teachers: A mixed methods study. *Journal of Mixed Methods Research, 3*(2), 151–171. https://doi.org/10.1177/1558689808325770.

Seidel, T. (2014). Angebots-Nutzungs-Modelle in der Unterrichtspsychologie. Integration von Struktur- und Prozessparadigma. *Zeitschrift für Pädagogik, 60*(6), 850–866. https://doi.org/10.25656/01:14686.

Seidel, T., & Stürmer, K. (2014). Modeling and measuring the structure of professional vision in pre-service teachers. *American Educational Research Journal, 51*(4), 739–771. https://doi.org/10.3102/0002831214531321.

Seidel, T., Prenzel, M., Rimmele, R., Dalehefte, I. M., Herweg, C., Kobarg, M., & Schwindt, K. (2006). Blicke auf den Physikunterricht. Ergebnisse der IPN Videostudie. *Zeitschrift für Pädagogik 52*(6), 799–821. https://doi.org/10.25656/01:4489.

Shammas, D. (2017) Underreporting discrimination among Arab American and Muslim American community college students: using focus groups to unravel the ambiguities within the survey data. *Journal of Mixed Methods Research, 11*(1), 99–123. https://doi.org/10.1177/1558689815599467.

Shannon-Baker, P. (2022). Virtual special issue on "mixed methods designs, integration, and visual practices in educational research". *Journal of Mixed Methods Research, 16*(1), https://doi.org/10.1177/15586898221083959.

Sharp, J. G., Hemmings, B., Kay, R., Murphy, B., & Elliott, S. (2017). Academic boredom among students in higher education: A mixed-methods exploration of characteristics, contributors and consequences. *Journal of Further and Higher Education, 41*(5), 657–677. https://doi.org/10.1080/0309877X.2016.1159292.

Smit, R., Robin, N., De Toffol, C., & Atanasova, S. (2021). Industry-school projects as an aim to foster secondary school students' interest in technology and engineering careers. *International Journal of Technology and Design Education, 31*(1), 61–79. https://doi.org/10.1007/s10798-019-09538-0.

Sobanski, F. (2019). Warum „Grundkompetenzen absichern"? Hintergründe und Intentionen von GruKo. *Schulverwaltung, 7*(6), 162–165.

Spillane, J. P., & Hunt, B. R. (2010). Days of their lives: a mixed-methods, descriptive analysis of the men and women at work in the principal's office. *Journal of Curriculum Studies, 42*(3), 293–331. https://doi.org/10.1080/00220270903527623.

Stein, P. (2014) Forschungsdesigns für die quantitative Sozialforschung. In N. Baur & J. Blasius (Hrsg.), *Handbuch Methoden der empirischen Sozialforschung* (S. 135–151). Springer.

Steinke, I. (1999). *Kriterien qualitativer Forschung. Ansätze zur Bewertung qualitativ-empirischer Sozialforschung.* Juventa.

Stephan, M. (2021). *Online- und Präsenzlehre aus Sicht von Lehramtsstudierenden. Eine Mixed Methods Studie zu emotionalen und motivationalen Effekten.* Friedrich-Alexander-Universität Erlangen-Nürnberg (FAU). https://opus4.kobv.de/opus4-fau/frontdoor/index/index/docId/16551.

Stephan, M., Markus, S., & Gläser-Zikuda, M. (2019). Students' achievement emotions and online learning in teacher education. *Frontiers in Education, 4*, 109. https://doi.org/10.3389/feduc.2019.00109.

Stigler, J.W., Gonzales, P., Kawanaka, T., Knoll, S., & Serrano, A. (1999). *The TIMSS videotape classroom study: Methods and findings from an exploratory research project on eighth-grade mathematics instruction in Germany, Japan, and the United States.* (NCES 1999–074). U.S. Department of Education. Washington, DC: National Center for Education Statistics.

Stürmer, K., & Seidel, T. (2015). Assessing professional vision in teacher candidates. Approaches to validate the observer extended research tool. *Zeitschrift für Psychologie, 223*(1), 54–63. https://doi.org/10.1027/2151-2604/a000200.

Szulewski, A., Braund, H., Egan, R., Gegenfurtner, A., Hall, A. K., Howes, D., Dagnone, J. D., & Van Merriënboer, J. J. G. (2019). Starting to think like an expert: An analysis of resident cognitive processes during simulation-based resuscitation examinations. *Annals of Emergency Medicine, 74*(5), 647–659. https://doi.org/10.1016/j.annemergmed.2019.04.002.

Tashakkori, A., & Creswell, J. (2007). Exploring the nature of research questions in mixed methods research. Editorial. *Journal of Mixed Methods Research, 1*(3), 207–211. https://doi.org/10.1177/1558689807302814.

Tashakkori, A., & Teddlie, C. B. (Eds.). (2010). *SAGE Handbook of Mixed Methods in Social & Behavioral Research.* (2nd ed.) Sage.

Teddlie, C., & Tashakkori, A. (2003). Major issues and controversies in the use of mixed methods in the social and behavioral sciences. In A. Tashakkori & C. Teddlie (Eds.), *SAGE Handbook of mixed methods in social & behavioral research* (pp. 3–49). Sage.

Teddlie, C., & Tashakkori, A. (2009). *Foundations of Mixed Methods Research.* Sage.

Teddlie, C., & Tashakkori, A. (2010). Overview of contemporary issues in mixed methods research. In A. Tashakkori & C. Teddlie (Eds.), *SAGE handbook of mixed methods in social & behavioral research* (2nd ed., pp. 1–41). Sage.

Teddlie, C., & Yu, F. (2007). Mixed methods sampling: A typology with examples. *Journal of Mixed Methods Research, 1*(1), 77–100. https://doi.org/10.1177/2345678906292430.

Terhart, E. (2000). *Perspektiven der Lehrerbildung in Deutschland. Abschlussbericht der von der Kultusministerkonferenz eingesetzten Kommission.* Beltz.

Terhart, E. (2014). Wie geht es weiter mit der Qualitätssicherung im Bildungssystem – 15 Jahre nach PISA? *Vierteljahrsschrift für wissenschaftliche Pädagogik, 90*(2), 49–58. https://doi.org/10.30965/25890581-090-02-90000005.

Terhart, E. (2016). Empirische Bildungsforschung und ihre Disziplinen – Wandlungsprozesse und Konfliktlinien in instabilen Expertenkulturen. In J. Baumert & K. J. Tillmann (Hrsg.), *Empirische Bildungsforschung* (Zeitschrift für Erziehungswissenschaft Sonderheft 31; S. 73–87). Springer. https://doi.org/10.1007/s11618-016-0708-0.

Terhart, E., Bennewitz, H., & Rothland, M. (Hrsg.). (2014). *Handbuch der Forschung zum Lehrerberuf* (2. Aufl.). Waxmann.

Thierbach, C., & Petschick, G. (2014). Beobachtung. In N. Baur & J. Blasius (Hrsg.), *Handbuch Methoden der empirischen Sozialforschung* (1. Aufl., S. 1563–1579). Springer.

Thierbach, C., & Petschick, G. (2022). Beobachtung. In N. Baur & J. Blasius (Hrsg.), *Handbuch Methoden der empirischen Sozialforschung* (2. erw. Aufl., S. 855–866). Springer. https://doi.org/10.1007/978-3-658-37985-8_109.

Tiedemann, J. (2002). Teachers' gender stereotypes as determinants of teacher perceptions in elementary school mathematics. *Educational Studies in Mathematics, 50*(1), 49–62. https://doi.org/10.1023/A:1020518104346.

Tillmann, K.-J., Dedering, K., Kneuper, D., Kuhlmann, C., & Nessel, I. (2008). *PISA als bildungspolitisches Ereignis.* VS.

Timperley, H., Wilson, A., Barrar, H., & Fung, I. (2007). *Teacher professional learning and development. Best evidence synthesis iteration (BES)*. Wellington

Tippelt, R., & Schmidt, B. (Hrsg.). (2010). *Handbuch Bildungsforschung* (3. Aufl.). VS.

Ulich, D., Haußer, K., Mayring, P., Strehmel, P., Kandler, M., & Degenhardt, B. (1985). *Psychologie der Krisenbewältigung. Eine Längsschnittuntersuchung mit arbeitslosen Lehrern*. Beltz.

Ulrich, I., & Gröschner, A. (Hrsg.). (2020). *Praxissemester im Lehramtsstudium in Deutschland: Wirkungen auf Studierende*. Springer VS.

Venkatesh, V., & Bala, H. (2008). Technology acceptance model 3 and a research agenda on interventions. *Decision Sciences, 39*(2), 273–315. https://doi.org/10.1111/j.1540-5915.2008.00192.x.

Vogl, S. (2017). Quantifizierung. Datentransformation von qualitativen Daten in quantitative Daten in Mixed-Methods-Studien. *Kölner Zeitschrift für Soziologie und Sozialpsychologie, 69* (Suppl. 2), 287–312. https://doi.org/10.1007/s11577-017-0461-2.

Vogl, S. (2019). Integrating and consolidating data in mixed methods data analysis: Examples from focus group data with children. *Journal of Mixed Methods Research, 13*(4), 536–554. https://doi.org/10.1177/1558689818796364.

Vogl, S. (2022). Gruppendiskussion. In N. Baur & J. Blasius (Hrsg.), *Handbuch Methoden der empirischen Sozialforschung* (2. erw. Aufl., S. 581–586). Springer. https://doi.org/ https://doi.org/10.1007/978-3-531-18939-0_41.

Vogl, S. (2023). Strategies to integrative mixed methods analysis. In R. J. Tierney, F. Rizvi, & K. Erkican (Eds.), *International Encyclopedia of Education* (4th ed., Vol. 12; pp. 491–499). Elsevier. https://doi.org/10.1016/B978-0-12-818630-5.11048-6.

Waseh, S., & Dicker, A. P. (2019). Telemedicine training in undergraduate medical education: Mixed methods-review. *JMIR Medical Education, 5*(1), e12515. https://doi.org/10.2196/12515.

Weishaupt, H., Steinert, B., Baumert, J., Mitter, W., & Roder, P. M. (1991). Zur aktuellen Situation der Bildungsforschung in der Bundesrepublik. *Erziehungswissenschaft, 2*(4), 80–100. http://hdl.handle.net/21.11116/0000-0005-AEE5-5.

Westphal, A., & Zawacki-Richter, O. (2021). Von der Allgemeinen Erziehungswissenschaft zur Empirischen Bildungsforschung? Eine Analyse von Beiträgen der Zeitschrift für Erziehungswissenschaft. *Zeitschrift für Erziehungswissenschaft, 24*(3), 641–669. https://doi.org/10.1007/s11618-021-01008-5.

White, M. R., Braund, H., Howes, D., Egan, R., Gegenfurtner, A., van Merriënboer, J. J. G., & Szulewski, A. (2018). Getting inside the expert's head: An analysis of physician cognitive processes during trauma resuscitations. *Annals of Emergency Medicine, 72*, 289–298. https://doi.org/10.1016/j.annemergmed.2018.03.005.

Zedler, P. (2013a). Allgemeine Erziehungswissenschaft und Empirische Bildungsforschung. Entwicklungslinien eines gelegentlich schwierigen Verhältnisses Teil 1. *Die Deutsche Schule, 105*(3), 321–335.

Zedler, P. (2013b). Allgemeine Erziehungswissenschaft und Empirische Bildungsforschung. Entwicklungslinien eines gelegentlich schwierigen Verhältnisses Teil 2. *Die Deutsche Schule, 105*(4), 415–433.

Ziegler, A., Kuhn, C., & Heller, K. A. (1998). Implizite Theorien von gymnasialen Mathematik- und Physiklehrkräften zu geschlechtsspezifischer Begabung und Motivation. *Psychologische Beiträge, 40*(3–4), 271–287.

Zirkel, S., Garcia, J. A., & Murphy, M. C. (2015). Experience-sampling research methods and their potential for educational research. *Educational Researcher, 44*(1), 7–16. https://doi.org/10.3102/0013189X14566879.

Zlatkin-Troitschanskaia, O., & Gräsel, C. (2011). Empirische Bildungsforschung – ein Überblick aus interdisziplinärer Perspektive. In O. Zlatkin-Troitschanskaia (Hrsg.), *Stationen Empirischer Bildungsforschung: Traditionslinien und Perspektiven* (S. 9–22). VS.

Zumbrunn, S., McKim, C., Buhs, E., & Hawley, L. R. (2014). Support, belonging, motivation, and engagement in the college classroom: a mixed methods study. *Instructional Science, 42*(5), 661–684. https://doi.org/10.1007/s11251-014-9310-0.

MIX
Papier aus verantwortungsvollen Quellen
Paper from responsible sources
FSC® C105338

If you have any concerns about our products,
you can contact us on
ProductSafety@springernature.com

In case Publisher is established outside the EU,
the EU authorized representative is:
**Springer Nature Customer Service Center GmbH
Europaplatz 3, 69115 Heidelberg, Germany**

Printed by Libri Plureos GmbH
in Hamburg, Germany